「もうひとつの失われた10年」を超えて

原点としてのラテン・アメリカ

Ciclos Neoliberales y Alternativas de la Síntesis Heterodoxa

佐野 誠
Makoto Sano

新評論

Para la Argentina, mi profesora

読者への道案内

　1990年代，日本経済はバブル崩壊に始まる一連の危機に直面し，「失われた10年」と呼ばれる長期停滞に陥った。2000年代，日本は一転して戦後最長の景気拡大を享受したが，その利益の大半は大企業の経営者と株主に集中し，格差の拡大や貧困の蔓延といった社会問題がこれまた戦後かつてなく深刻化してきた。大恐慌以来といわれるアメリカ合衆国の金融危機の余波を受けて不況への突入が明らかとなったいま，それはさらに厳しさを増しつつある。1990年代とはまた違った意味での，より深い喪失感と閉塞感が社会全体を覆っており，2000年代はほぼ確実に「もうひとつの失われた10年」になろうとしている。

　すでに多くの論者によって語られてきたことだが，格差社会と呼ばれる今日の状況の主な原因は新自由主義的な構造改革にある。いまや政府自身さえそのことを半ば認知しており，この改革の大枠を前提としてではあるが，弱者救済を謳わざるを得なくなっている。

　構造改革の主な内容は経済の自由化，規制緩和，民営化，「小さな政府」であったが，周知のように，その先鞭をつけたのは1980年代の中曽根政権（1982〜87年）である。そして同政権の政策実践は，イギリスのサッチャー政権（1979〜90年）やアメリカのレーガン政権（1981〜89年），とりわけ前者による新自由主義政策に影響を受けたものであった。その意味で，今日の構造改革ならびにそこから帰結した格差社会は，ひとまずその源流をいわゆるサッチャー革命に求めることができる[1]。

　しかし，そこで立ち止まってしまうのは歴史的事実に照らして正しくない。著名な経済地理学者も抜かりなく指摘しているように（ハーヴェイ 2007：19），実際には新自由主義の実践の原点は，サッチャー革命に先立つこと6年前，

---

1) 日本の格差社会を直撃した2007〜08年以来のアメリカ発の国際金融危機も，その淵源を辿ればこうした自由放任の政策体制への転換に由来する。これは金融実務家がもつ歴史認識でもある（モリス 2008／ソロス 2008）。

1973年に成立した南米チリのピノチェ軍事政権による経済改革にまで遡らなくてはならない。いわゆる「もうひとつの9.11」である[2]。しかも興味深いことに，両者は時間的に先後関係にあっただけでなく，各々の指導者の思想信条の上でも影響し，また影響される関係にあった。BBCはそのことを的確に伝えている。

「1982年のフォークランド紛争に際してチリのかつての独裁者がイギリスを隠然と支持する以前から，マーガレット・サッチャーはすでに長い間，彼の急進的な自由市場経済政策の信奉者であった。」[3]

フォークランド紛争においてイギリスの敵国となったのは，チリの隣国アルゼンチンである。そこではチリに遅れること3年後の1976年から，やはり軍事政権のもとで急進的な新自由主義改革を開始していた。そしてイギリスとの紛争が勃発したのは，まさしく同改革が失敗に帰し，深刻な社会経済危機が顕わになりかけていたときであった。一方，同じ時期，サッチャー政権もまた新自由主義改革がもたらした危機により政治的な試練に立たされていた。同類の経済政策を追求する点では友邦となるべき両国が，まさにその政策が招いた危機のなかで軍事的・外交的には敵対するという，一種のねじれ現象がみられたのである。ちなみに紛争終了後，イギリスでは戦勝という政治資本により改革が強行されていくが，敗戦国アルゼンチンでは改革がいったん放棄され，1983年の民主化の前後からしばらくの間，その補整政策とさらに萌芽的な脱新自由主義政策が反動的にとられることになった。

---

2) 1973年9月11日，アジェンデ社会党政権に対して軍部がクーデターを起こし，ピノチェ軍事政権が成立したことを指す。なお日本では「ピノチェ」という人名を「ピノチェト」と表記することが多いが，これは誤りである。原語であるスペイン語のPinochetの末尾文字tは発音しないからである。もっとも，原語に忠実な表記を一貫させればチリもチレ，アルゼンチンもアルヘンティーナなどとするのが筋であり，ここで「ピノチェ」だけにこだわるのはおかしいと思われるかもしれない。しかし「ピノチェ」は本書の主題と密接に関わる人名であり，また長年慣用されてきた国名と違って，その気になればいまからでも修正可能である。以上の理由でここでは「ピノチェ」としておく。

3) "Pinochet–Thatcher's Ally", October 22, 1998, http://news.bbc.co.uk/1/hi/uk/198604.stm

話を元に戻そう。以上からわかるように，いま経過しつつある「もうひとつの失われた10年」の原点は，南米大陸で隣接しあう上記のラテン・アメリカ2ヶ国にある。そして本書の副題も，ひとつにはこの事実を念頭においている。ただし，このうちチリは，1980年代初めに新自由主義改革が深刻な社会経済危機を引き起こして頓挫した後，必要な場合には政府規制をも厭わない，より実際的な経済政策へと転換し，1990年の民主化後はさらに社会改革にも重点を置いた政策体制をとっていく。そこにもなお批判されるべき点はあるが，失敗からそれなりに学び，少なくとも原理主義的な自由化路線へと復帰することは2度となかったのである。

　これに対してアルゼンチンは，1976年に始まる当初の改革が同じように危機に直面した後，先に述べたとおり当初は補整政策と萌芽的な脱新自由主義政策をとった。だが1990年代には，以前よりもさらに徹底した2回目の新自由主義改革に転じる。ところがそれも1990年代半ばの危機とその補整を経た後，2001年末には最終的に破綻してしまう。「新自由主義サイクル」と筆者が呼ぶこの政治的景気循環（本書第8章「2008年のエピローグ」を参照）はまた，F・ソラーナス監督のドキュメンタリー映画『強奪の記憶』[4]にも活写されたように，格差拡大と貧困蔓延の過程でもあった。アルゼンチンはこの意味で，「もうひとつの失われた10年」の原点の，そのまた原点なのであり，新自由主義の世界的な原型といっても過言ではないのである。本書の副題に込められたもうひとつの意味合いはここにある。

　このアルゼンチンに限らずラテン・アメリカの多くの国々は，時期や程度の違いはあれ，多少とも類似した新自由主義体験を経てきた。その政治経済ならびに関連する論点について，筆者はこの10年ほど，数回にわたる現地調査も踏まえながら，理論と実証の両面で考察を重ねてきた。その一部をほぼ公刊当時のまま体系的に編み直し，そこに若干の書き下ろしの文章を加えて編集したのが本書である。すでに明らかなように，その主題は，日本が経過しつつある

---

[4] 原題は *Memoria del Saqueo*。英語タイトルは *Social Genocide*。2004年，アルゼンチン，スイス，フランス合作。1976年に始まり2001年末に未曾有の危機を引き起こした新自由主義政策のもとで，一般市民がいかに強奪（saqueo）されたか，その記憶（memoria）を克明に描いている。ベルリン映画祭で金熊賞を受賞するなど国際的にも高く評価された。

「もうひとつの失われた10年」の原点に立ち返ることで，私たちが今日おかれた状況をいま一度根底から批判的にとらえ返すための世界的視野を提起すること，ここにある。ここで予め本書の概要を紹介し，読者への道案内としておこう。

まず第Ⅰ部では，日本と中国という東アジアの2大国がいずれも「ラテン・アメリカ化」のリスクにさらされていることを論じている。第1章は，1980年代から2000年代初めまでの現代日本経済史を新自由主義の世界的なプロトタイプであるアルゼンチンの経験に照らして解釈しなおし，バブル経済とその崩壊，そして1990年代の「失われた10年」が，いわば「アルゼンチン化」ともいえる新自由主義症候群の現れであったことを明らかにしている。またアルゼンチンだけでなくラテン・アメリカ諸国は従来からの構造問題を放置したまま自由化・規制緩和政策を進め，両者の弊害が融合して事態をむしろ悪化させたが，日本もまた同じ過ちを犯したことが指摘されている。このようにみたとき，チリやブラジルが1990年代から展開してきた新自由主義改革の補整政策はどう評価でき，日本の今後にいかなる示唆を与えているのか。市民レベルの「共生経済」（内橋克人）あるいは「連帯経済」との連携の必要性にも触れながら考察を加えた。

これに対して第2章の主題は，中国の「ブラジル化」の危険性である。1970年代末における改革・開放政策への転換（それは今日の眼からみれば，計画経済という究極の政府規制を撤廃していく点で中国型の「新自由主義」と呼べるものであった）の後，同国は所得格差の拡大を内包した逆進的な高度成長をとげたが，この成長類型それ自体のプロトタイプは1960年代末から1970年代にかけての「ブラジルの奇跡」に遡ることができる。当時のブラジルの高度成長を主導したのは耐久消費財産業であり，これを支える需要は中流階層以上への所得集中政策によって生み出された。所得分配，産業構造の変化，経済成長に関するこの因果関係と多少とも類似した側面は，改革・開放後の現代中国においてもみられた可能性がある。また，上記の逆進的な高度成長の仕組みはブラジルのある経済学者によって事前に正当化されていたが，これは中国に置き換えてみれば，所得分配の不平等化を必要悪として公認した鄧小平の「先富論」にも比せられる。「奇跡」以降，ブラジルは所得分配が最も不平等な国のひとつに数えられている。中国もまた「社会主義市場経済」の名のもとに，ブラジ

ル流の「低開発」軌道をあと追いすることになるのか。これが本章の問題提起である。

　第Ⅱ部では，新自由主義の構造改革によってラテン・アメリカでは一体何がもたらされたのかを1990年代について考察している。対象となった事例はアルゼンチンとペルーである。前者の事例は先に述べた理由により，本書にとって戦略的な意味合いがある。一方，当時のペルーはフジモリ政権期にほぼ対応している。南米初の日系人大統領の政権ということで，日本政府も政府開発援助等でこれを積極的に支援した。そこで何が起きていたのか。この意味でも改めて振り返っておく価値はあろう。

　1990年代のアルゼンチンは同国史上かつてない大量失業問題に直面し，不安定就業層も急増した。第3章ではその原因を，構造改革によって推進された制度変化に求めている。そのひとつは貿易・金融・資本の自由化，固定相場制，裁量的金融政策の放棄などを特徴とする究極の自由主義的政策体制，すなわちカレンシー・ボード制（当時の同国での呼称は兌換法体制）であり，いまひとつは労働法制改革を伴う雇用関係の外的な柔軟化であった。こうした制度変化のもとで進められた企業の作業組織の「日本化」も，失業の追加的圧力となった。政府は失業保険，雇用創出，職業訓練といった雇用政策を展開して問題を緩和しようとしたが，構造改革それ自体には手を触れなかったため，おのずから狭い限界があった。以上の改革はいずれもメネム正義党政権（1989年7月～1999年12月）がとりわけ1991年以降に推進したものであるが，本章の末尾では，1999年12月に発足したデ・ラ・ルア中道左派連合政権もまた新自由主義の政策体制を踏襲したため，成しうることは限られており，他方で通貨危機のリスクも高まっていると論じている。2001年3月に公にしたこの予測は，周知のように，同年末のいわゆるアルゼンチン危機によって現実のものとなった。

　第4章ではペルーの構造改革の前後における小零細企業の姿について，先行研究の整理を中心に一次的な接近を試みている。ラテン・アメリカに限らず多くの国々において小零細企業は大衆に生活の糧を与える主要な場になっているが，ペルーでは1970年代から1980年代にかけてその数と従業者数が急増し，国際的に知られる衣料品産業集積（クラスター）さえ出現した。このため同国は，中小企業が経済発展に重要な役割を果たした東アジアの一例になぞらえて

「南米の台湾」とも呼ばれるようになった。こうした急成長をどう理解し，政策的にどう対応すべきか。構造的過剰人口説，序列的消費仮説，新自由主義的な制度論，ポスト・フォーディズム論，集合的効率性論など，複数の相対立する学説が提起された。本章ではまずこれらを整理・批評し，次にフジモリ政権の構造改革とその帰結を概括した。その上で，1990年代後半における小零細企業の実態について再び代表的な学説を批判的に検討し，これに関連して若干の新たな事実を紹介している。対象の膨大さに比べて研究の蓄積はなお乏しく，手探りの域を出ていない感はある。それでも，構造改革後の開放経済の環境下で一部の産業集積は明白な後退を余儀なくされ，他のクラスターでも一定の退行現象が認められるなど，少なくとも楽観的な見方はできない，とは言えるように思われる。

　第Ⅰ部と第Ⅱ部が実証篇であるのに対して，第Ⅲ部は理論篇である。新自由主義改革の理論的基礎には新古典派の経済学がある。大学等で初級ミクロ経済学として教授されている内容がその本来の姿に最も近い。しかし実証篇が明らかにしたように構造改革がさまざまな社会経済問題を引き起こすものであるならば，それを正当化する理論もまた，その前提にまでさかのぼって根底から批判されなければならない。そしてこれに代わるより適切な経済学を示す必要がある。実はこの点でも，ラテン・アメリカは貴重な示唆を与えてくれている。

　20世紀のいわゆる戦間期までのラテン・アメリカ諸国では，一部に異端の経済思想の萌芽がみられたとはいえ，全般的には欧米で主流の新古典派が経済学の正統の地位を占めていた。しかし1920年代の世界農業不況から30年代初めの世界大不況にいたる一連のショックは，従来の一次産品輸出主導型経済とそれを正当化する自由主義的経済思想を危機に陥れた。そしてここから，同じ市場経済でも先進工業諸国とラテン・アメリカとでは構造が異なり，後者では前者と違った開発政策が要求されると主張する経済学が生まれた。第2次大戦直後のことである。

　のちに構造派[5]と呼ばれることになるこの潮流は，その後，ケンブリッジ周辺のポスト・ケインジアンとも連携しながら新古典派経済学やそれが支配する国際経済機関（IMFそしてまたのちに世界銀行）と対峙し，理論・政策の両面で対案を提示しようとしてきた。より急進的ないわゆる従属理論やその他の

独創溢れる理論的営為も、ここから派生したのである。さらに現代では、ラテン・アメリカ構造派の直観をポスト・ケインジアンの分析手法によって発展させた構造派マクロ経済学や、新自由主義の構造改革に対抗して政策論を刷新した新世代の構造派（新構造派）など、構造派経済学とも総称できる流れが、より進化した新古典派批判を展開している。本書の第5章から第8章にかけては、筆者がまさにこの構造派経済学やポスト・ケインジアンから学んだ事柄の一部を論じている。それらはまた、筆者がかねてより提唱している「異端派総合アプローチ」（佐野1998）の、ひとつの方向性を示すものでもある。

まず第5章では、ブラジルのバシャが1980年代に提示した簡便な異端派マクロ経済モデルを援用しつつ、第2次大戦以降のラテン・アメリカにみられた代表的な開発パラダイムを比較分析している。すなわち大衆宥和的なポピュリズム、他地域に先駆けて実施された新自由主義（ここではIMFの安定化政策、およびマネタリー・アプローチに想定される「自動調整メカニズム」）、そしてその補整である。この3番目のパラダイムは、「社会自由主義」を提唱したブラジルの第1次カルドーゾ政権（1995〜98年）の経験を抽象の基礎としている。ポピュリズムも新自由主義も持続可能ではないが、これに代わり得る堅牢な開発パラダイムもまた確立されておらず、新たな「第3の道」が求められている。これが本章の結論である。

「コンディショナリティー」の名でもよく知られているIMFの安定化政策は新自由主義の国際的な普及に大きな役割を果たしたが、その影響をいち早く1950年代から、かつ最も頻繁に被ってきたのは、まさしくラテン・アメリカにほかならない。第6章では構造派マクロ経済学の先駆者テイラーにしたがい、まずはこの政策の背後にある新古典派の理論モデルを特定し、それに批判的検討を加えている。本章ではまた、構造派の経済学者たちがラテン・アメリカの政治経済構造の特性を踏まえて提起した理論・政策上の対案も紹介している。それは主流派経済学の「誤れる普遍感覚」（プレビッシュ）──自らの理論が

---

5) 原語のスペイン語では *Estructuralista*、ポルトガル語では *Estruturalista* であり、これを直訳すれば構造主義となる。だが「主義」という言葉にはかつてのマルクス主義と同じく教条的な語感が漂い、*Estructuralista* や *Estruturalista* たちの柔軟な知性と相容れない。このため本書では、構造派というより柔らかな訳語をあてている。

時と所を問わず一般的に妥当する真理だと考える心性——を撃とうとしたものであり，今日なお傾聴に値する。

　第7章が扱うのは新古典派の労働市場理論である。それは多くの国々で労働市場の規制緩和や雇用の柔軟化の論拠となってきたが，新自由主義の先駆けとなったラテン・アメリカもむろんその例外ではなかった。同理論によれば，最低賃金，解雇規制，労働組合など労働市場の自由な働きを妨げる政府介入や社会的規制が撤廃されれば，右下がりの労働需要曲線と右上がりの労働供給曲線の交点で労働需給が均衡し，そこでは非自発的失業は生じない。初級の経済学教科書に必ず現れるこの理論は，実は一連の非現実的な仮定に立っている。それゆえ実際には現実をうまく説明できないだけでなく，労働市場の不適切な規制緩和と柔軟化（往々にして企業・財界の利害がその背景にある）を正当化することで，むしろ雇用問題を悪化させてしまう。それでは，これに代わる理論は一体どのような方向性を目指すべきなのか。本章は以上の点をラテン・アメリカの具体的事例に照らしながら論じている。

　なお，ここではポスト・ケインジアンの理論的貢献（特に規模に関する収穫法則の理解）が援用されているが，それは批判的経済学の世界にあってもなお十分共有されているとはいえない。このため心情的には新自由主義に批判的でありながら，いつのまにか無自覚的に新古典派と同じ考え方に陥っている例が，現在もなお散見される。念のため，ここで予め注意しておきたい。

　本書の最終章に当たる第8章では，経済の対外的自由化が引き起こす一連の病状，いうなれば新自由主義症候群について，異端派経済学の理論的考察を2点とりあげ，論評している。1990年代にメキシコ，東・東南アジア，ロシア，ブラジルなどで通貨・金融危機が相次ぎ，2001年のアルゼンチンでクライマックスに達したことは周知のとおりである。しかしその原型はすでに1980年代初めのアルゼンチンとチリが経験済みであり，のちに発生した一連の世紀末通貨・金融危機はその主題の変奏ともいえる面があった。これらに共通する本質的な仕組みはいかなるものか。また，それを予防または緩和しながら持続可能な開発を進めるには一般にどのような政策が必要なのか。この点に関して，インドのポスト・ケインジアンであるバドゥリは，世紀末通貨・金融危機の背後に潜行していたとみられる実物的制約，すなわち自由な貿易・金融制度のも

とで大量の資本流入が総需要を抑制する側面を分析し，これを踏まえて資本取引規制や国際短期資本移動への課税といった政策を提言している．それは長く自由化に固執していたIMFへの手厳しい批判でもあった．

　一方，第6章でも登場したテイラーは，1980年代初めのラテン・アメリカから1990年代末のアジアにいたる一連の通貨・金融危機の動態を包括的にとらえるべく，「FNサイクル」なる分析枠組みを提示した．すなわち固定相場制とゆるい金融規制が制度的前提条件として与えられたとき，ハイ・リスク＝ハイ・リターンのリスキーな金融ポジションが徐々に広く選好されるようになり，ミクロの相互増幅作用の果てにマクロの不安定性と危機が発生する，というのである．この分析を踏まえながら，テイラーは危機の予防や緩和のために広汎な政策提言を行っているが，それはバドゥリのものと多少とも重なっている．ちなみに「FNサイクル」理論の「F」はアルゼンチンの経済学者フレンケルにちなんだものであるが，それは彼が1980年代初めの同国の通貨・金融危機について当時すでに批判的かつ洞察に富む論文を著していたからである．この意味で，「FNサイクル」の概念はその本質においてラテン・アメリカ産なのである．

　すでに述べたように，本書の基幹部分は発表済みの論考からなっている．それらを収録するに際しては，誤植の訂正や若干の内容修正のほかは基本的に手を加えていない．このため各章間で重複している部分も散見されるが，ご寛恕願いたい．また本質においては現在もなお問題提起の力を備えていると思いたいが，当初の考察対象とした時期がやや古くなったことなど，賞味期限（消費期限ではない）切れになりかけている面もないわけではない．そこで読者への便宜を少しでも図るため，本書編集時点での補足を「2008年のエピローグ」として各章の末尾に付記しておいた．コラムのうち書き下ろしたものも同様の趣旨にもとづく（コラムは本文の途中，ページの色を変え，§の印で示した）．やや変則的な構成ではあるが，筆者の現在の考えも参考にして頂ければ幸いである．ただし，それらは2008年の3月と8月を中心に書かれたものであるた

め，その後急速に進展した世界経済危機を反映した内容には必ずしもなっていない。この点，予め断っておきたい。

なお残念ながら 1990 年以降のチリ，1995 年以降のブラジル，2002 年以降のアルゼンチンにみられるポスト新自由主義の政策体制への試行錯誤や，ベネズエラおよびボリビアが近年進めている新たな社会変革の実践，あるいは以上とも共鳴し合いながら市民や地域社会が取り組んでいる各種の「連帯経済」の試みなど，現在の日本に多くの示唆を与えるだろう最近の展開については，本書では正面から十分に考察することはできなかった（ただし一部の章末エピローグやコラムでは関連した論点をあつかっている）[6]。日本の新自由主義サイクルと現在進行中の世界経済危機の融合に関する研究や，異端派総合アプローチの更なる模索とともに，今後の課題としたい。

🙞 🙞 🙞 🙞 🙞 🙞

ささやかな本書ではあるが，いまこのような形で世に問うことができるのは，国内外の多くの方々の支えがあったからである。ただまさしくそれゆえに，すべての方々に対して漏れなく謝意を表することは，残念ながら到底できそうにない。それでも次の方々のお名前はあげさせて頂きたいと思う。

まずは信念と良心の知性，内橋克人氏である。新自由主義の問題性にいち早く警鐘を鳴らされた氏は，他方でまた，「共生経済」「FEC 自給圏」「自覚的消費者」などアカデミシャンには真似のできない独創的な言葉遣いで，あるべき社会の方向性を語り続けてこられた。その透徹した洞察力と構想力には多くを学ぶことができると思う。幸い共編著（内橋・佐野 2005）の刊行に向けた研究会以来，筆者は折に触れそうした一種の重要無形文化財に接することを許されてきた。修行はまだ道半ばであるが，もし本書に少しでも訴えるところがあるとすれば，それはマエストロのご指導に負うところが大きいはずである。そればかりではない。氏はまた情の人でもある。しばらく前，筆者が一時体調を崩

---

6) ここにあげたすべての論点をカバーするものではないが，興味ある読者はさしあたり内橋・佐野 2005 を参照されたい。また本書を脱稿した後，関連文献として遅野井・宇佐見 2008, 谷・グローブ 2008, ハーシュマン 2008 が刊行されたことも付記しておこう。

し研究活動の中断を余儀なくされていた折，氏は公私にわたり力強く鼓舞し続けて下さった。この励ましがなければ，本書は日の目を見なかったかもしれない。この場を借りていま一度感謝申し上げたい。

本書の版元である新評論の編集者，山田洋氏のお名前も間髪を入れずあげておきたい。初めて本書が企画されたときから長い年月が経過してしまったが，その間には上述したような思わざる事態も生じた。以来，氏は編集者というよりもむしろ同年輩の親身な友人として筆者を献身的に支え，本書を世に問うよう絶妙の気遣いで根気強く促して下さった。また氏の同僚の吉住亜矢氏にも要所，要所で一方ならぬお世話になった。ここに記してお2人への心からのお礼としたい。

本書は新潟大学の同僚にも負うところが大きい。なかでも芳賀健一教授，佐藤芳行教授のお2人は文献情報のやり取りや意見交換を通じて筆者の思考を日常的に活性化して下さっているだけでなく，筆者の非常事態に際して公務を自ら代行するなど，まさにセンのいうコミットメントを実践された。お礼の言葉もない次第である。また助手の小林圭子さんも参考文献整理の作業の一部を個人的に引き受けて下さった。大学院生のフアン・アルコルタ君は一部の図表の作成などに協力してくれた。お名前はあげないが，他の皆さんにもなにかとご配慮頂いてきている。改めて感謝したい。

本書に収められた論考は多くの方々との対話や共同作業から生まれてきたものである。そのうち本書を現在の形にまとめる上で特に重要な意味をもったのは，先にもあげた共編著の出版企画であり，そこから発足した研究会である。立命館大学の小池洋一教授，篠田武司教授，田中祐二教授，およびアジア経済研究所の宇佐見耕一氏は，企画から出版に至るまで軽やかな連帯感をもって協働されただけでなく，同じくこの研究会のメンバーであった岡本哲史・九州産業大学教授，出岡直也・慶應義塾大学准教授，安原毅・南山大学教授，吾郷健二・西南学院大学教授，山崎圭一・横浜国立大学教授，山本純一・慶應義塾大学教授と共に，その後一時戦線離脱した筆者を暖かく励まして頂いた。

本書の各論考が結実してくる過程では，他の研究会や出版企画も劣らず重要な役割を果たしている。第1章の概要を初めて発表したのは財務省財務総合政策研究所「経済の発展・衰退・再生に関する研究会」の場においてである。

個々のお名前はあげないが,そこで頂いたコメントに感謝したい。第2章は野口真・専修大学教授（当時），平川均・名古屋大学教授のお2人と一緒に手がけた代替的な開発経済学の国際的論文集に由来している。その後故人となられた野口元教授に本書をお見せできないのは残念だが，平川教授とともにその遺志を継承・発展させていければと考えている。

第3章は前出の宇佐見耕一氏が主査を務められたアジア経済研究所の研究プロジェクト「ラテンアメリカの経済自由化と雇用関係の変容」から生まれたものである。メンバーの皆さんとの生産的な対話ならびに現地調査の機会を与えられたことに改めて感謝したい。第4章はペルーに関する一連の学際的な研究プロジェクト[7]に参加させて頂いたことから得た成果である。その中心となられた山田睦男・サラマンカ大学教授，遅野井茂雄・筑波大学教授，村上勇介・京都大学准教授の皆さんには，数回にわたる現地調査をはじめ実効性ある研究機会を与えて頂いた。また研究会では，文化の在りようを重視した，まさしく地域研究という名に値する議論の数々に接し，改めて経済学的思考の狭さを反省させられた次第である。

第5章は佐藤良一教授が代表を務められた法政大学比較経済研究所の研究プロジェクト「市場経済の神話とその変革――平等主義的市場の可能性」の産物である。第6章も教授のご仲介で公にさせて頂いた。上記の研究プロジェクトでは，文字通り第一線で活躍されている異端派経済学者の面々と交流する機会を得，特に理論面で多くの刺激を与えられた。第7章は石黒馨・神戸大学教授を中心とする「テキーラ研究会」を，また第8章は馬渡尚憲・東北大学名誉教授（現・宮城大学学長）を囲む「仙台経済学研究会」を，それぞれ背景として書かれたものである。メンバーの皆さんから賜った知的恩恵は少なくない。

以上のほか，すでに10年ほど前になるが財団法人産業研究所の「韓国経済

---

7) 国立民族学博物館地域研究企画交流センター（当時）の「現代ペルーに関する総合的地域研究」，トヨタ財団研究補助金による「ラテンアメリカにおける民主的な政治社会の構築に向けた制度的基盤に関する調査研究――ペルーの低所得階層による自助を目的とした社会組織の事例から」（1999年度），文部科学省科学研究費補助金基盤研究（A）「現代ペルーの社会動態に関する学際的調査研究――比較研究のための視角構築」（2001〜04年度），および同「現代アンデス諸国における社会変動の比較研究」（2005〜08年度）など。

研究会」にお誘い頂いたことも，実は決定的に重要であった．本書には収録しなかったものの，韓国経済とアルゼンチン経済の比較論考をまとめる機会を与えられ，新たな研究領域への着想を得ることができたからである．松本厚治・大阪工業大学教授，服部民夫・東京大学教授のお2人をはじめ同研究会のかつてのメンバーの方々にもう一度感謝したい．研究会関連ではまた，中島朋義氏が長く主査を務めてこられた環日本海経済研究所の一連の韓国経済研究会，野村亨教授を代表者とする慶應義塾大学地域研究センター（当時；現・東アジア研究所）の研究プロジェクト「アジアを中心とする諸地域におけるグローバリズム・ナショナリズム・ローカリズムの関係と国家・市民社会・共同体等の役割・機能に関する比較研究」，そして柴田徳太郎・東京大学教授を中心とする「21世紀経済社会構想研究会」も，とかく狭くなりがちな筆者の視点を押し広げてくれた．さらに2007年末から2008年初めにかけ，新潟大学で催された研究会の場で山田鋭夫・名古屋大学名誉教授（現・九州産業大学教授）と八木紀一郎・京都大学教授のお2人から制度派経済学の最新の知見をご教示頂いたことも，本書の理論的視座を刷新する上で大きな助力となった．

　いくつかの学会で行った研究報告やそれをめぐる質疑応答も，筆者の世界認識の当否を確認するのに有効であった．わけても2003年秋，日本で開催されたラテン・アメリカ／カリブ研究国際連合（FIEALC）の年次大会において，持論である「日本のアルゼンチン化」の問題提起を行い，パリ第Ⅲ大学のカルロス・ケナン教授をはじめ海外の研究者からコメントを頂いたことは有益だった．また2001年末のアルゼンチン危機の直後，上智大学イベロアメリカ研究所主催の緊急シンポジウム「アルゼンチン〈危機〉を語る——グローバリゼーションと国民経済のジレンマ」にお招き頂き，他の発言者や一般聴衆の方々と意見交換できたのも有意義だった．同研究所では2005年秋にも「人間の安全保障を脅かす〈新自由主義〉とは何か」と題するシンポジウムの場で発言させて頂いたが，これについても同じことがいえる．今井圭子教授，堀坂浩太郎教授，幡谷則子教授，谷洋之准教授の各氏をはじめ，労をとられた関係者の方々にお礼申し上げたい．

　なお後藤政子・神奈川大学教授，畑惠子・早稲田大学教授，金元重・千葉商科大学教授，長原豊・法政大学教授の皆さんには，この間，研究面だけでなく

私的にもご厚情を賜ることとなった．記して謝意を表したい．また第8章末尾には内橋克人氏と筆者の誌上対談を一部引用しているが，そのとりまとめを担当されたのは『世界』編集部の清宮美稚子氏である．見事なお仕事ぶりに感銘を受けたことを付記しておきたい．

　本書の成り立ちは南米の方々にも負うところ大であるが，ここではアルゼンチンとペルーについてだけ触れておこう．前者については，国家社会研究センター（CEDES）の主任研究員でありブエノス・アイレス大学でも長年教鞭をとられてきたロベルト・フレンケル博士のお名前をまずはあげなければならない．1980年代末以来，同国経済の見方に関して何度かお話を伺う機会があったほか，近年は論文や現地有力紙『ラ・ナシオン』のコラム記事など新たな著作が公になるたびにファイルをお送り頂き，大いに参考になった．ちなみに筆者が2001年9月11日の事件を知ったのは，当時，氏が理事を務めていたブエノス・アイレス州立銀行の執務室の臨時ニュース映像を通じてであった．

　その前後，筆者は国際交流基金を通じてラ・プラタ大学国際関係研究所に派遣され，東アジアとラテン・アメリカの社会経済比較に関する1ヶ月の集中講義を行っていた．実は本書のアイデアのいくつかもそこで話してみたのだが，学生の皆さんから寄せられた質問や意見はなかなか鋭く有益であった．仲介の労をとられた同大学のセシリア・オナハ講師ならびに同国際関係研究所長のノルベルト・コンサーニ教授にいま一度お礼申し上げたい．

　アルゼンチンについてはこのほか，資料の入手や面談の手配などの面で国際協力機構（JICA）ブエノス・アイレス事務所のご協力を仰いだが，特にフアン・カルロス・ヤマモト，ナウエル・ガルシア（現オックスファム・インターナショナル・モザンビーク支部），パブロ・マルサル（現アムネスティ・インターナショナル・アルゼンチン支部）の皆さんのお力添えを頂いた．また第3章コラムで触れている地域通貨運動「連帯交換グローバル・ネットワーク」（RGT）の指導者，ルベン・ラベーラ，カルロス・デ・サンソ，オラシオ・コーバスの3氏からは各種の内部情報を数回にわたりご教示頂いた．20年来の付き合いになるロベルト・カラウス国立統計国勢調査院元顧問にも公私にわたってなにかと便宜を図って頂き，調査を楽しく進めることができた．ここに記して感謝したい．

最後にペルーについても一言しておきたい。本来この国は筆者の研究の「領分」ではないのだが，前述した一連の学際的研究プロジェクトによる数回の現地調査を通じて，批判精神をもつ優れた経済学者たちが第一線で活躍してきた土地柄であることを知ることになった。とりわけパシフィコ大学ジュルゲン・シュルトゥ教授には来日された折や現地調査の度ごとにお話を伺い，理論問題から政策論に至るまで多くの示唆を与えて頂いた。ペルー問題研究所（IEP）の研究員の方々にも多大な便宜を図って頂いたが，特にヒネブラ・ゴンサーレスさん（当時在籍）は筆者が小零細企業関係の一次資料を収集するのに長時間付き添い，リマとその郊外の東西南北を奔走して下さった。皆さんにいま一度ありがとうと申し上げたい。

　経過しつつある「もうひとつの失われた 10 年」。日本ではまだ「その後に来るもの」が明確な輪郭をみせていない。1992 年，2 回目の構造改革が矢継ぎ早に進むアルゼンチンを訪れ，敬愛する労働社会学者フリオ・ゴディオ氏とカフェで対談した折，氏は「あと 10 年は改革とその帰結を甘受しなければならないだろう」と苦渋の展望を示された。1999 年，氏もブレーンの 1 人として関わった中道左派の野党大連合が政権をとる数ヶ月前，再び同じカフェで氏に前倒しの祝辞を述べたが，その後の政治力学は第 1 章や第 3 章末尾に記したような展開しか許さなかった。しかし筆者も立ち会った 2001 年末の危機を経てアルゼンチンは新自由主義のリスクをようやく学び，より賢明な道を選択したようにみえる。そしてまさにその前後，彼の地でほとんど第 2 国歌のように広く口ずさまれたのがディエゴ・トーレスの『希望の色』（*Color Esperanza*）であった[8]。果たして日本でも「希望の色」はみえてくるだろうか。本書の視点がわずかでも共有され，よりよい社会を創り出していくための一助となることを願うのみである。

8）アルバム Diego Torres, *Un Mundo Diferente*, 2001, BMG Ariola Argentina に収められている。編曲の異なるバージョンを *Diego Torres MTV Unplugged*, 2004, BMG Ariola Argentina and MTV Networks Latin America で視聴することもできる。

「もうひとつの失われた10年」を超えて
目　次

＊　§はコラムを示す

読者への道案内 …………………………………………………… 1

第Ⅰ部　「ラテン・アメリカ化」のリスク

第1章　「失われた10年」への視座
　　　──ラテン・アメリカの教訓 ………………………… 23
　はじめに　23
　1　3つの「失われた10年」：アルゼンチンと日本における　25
　　　§　金融自由化とアルゼンチン債問題　33
　2　忘れ去られた本来の構造問題　41
　3　新自由主義の補整とその限界　44
　おわりに：進歩的な社会経済改革と共生経済の調合に向けて　49
　■2008年のエピローグ：新自由主義から新開発主義へ？　50

第2章　中国はラテン・アジアとなるのか？
　　　──「ブラジルの奇跡」から考える ………………… 55
　はじめに　55
　1　所得分配と経済成長　56
　2　「ブラジルの奇跡」：不平等化，産業構造変化，高度成長　59
　　　§ベリンジアの寓話～「経済成長率」に潜む価値判断　65
　3　中国：東アジアのベリンジアか？　69
　おわりに　71
　■2008年のエピローグ：追考・2つのベリンジア　72

第Ⅱ部　構造改革は何をもたらしたか

第3章　新自由主義改革，大量失業，雇用政策
　　　　――1990年代のアルゼンチン……………………………………77

はじめに　77
1　大量失業経済への大転換　79
2　新自由主義改革　84
3　雇用関係の柔軟化：労働改革と「日本化」　90
4　雇用政策とその限界　95
おわりに：アリアンサ連合政権――「第3の道」は可能か　103
　　§ 2001年末「アルゼンチン危機」に何を学ぶか　107
　　§ 地域通貨をどうみるか　110
■ 2008年のエピローグ：競争力のある安定した実質為替レートと委任型民主主義　114

第4章　グローバリゼーションと小零細企業
　　　　――フジモリ政権下のペルーの経験………………………………127

はじめに　127
1　インフォーマル小零細企業をめぐる見解：1980年代まで　129
2　マクロ政治経済環境：ポピュリズムから新自由主義改革へ　134
　　§ ラテン・アメリカのオランダ病～日本への示唆　137
3　新自由主義改革後の小零細企業　145
おわりに　153
■ 2008年のエピローグ：その後の現地調査から　154

第Ⅲ部　新自由主義の理論――批判と対案

第5章　開発パラダイムの比較分析
　　　　――ポピュリズム，新自由主義，「社会自由主義」……………167

はじめに　167

§ 社会自由主義国家　169
　1　中進工業経済の概念的なマクロ・モデル　172
　2　ポピュリズムの調整レジーム　176
　3　新自由主義の調整レジーム　178
　4　「社会自由主義」の調整レジーム　183
　　　§ プレビッシュと「社会自由主義」　187
　おわりに　191
　■ 2008年のエピローグ：「21世紀型の社会主義」か社会ポピュリズムか　192

第6章　IMFモデルの原理的批判 …………………………………………199
　はじめに：IMF病の伝染——ラテン・アメリカからアジアへ　199
　1　IMFモデル：開発における新古典派総合？　202
　2　標準的なIMFモデル　204
　3　IMFモデルの批判と改革の方向性　208
　おわりに：「正しい特殊感覚」の復権に向けて　216
　　　§ トービン税は有効か　217
　■ 2008年のエピローグ：IMF再論　221

第7章　雇用柔軟化の理論と現実 ……………………………………………225
　はじめに　225
　1　柔軟化の歴史的背景　226
　2　柔軟化の理論的基礎　229
　3　理論と現実の照合：実質賃金と失業率の相関　232
　4　新古典派労働市場理論の問題点と今後の課題　236
　結びに代えて：文献案内　240
　　　§ ラテン・アメリカの左傾化とニュー・ケインジアン〜チリからパラグアイへ　241
　■ 2008年のエピローグ：収穫逓減は現実ではない　246

第8章　経済自由化と通貨・金融危機
　　　——異端派はどうみたか ………………………………………………253

はじめに　253
1　資本流入の負のマクロ経済効果　255
2　FNサイクル：通貨・金融危機の動態　259
　　　§ 日本のバブル経済にみるラテン・アメリカ的側面　267
おわりに　270
■ **2008年のエピローグ：新自由主義サイクルを超えて**　270

参考文献　281

第Ⅰ部

「ラテン・アメリカ化」のリスク

¿Qué ocurre si una sociedad se "latinoamericaniza"?

第 1 章

「失われた 10 年」
への視座

ラテン・アメリカの教訓

はじめに

　内橋克人（内橋 1994）が正しく見通していたように，1990 年代初めのバブル崩壊後，日本経済は景気変動を経ながらも傾向的には「長期構造的停滞」に陥った。金融危機，財政危機，デフレに加え，雇用指標の悪化，所得格差の広がりなどが打ち続き，1990 年代はいつしか「失われた 10 年」と呼ばれるようになった。そして現在［筆者注：2004 年現在］，一定の景気回復にもかかわらず，この喪失感はなお払拭されていない。ホブズボウムの「長い 19 世紀」の概念にならえば，日本経済は世紀転換点を挟んで「長い失われた 10 年」を更新し続けているのだ，といえるかもしれない[1]。

　ところで今日なおよく理解されているとはいえないが，従来繰り返し指摘されてきたように，この「長い失われた 10 年」やその直接の前提となったバブル経済の浮沈は，金融自由化をはじめ 1980 年代半ばから本格化した一連の自

---

1) 山家 2001 が再確認したように，「失われた 10 年」は単調な停滞ではなく，2 度にわたる景気循環の結果であった。この事実からもわかるように今後も景気回復それ自体はありうる。現に 2004 年に入って景気は回復途上にあるといわれ，2004 年 3 月期連結決算では東証一部上場企業も過去最高の経常利益を更新した。とはいえ経常利益の伸びが前年比 22.9%であったのに対して売上高の伸びは 1.6%にすぎず（2004 年 5 月 22 日付毎日新聞），人件費など費用の圧縮が好業績の主因であったことが伺われる。この一方で失業率は 5%を切ったもののなお高止まりしており，「雇用なき成長」が懸念されているほか，非正規雇用の増加や所得格差の広がりなど景気回復の質は劣化している。真に「失われた」ものが何であったのか，いよいよ明らかになってきたというべきだろう。

由化・規制緩和・供給側重視の政策，すなわち新自由主義改革と深い関わりがある（内橋 1995a／宮崎 1992／伊東 1999／伊東 2000／金子 1999／山家 2001）。そして現代日本経済の来歴をこのようにとらえたとき，過去4半世紀のラテン・アメリカの経験はすぐれて示唆的にみえてくる。

南米諸国の一部（チリ，アルゼンチン）では，世界に先駆けて 1970 年代にビッグ・バン式の新自由主義改革を実施した。1980 年代から 1990 年代にかけては，程度の差こそあれ，近隣諸国にも同様のうごきが広がった。わけても 1970 年代後半と 1990 年代の2度にわたって極端な新自由主義改革を繰り返したアルゼンチンは，その典型ともいえる存在である。結果はいずれの場合も，はかない投機的ブーム，通貨・金融危機，対外債務危機，雇用の脆弱化，所得分配の悪化など一連の社会経済的な劣化であった。細部に違いはあるものの，他の国々も似たようなショックとトラウマを患った。ラテン・アメリカは何よりもまず，このような意味での反面教師的な教訓に満ち溢れている。

しかしながら，ラテン・アメリカが示唆する教訓はこれだけではない。1990 年代以降のチリ，そしてブラジルでは，新自由主義のもたらした弊害を補整する政策，あるいは自由化・規制緩和を進歩的に制御しようとする政策が模索されてきた。それらはチリでは「第3の道」，ブラジルでは「社会自由主義」と呼ばれた。またこれとは別に市民社会レベルでも，地域通貨運動，フェア・トレードと連携した先住民協同組合，貧困層による非公式の廃品回収業，さらには道路封鎖による扶助政策の要求など，新自由主義にともなう社会経済的劣化を生き抜くための，さまざまな知恵や防衛策が編み出されてきた。産業集積や世界的な商品連鎖を媒介に生き残りを図っている中小零細企業もある。

現状打開を目指すこうした多様な試みは一定の成果をあげたが，そこには厳然たる限界もある。新自由主義の補整や自由化・規制緩和の進歩的な制御は，1999 年初めのブラジル通貨危機に象徴されるように，それ自体容易ではなかったし，ましてや従来からの構造問題（大土地所有制，不公平税制，特権層の過剰な奢侈的消費，インフォーマル・セクターなど）にはなお十分切り込めていない。一方，民衆の生存維持戦略も，一面では将来の「多元的経済社会」の一環となるべき「共生セクター」（内橋 1995b）の形成を予想させるものの，なお緊急避難的な性格を免れていない。とはいえ以上の経験はすべて，新自由主

義を超えた日本のあり方を構想していく上で，少なからず貴重な示唆を与えてくれている。

多くの点ではるかに異質の，しかも低開発地域の経験と，低迷してはいるが曲りなりにも経済大国とされる日本の現実とを引き比べることには，もちろん異論もあるだろう。地域研究者のつもりでもある筆者自身，安易な国際比較は禁物だと考えている。しかしラテン・アメリカの経験には私たちにとって有益な教訓が間違いなくある。その個別具体的な内容は内橋・佐野2005（その第1章以降）に譲ることとし，本章では，政策的側面を中心に筆者の問題意識をいま少し敷衍しておきたい。

まず1では，1980年代から1990年代にかけて，「失われた10年」と呼ばれる社会経済現象がラテン・アメリカ，特に南米アルゼンチンにおいて2回継起していたこと，またそれらがいずれも新自由主義改革と密接に関連していたことを確認する。そして1980年代以降の日本でも本質的にはこれと同じ失敗が繰り返されたこと，すなわち日本の「アルゼンチン化」について論じる。次に2では，問題の根が実はより深いところにもあることを論じる。ラテン・アメリカでは新自由主義改革以前からの本来の構造問題を棚上げしたまま自由化・規制緩和を推進し，事態をより悪化させた。日本も基本的には同様であり，「失われた10年」の社会経済的劣化を払拭していくには，この点を踏まえた真の構造改革が要請されることを示唆する。最後に3では，1990年代以降のチリとブラジルでみられた新自由主義の補整（あるいは自由化・規制緩和の進歩的な制御）およびその限界を概説し，それらが日本経済再生の方向性に与える示唆を読み取ってみたい。

1 3つの「失われた10年」：アルゼンチンと日本における

日本経済の1990年代は「失われた10年」と呼ばれる。この表現は本来，巨額の対外債務を抱えたラテン・アメリカ諸国が1980年代に長期の経済停滞に陥った事態を指したものである。その典型は南米アルゼンチンであった。

メキシコのモラトリアム宣言を皮切りに対外債務危機が世界中に広まった

1982年から1989年にかけて，ラテン・アメリカ主要6ヶ国（ブラジル，コロンビア，チリ，メキシコ，ペルー，ベネズエラ）の1人当り実質所得の年平均成長率はマイナス0.01%を記録している。これに対してアルゼンチンのそれはマイナス1.52%と，さらに一段低い水準にあった（Gerchunoff y Llach 1998：388）。1980年代のアルゼンチンは，インフレーションについてみても，当時革命後の非常事態下にあったニカラグアに次いで世界第2位の高率を記録しており（佐野 1998：198），実質賃金，失業率，不完全就業，所得分配といった社会経済指標も軒並み悪化していく傾向にあった。アルゼンチンはラテン・アメリカの元祖「失われた10年」の，そのまた原型ともいえる存在だったのである。

そのアルゼンチンの現代経済史を省みるとき，そこには日本の「失われた10年」の来歴を考える上で示唆的な事態が見出される。特に参考になるのは，20世紀末の4半世紀に2度にわたって断行された，ビッグ・バン式の急進的な新自由主義改革（1976～81年，1991～2001年[2]）とその社会経済的帰結である。厳密に言えば第1回目の改革と第2回目のそれとでは政策内容やその結果に違いもみられる。しかし金融をはじめとするやみくもな自由化や規制緩和の末，投機的ブーム，通貨・金融危機，対外債務危機，雇用の劣化，所得分配の悪化など，いわば新自由主義症候群とも呼べる一連の社会経済症状が現れた点では，全く共通している[3]。

1.1　トラウマとしての新自由主義改革：アルゼンチンの「失われた10年」[4]

第1回目の新自由主義改革は1976年に軍事政権下で開始された。当初実施されたのは，通貨の大幅切り下げ，物価統制の撤廃，名目賃金の凍結といった

2）1990年代の新自由主義改革を推進したのはメネム政権（1989～99年）である。しかし，これを批判して登場したデ・ラ・ルア政権（1999～2001年）は結局のところ，先行政権による自由化・規制緩和の制度的枠組みにはほとんど手をつけずに終わった。そこでここでは両政権をひとまとめにして扱う。
3）1990年代のインドの経済自由化問題を論じたバドゥーリ・ナイヤール1999は，経済改革のリトマス試験紙は一般庶民の生活向上の成否にあると主張している。筆者もまったく同感である。
4）以下，第1次新自由主義改革の経緯と1980年代のアルゼンチン経済について詳しくは佐野1998：第4章を参照。後出の表Ⅷ-1と図Ⅷ-2も参考にしてほしい。

IMF のオーソドックスな安定化政策である。これと相前後して，労働運動の弾圧による雇用の権威主義的な柔軟化（実質賃金の大幅切り下げ，公務員の削減）が断行された。その後さらに貿易自由化，金融と資本の自由化，そして新古典派マネタリズムの国際収支理論（マネタリー・アプローチ[5]）を応用したインフレーション抑制策など，より急進的な改革が次々に実行されている。このうち最後の政策は，貿易自由化を前提に，期待インフレ率を下回る逓減的な通貨切り下げスケジュールを設定することで輸入競争を強め，国内物価を国際市場価格へと近づけようとするものであった。同時に裁量的な金融政策は放棄され，当時としては究極の新自由主義政策が展開されたのである。

以上の制度変化によって通貨は割高となり（ただし名目金利は当面は為替レート調整に連動し，実質金利はときにマイナスに），巨額の外国資金が官民双方の対外債務の形態で流入した。この間，輸入競争が強まり製造業は縮小を余儀なくされたが，奢侈的な消費財部門や建設業等の非貿易財部門では投機的なブームに沸いた。ところが非貿易財部門のインフレーション抑制が不十分であったため通貨の切り下げ期待が高まり，リスク・プレミアム（したがって実質金利）も上昇に転じ，かくして企業財務は急速に悪化していった。この結果，1980 年 3 月には大手銀行が倒産し，金融危機が発生している。他方，通貨の過大評価はまた経常収支を悪化させることにもなり，この面からも，上述したインフレーション抑制策の信頼性は低下していった。

以上のような背景の下に，1980 年第 2 四半期から 1982 年にかけて，大規模な資本逃避，すなわち通貨危機が波状的に発生した。これに対して政府は，国営企業の対外債務を積み増して外貨準備を維持することにより，当初の通貨切り下げスケジュール，つまりは上記のインフレーション抑制策を防衛しようとした。しかし資本逃避は止まらず，1981 年 4 月，ついに予定外の大幅な通貨切り下げを余儀なくされてしまう。市場志向の改革は，皮肉にもまさにその市場自身の圧力によって強制終了させられたのである[6]。

---

[5] マネタリー・アプローチの批判的な解説は佐野 2003a を参照。
[6] 1994 年のメキシコの通貨危機を当時の IMF 専務理事は「21 世紀型危機の最初の深刻なもの」と評したが，同様の危機は，実はすでに 1980 年代初めのアルゼンチンにおいて発生していたのである。

ここで注目すべきは，以上の新自由主義改革の過程で対外債務が急激に増加し（1976～80年の年平均増加率30.8％），その重い純返済負担（対外債務残高×国際金利－純資本流入）が投資率を引き下げるように作用することで，前に述べた1980年代の「失われた10年」の深層要因になった，という事実である[7]。1980年代初めの国際金利の上昇やメキシコのモラトリアムといった対外的ショックも，対外債務の純返済負担を膨張させてはいる。とはいえ，それ以前の段階で巨額の債務が累積していなかったならば，その負担はずっと軽くなっていたはずなのである。

　一方，改革が失敗した後，1983年末の民主化をはさんで1980年代末まで，IMFの介入こそ数回あったが，国内の経済政策形成における新自由主義の影響はたしかに一時弱まった。通貨危機後は為替管理や輸入規制などが緊急避難的に実施され，その後も労働運動の自由化やヘテロドックスな安定化政策，さらにのちのブラジルの「社会自由主義」を先取りしたかのような構造改革（農地改革，労使関係の民主化，過剰保護の是正，自然独占分野を除く民営化など）が企図された。

　しかし対外債務の純返済負担の重みによって投資率が低下を余儀なくされるという，通貨危機後のマクロ経済体制は，この間も一貫して政府の政策運営を強く拘束し続けた。また対外制約の天井が低下したなかでの所得分配抗争は，悪循環的な慣性インフレを押し上げて不確実性を蔓延させるとともに，投資率を追加的に引き下げることにもなった。かくして経済成長は抑制され，各種の社会経済指標も悪化していった（**表1-1**）。新自由主義改革は，以上の意味において，たしかにアルゼンチン経済の「失われた10年」を深層から規定するトラウマとなったのである。

1.2　歴史は繰り返す：アルゼンチンの「もうひとつの失われた10年」

　アルゼンチンの第2次新自由主義改革は1989年から徐々に開始され，91年

---

[7] 対外重債務の返済負担が開発途上国の政治経済に与える意味合いについては，佐野1998：第4章補論を参照。ここでは，投資率＝（1－労働者の消費÷GDP－資本家の消費÷GDP）－（対外債務金利支払÷GDP－純資本流入÷GDP）となることにだけ注意しておこう。ただし対外金融サービスとしては債務利払いのみを想定し，対外準備の変化と直接投資を捨象している。

表 1-1　アルゼンチンの主要社会経済指標

① 第 1 次新自由主義改革と「失われた 10 年」

年	1976	1977	1978	1979	1980	1981	1982	1983	1984	1985	1986	1987	1988	1989	1990
1 人当り実質 GDP 成長率 %	−2.0	6.2	−4.9	5.8	1.5	−7.3	−4.5	2.2	0.3	−0.8	6.0	1.2	−3.5	−7.5	−3.3
完全失業率 %	4.5	2.8	2.8	2.0	2.3	4.5	4.8	4.2	4.6	6.1	5.6	5.9	6.3	7.6	7.5
不完全就業率 %					5.2	5.5	6.6	5.9	5.7	7.3	7.6	8.4	8.5	8.6	9.1
最貧層の分配所得の比率 %					6.8						6.4				6.2
最富裕層の分配所得の比率 %					45.4						48.7				50.0
貧困世帯率 %					8.7						13.0				

② 第 2 次新自由主義改革と「もうひとつの失われた 10 年」

年	1991	1992	1993	1994	1995	1996	1997	1998	1999	2000	2001
1 人当り実質 GDP 成長率 %	9.1	8.2	4.5	4.4	−4.1	4.1	6.6	2.5	−4.6	−2.0	−5.6
完全失業率 %	6.5	7.0	9.6	11.5	17.5	17.2	14.9	12.9	14.3	15.1	17.4
不完全就業率 %	8.3	8.2	9.1	10.3	11.9	13.1	13.2	13.5	14.3	14.6	15.6
最貧層の分配所得の比率 %		5.9		5.0			5.4		6.0		
最富裕層の分配所得の比率 %		47.5		51.1			51.8		51.6		
家計所得のジニ係数	0.465			0.452				0.494		0.509	0.538

【資料】家計所得のジニ係数は Damill, Frenkel y Maurizio 2003：44, cuadro 3.3、その他は国連ラテン・アメリカ／カリブ経済委員会（CEPAL）と国立統計国勢調査院（INDEC）の推計による。

第 1 章　「失われた 10 年」への視座

以降に本格化した。金融と資本の自由化が再び断行されたほか，第1次改革では必ずしも徹底しなかった貿易自由化が迅速に進められ，同じく以前は実施されなかった民営化も大規模に行われた。また第1次改革では暴力を用いて場当たり的に推進された雇用の柔軟化が，法律と政令法によってむしろより厳格に断行され（短期雇用の容認，解雇補償金の引き下げ，団体交渉の分権化など），さらに，割高な固定為替レートの下で，先に触れたマネタリー・アプローチの極端な形態であるカレンシー・ボード制が「兌換法体制」として導入された[8]。

このように第2次改革は第1次改革に比べてずっと包括的かつ急進的な内容であったが，ここに所得政策（賃上げ率を生産性上昇率の範囲内に限定）や労働運動の弱体化なども加わってインフレーションは鎮まった。1991～94年と1996～97年には大量の資本流入によって信用が拡大し，非貿易財部門の内需を中心として比較的高率の経済成長も実現している。

しかしこのマクロ経済体制には，次のような脆弱性が備わっていた。第1に，相対価格の急激な変化（通貨の過大評価，輸入関税率の大幅引き下げ）による輸入競争の激化と，次に述べる兌換法体制の弱点（資本流入減少時の景気後退）とがあいまって，未曾有の大量失業や不完全就業など，貿易財部門を中心にいわば雇用の空洞化が生じた（表1-1）。民営化による人員合理化や雇用の柔軟化も，この問題を一層深刻にした。注目すべきことに，失業率は1994年までの好況期においてすでに上昇し始めている（佐野2001a／フレンケル2003）。これに対応して所得分配もかつてなく悪化した（表1-1）。

第2に，前に述べた相対価格の変化は輸入の急増を招き，経常収支を悪化させもした。しかし1990年代における一連の国際金融ショック（メキシコ，アジア，ロシア，ブラジルの通貨危機）の際，民間資本は必ずしも経常赤字を補填するようには流入しなかった。このため兌換法体制の冷徹な規則（外貨準備の減少に応じたマネタリー・ベースの自動的な減少／裁量的な金融政策の放

---

[8] マネタリー・アプローチとカレンシー・ボード制の関係についてはBlanchard y Enrri 2000：Capítulo 27および佐野2003aを参照。兌換法体制では1ドル＝1ペソの固定為替レートの下で，マネタリー・ベースの増減が外貨準備高のそれと完全に連動させられた。中央銀行は「最後の貸し手」機能を失い，裁量的な金融政策はとれなくなった。それはドル本位制であり，現代の金本位制ともいえた。

棄）により，1995年と1998〜2001年の2度にわたって景気後退がみられた。

またこの間，民間部門が海外資産の購入などにより外貨を純額で費消していたため，政府はカレンシー・ボード制を支えるべく対外債務の形態で外貨準備を積み増すことを余儀なくされている（Damill, Frenkel y Maurizio 2003：21-24）。しかも通貨危機が続発するなかで国際金利が上昇するにつれ，対外債務の返済負担はますます増加していったのである。

かくして1990年代末には，このマクロ経済体制の持続可能性に強く疑問符が付くようになった。IMFによる金融支援にもかかわらず民間部門の組織的な資本逃避が進められ（Cafiero y Llorens 2002），2001年末にはついに劇的な通貨危機が発生した。周知のように，その後は為替管理，預金封鎖，反政府暴動，政権崩壊，対外債務デフォルト，大幅な通貨切り下げといった一連の危機が続発し，第2次新自由主義改革にもついに終止符が打たれた。アルゼンチンの1990年代は，たしかに「もうひとつの失われた10年」（フレンケル 2003）となったのである。

1.3　日本の「アルゼンチン化」再論

アルゼンチンの以上2つの「失われた10年」が典型的に示唆するのは，自由化・規制緩和をやみくもに強行する新自由主義改革の危険性にほかならない。そしてこのことを踏まえながら現代日本経済の来歴を再考してみるとき，ここでもまた本質的にはアルゼンチンと同種の病がみられることに改めて気づく。現れた症状こそ細部でたしかに異なるが，それは同じウイルスに感染しても個々人の体質が異なれば病状も違ってくるのと似ている。筆者はこれを日本経済の「アルゼンチン化」だとレトリカルに表現し，いち早く警鐘を鳴らした（佐野 2001b）[9]。ここでいま一度論じておきたい[10]。

日本の場合，自由化・規制緩和はアルゼンチンの場合よりも長期にわたって漸進的にすすめられてきた，とはいえる。1955年のGATT加盟後，徐々に貿

9）念のため断っておくが，ここでいう「アルゼンチン化」とは，いうまでもなく文字通りのアルゼンチン化を意味しない。日本が犯しつつある過ちにラテン・アメリカ研究者の立場から警鐘を鳴らすための，確信犯的な「誇大」レトリックである。
10）以下は佐野 2001bの一部に加筆修正したものである。

易自由化が進み，1964年にはIMF8条国への移行により経常取引にかかわる外貨取引規制が撤廃される一方で，OECD加盟により直接投資の自由化も開始された。この後1970年代後半から金融自由化が徐々に開始され，1980年代にこれが本格化する。それとともに民営化も進められ，さらに1990年代以降は各種の「聖域なき規制緩和」が推進されてきた。これらは経済自由化のいわゆるシークェンス理論が説く順序に似た，模範的な過程であるとも評されている (Fukao 1993)。にもかかわらず，日本でもやはり金融自由化をひとつの重要な契機として「バブル経済」という名の投機的ブームが発生・崩壊し，そこに追加的な自由化・規制緩和の効果が重なって「失われた10年」が帰結されたのである。

通説では，バブル経済の直接の契機は，プラザ合意後の円高不況に際して日本銀行が超金融緩和措置を発動し，これを比較的長く維持したことに求められる。しかしこの事態は，金融自由化にかかわるより広い制度的文脈の下にも位置づける必要がある（伊東1987／伊東1988／宮崎1992／芳賀1993／吉冨1998：第2章／伊東2000：第3章）。

第1に，高度成長終焉後の内部留保金の増加に伴う「大企業の銀行離れ」が，1970年代後半からの資本市場の自由化・規制緩和によって加速した（エクィティ・ファイナンスやCPによる独自の資金調達の急増）。第2に，このことと金利自由化や業際規制の緩和とがあいまって，金融機関の貸出競争が激化した。第3に，金融自由化以前のいわゆる護送船団行政のもとでは競争制限や破綻処理に比べて健全性規制が相対的に甘く，この制度的慣性が自由化後も作用して金融機関の不健全な競争を許した。また第4に，為替取引の実需原則の廃止と円転換規制の撤廃により，ユーロ市場でのエクィティ・ファイナンスをつうじてマイナス金利での大量の資金調達が可能となり，これが投機に用いられた（伊東1987／伊東1988／伊東1999：22-23／伊東2000：77-79／金子1999：025-026)[11]。

---

11) 伊東1988には当時の為替投機の仕組みを解説した表と，実際にマイナスの金利でユーロ市場から資金調達していた企業の一覧表が掲げられている。日本の金融自由化初期のいわばラテン・アメリカ的側面を記したこの貴重な資料を，**第8章コラムに資料Ⅷ-1，同Ⅷ-2**として転載した。ぜひ参照してほしい。

§　金融自由化とアルゼンチン債問題

　2001年12月のアルゼンチン危機は，思わぬ形で地球の裏側の日本にも激震をおよぼした。アルゼンチン政府が危機のさなかに対外債務の支払停止を宣言したからである。そこには円建てで起債されたサムライ債も含まれていた。日本ではアルゼンチン債と呼ぶこの債券が，アルゼンチンの公的対外債務総額に占める比率はごく小さかった。しかし1996年以降の円建てアルゼンチン債の起債額は推計1,915億円あまりと巨額に達しており，その購入者には企業のほか個人や公益法人も多く含まれていたため，大きな社会問題になった。

　アルゼンチンのキルチネル政権（2003年5月～2007年12月）は，深刻な雇用情勢を改善するため国内の経済成長を最優先させる方針をとり，対外債務返済負担の大幅削減を主張した（このことのマクロ経済的な意味合いは本文注7を参照）。債権者側は全額返済を求めたが，結局はアルゼンチン側の一方的な債務軽減策に応じざるを得なくなった（この経緯の詳細を日本語で知るには，アルゼンチン債の管理会社である東京三菱銀行［筆者注：2005年現在］のサイト http://www.bmt.co.jp/sonota/argentine が有益である）。

　債権者側からみれば，この問題はひとえにアルゼンチン政府の無責任さに帰せられるべきものと映っただろう。しかし本文でも述べたように，このアルゼンチン債は，ひとつには，そもそも兌換法体制を護持するために起債された性格が強い。外貨を滞留させる以上に蕩尽した民間部門の行動（海外資産の取得なども含む）を相殺し，外貨準備の減少を防ぐためであった。したがって元をたどれば，当時の問題含みの新自由主義マクロ経済体制（そしてその推進者）やこれを利用して蓄財した有産層にこそ，本来の責任があったというべきである。

　ところでスタンダード＆プアーズの格付けでは，アルゼンチン債はもともと起債時点で投資不適格のBBであった。この点に着目すれば，そうした低格付け債をそれと知って購入した投資家の貸手責任も問われるべきものとなる。東京都品川区の文化振興事業団がアルゼンチン債で損失を出した問題は同区議会で追及されたが（区議会議員のサイト http://www.ne.jp/asahi/jcp/sinagawa/gikai/aruzentin/

sawada20020311.htm を参照），たしかに公益法人の場合は説明責任も出てこよう。さらに厳しいことをいえば，知らなかったといわれればそれまでだが，そもそも大量失業を生み出すような経済政策が行われていた国に，単なるハイ・リターン目当てで投資していたのも残念なことである。

　もっとも，このようにいったからといって筆者は，それこそ自己責任パラノイアの新自由主義者のように，投資家に全責任を負わせる気など毛頭ない。実際，低格付けのアルゼンチン債を購入する投資家があとを絶たなかったのは，証券会社がハイ・リスクよりもハイ・リターンを強調する，甘い投資勧誘を行っていたからでもある。しかも万一のときに備え，投資家の自己責任を証明できる「債権の格付けに関する確認書」を周到にも取り交わしていた（http://www.geocities.co.jp/WallStreet-Bull/1308/）では，損失を被った個人投資家が大手 N 証券の無責任な営業姿勢を告発している）。

　おそらく投資家の多くは，アルゼンチンの当時のマクロ経済体制の問題点については，ほとんど無知であったに違いない。一方，証券会社がどれほど事情に通じていたかは定かではないが，もし仮にリスクの高まりに気づいていたのであれば，いわば未必の故意にも比せられる，文字通りの悪徳商法だったということになる。

　このようにみると，アルゼンチン債問題は，近年流行の「非対称情報の経済学」の世界にも似通ってくる。しかし筆者はここで思考停止するつもりはない。アルゼンチン債をめぐる情報の偏在それ自体よりは，むしろそれが取りざたされるような状況を作り出した制度変化こそが，より本源的な問題だったと考えるからである。

　実際，BB の低格付け債を円建てで起債することなど，かつては不可能であった。それが解禁されたのは，1996 年，円の国際化を意図した橋本政権が円建て債券発行を自由化したときである。これは投資に関するきわめて重大な制度変化であったにもかかわらず，その後政府が新たなリスクの説明責任を十分果たした気配はない（この点に関しては http://www.eco-plan.info/wadai1.html に鋭い指摘がある）。

　債券投資の規制を安易に緩和し，パンドラの箱を開けてしまったところに究極の問題がある。そうした政策がとられなかったならば，証券会社の「悪徳商法」も，また投資家の「自己責任」も，はじめから問題となりえなかっただろう。巨額の貯蓄が南米のブラック・ホールに無為に吸い込まれ，日本の「失われた 10 年」の追加要因となることもなかったに違いない。

　要するに，金融自由化の欠陥である。アルゼンチン債問題はこの意味で，筆

者がいう日本経済の「アルゼンチン化」の，もうひとつの側面だったのだといえよう。✂

```
＜新発債券発行のお知らせ＞

第7回 アルゼンチン共和国
     円貨債券（2000）

  利率 年 4.85 ％

  価　格    額面 100 円につき 100 円
  申込単位  100 万円単位
  利 払 日  毎年 3 月 26 日および 9 月 26 日
  償還期限  2005 年 9 月 26 日（5 年債）
  申込期間  2000 年 8 月 29 日(火)〜9 月 22 日(金)
  払込期日  2000 年 9 月 26 日(火)

  ＊募集額には限りがございますので予めご了承下さい。
  この表示は対象となる債券についての情報をお知らせするものです。
  当該債券及び発行体に関する詳細な情報は目論見書に記載されています。
  当該債券に投資される場合は弊社から目論見書をお渡し致しますので、
  あらかじめご覧の上、購入をご検討ください。

  ○×證券  △□支店
```

2000 年に募集されたアルゼンチン債の某大手証券会社宣伝ビラ。
同年，アルゼンチン経済は 2 年連続の不況下にあり，
経常赤字などマクロ経済的不均衡のほか，
大量失業をはじめとする社会経済問題も深刻さを増していた。
1991 年以来の第 2 次新自由主義改革は，
明らかに持続困難な様相を呈していたのである。

以上の諸要因と，上述した日銀の超金融緩和措置とがあいまって，1987年以降，不動産業の中小企業に対する金融機関のずさんな土地融資や大企業の「財テク」が横行し，土地・株式等の資産価格がバブル状に騰貴していくようになった。また，その資産効果によって多分に奢侈的な消費ブームが起き，製造業大企業の設備投資も異常に活発化した（吉川1999：74-78）。かくしてユーフォリアが蔓延し，バブル経済が顕在化したのである。

　資産インフレーションを懸念した日銀の総量規制を契機として，1990年代の初めにバブル景気は崩壊した。そしてその後は1991年2月から1993年10月にかけての景気後退，1997年5月までの回復，1999年1月までの鋭い後退，2000年10月までの回復，2002年1月までの後退，現在［筆者注：2005年現在］に至るゆるやかな回復…という具合に景気変動がみられた（内閣府景気基準日付）。結果としての経済の長期低迷と，その下での社会経済指標の悪化は，いうまでもなく複雑な因果関係によるものであり，単一の原因へと還元することはできない。しかしそこには新自由主義政策の負の効果が引き続き認められる。もっとも，それは直線的に現れたのではない。実際的あるいは政治的な理由で，ケインジアン的な景気刺激策も断続的に実施されたからである。この一種の政治的景気循環をも考慮して事実を再構成すると，1990年代の日本の「失われた10年」は，総需要の主な項目毎に次のように要因分解できる（**表1-2**）[12]。

　第1は民間企業設備投資に関してである。この項目は1992〜94年と1998〜99年に鋭く落ち込み，文字通りの「暴れ馬」となった。前者は主に大型のストック調整によるものであり，バブル経済期の過剰な設備投資の反動である[13]。一方，1998〜99年の下落は信用収縮によるが，このことはそれ自体また1997年末〜98年の金融危機（三洋証券，北海道拓殖銀行，山一証券，日本

12）以下の論述の粗筋は特に断らない限り吉川1999：第1章を参考にしている。ただし個々の論点では他の文献にも依拠しているほか，筆者自身の見解も織り込んである。なお以下の説明は，たとえば農業をめぐる自由化・規制緩和の問題群には一切触れていないなど，必ずしも包括的なものではない。新自由主義症候群は，実際には本文で述べるよりもずっと広い領域で問題になっていた。この点留意されたい。
13）バブル崩壊によるバランス・シート調整も設備投資減退の追加要因となった（内橋1994／山家2001：25）。

表 1-2　日本経済の実質成長率に対する各需要項目の寄与度

年	国内総支出	民間最終消費支出	家計最終消費支出	除く持ち家の帰属家賃	民間住宅投資	民間企業設備投資	民間在庫品増加	政府最終消費支出	公的固定資本形成	公的在庫品増加	純輸出
1981	2.9	0.8	0.8	0.5	-0.2	0.4	0.1	0.7	0.3	0.0	0.8
1982	2.8	2.4	2.4	2.1	-0.1	0.1	0.0	0.7	-0.3	0.0	0.0
1983	1.6	1.6	1.5	1.3	-0.3	-0.3	-0.3	0.7	-0.2	0.0	0.4
1984	3.1	1.3	1.3	1.0	-0.2	1.1	0.0	0.4	-0.3	0.1	0.6
1985	5.1	2.2	2.2	1.8	0.2	2.2	0.3	0.1	-0.4	0.0	0.5
1986	3.0	1.8	1.8	1.5	0.3	0.9	-0.2	0.5	0.1	0.0	-0.7
1987	3.8	2.3	2.2	1.9	1.0	0.6	-0.2	0.5	0.4	0.0	-0.8
1988	6.8	2.7	2.6	2.3	0.7	2.6	0.6	0.5	0.3	-0.1	-0.6
1989	5.3	2.6	2.6	2.1	-0.1	2.6	0.1	0.4	0.0	-0.1	-0.3
1990	5.2	2.5	2.4	2.0	0.3	1.8	-0.2	0.4	0.3	0.0	0.0
1991	3.4	1.5	1.5	1.1	-0.3	0.8	0.2	0.5	0.2	0.0	0.4
1992	1.0	1.4	1.3	1.0	-0.3	-1.4	-0.4	0.3	0.9	0.0	0.4
1993	0.2	0.7	0.7	0.3	0.1	-1.8	-0.2	0.5	0.9	0.0	0.1
1994	1.1	1.5	1.5	1.2	0.4	-0.9	0.0	0.5	0.1	0.1	-0.2
1995	1.9	1.0	1.0	0.8	-0.2	0.4	0.6	0.6	0.1	0.0	-0.5
1996	3.4	1.4	1.3	1.2	0.6	0.7	0.2	0.4	0.5	0.0	-0.4
1997	1.9	0.5	0.5	0.3	-0.6	1.7	0.0	0.1	-0.8	0.0	1.0
1998	-1.1	0.0	-0.2	-0.3	-0.6	-0.3	-0.5	0.3	-0.1	0.0	0.3
1999	0.1	0.1	0.0	-0.2	0.0	-0.7	-0.4	0.7	0.4	0.0	-0.1
2000	2.8	0.5	0.6	0.5	0.0	1.5	0.3	0.8	-0.8	0.0	0.5
2001	0.4	0.9	0.9	0.7	-0.2	0.2	-0.3	0.5	-0.3	0.0	-0.7
2002	-0.3	0.5	0.5	0.3	-0.2	-1.2	0.1	0.4	-0.3	0.0	0.7
2003	2.5	0.5	0.5	0.4	0.0	1.5	0.3	0.2	-0.6	0.0	0.7

* 2001年以前は確報値。2002年～2003年は確報改定値。
* 国内総支出は前年度比。
* 寄与度は次式により算出している。
　寄与度 ＝ (当年(度)の実数 − 前年(度)の実数) ÷ 前年(度)の国内総支出 (または国民総所得) × 100
* 四捨五入の関係上、各項目の寄与度の合計は必ずしも国内総支出の増加率には一致しない。

【資料】内閣府経済社会総合研究所の統計により筆者作成。

第1章　「失われた10年」への視座

長期信用銀行，日本債券信用銀行の破綻）と国際決済銀行（BIS）規制にもとづく早期是正措置に起因している[14]。このうち金融危機については，明らかに新自由主義政策の影響がみられる。

そもそもこの危機の背景には，アジア通貨危機の影響（株価下落など）のほか，1997年に進められた財政構造改革（消費税率引き上げ，歳出削減）による景気の下降があった。また個別にみても，山一証券の経営困難の少なくとも一因は，証券売買手数料の自由化によって大口の手数料が事実上ゼロとなり，法人取引が多かった同社の収益が圧迫されたことに求められる（伊東 1999：121-123）。長銀や日債銀の破綻の背景にも，金融自由化による「企業の銀行離れ」（特に両銀行が担っていた長期の設備投資金融の分野）があった（伊東 2000：72-74）。さらに1997年の金融危機の際には外国機関投資家による株式投機が最後の一撃となったが，これは当時の日本の金融市場がアメリカをも上回るほど過度に自由放任されていたためであった（伊東 1999：11-14）。大蔵省（当時）は金融自由化の総仕上げとして推進された「ビッグ・バン」政策の下で，かつてなく自由放任に傾斜しており，危機の発生をいわば放置したのである（吉冨 1998：145／山家 2001：34-36）[15]。

以上に加え，バブル崩壊後に構造不況に陥った非製造業中小企業において，従来にない投資の落ち込みがみられたことも無視できない。その原因のひとつとして，規制緩和による量販店の進出が地域の商店を圧迫したことをあげられる。それまでの不況期には非製造業投資が「下支え」の役割を果たしていただけに，この事実は重い。1997～98年の信用収縮の影響も，非製造業中小企業で大きかったことが知られている（吉川 1999：22-23）。

---

14) 宮崎 1992 はバブル崩壊後に「複合不況」が発生したとし，その一方の要因として信用収縮を重視したが，吉川 1999 によればこの説が妥当するのは1997年の金融危機後の時期である。吉冨 1998 も同じ見方をとる。次の注も参照。
15) 当時の金融危機やひいては「失われた10年」の原因を不良債権処理の先送りに求める見方が現在も根強くみられる。しかし不良債権は景気の関数であり，たとえば景気が回復しつつあった1995～96年には，その残高も銀行の処理額も減少している。そして不良債権問題が再燃したのは，1997年4月以降に景気が下降した後のことであった。問題は不良債権問題それ自体にではなく，むしろ景気を悪化させた供給重視・需要軽視の新自由主義政策にこそある（山家 2001：第2章）。ただし，これは不良債権が全く問題ではなかったという意味ではない。この点に関連して**第8章注13**を参照。

第2は民間最終消費支出である。1990年代にはほぼ一貫してこの項目が不振であり，このことも大いに景気回復の足かせとなった。まず1992年にバブル崩壊に伴う一定の逆資産効果がみられたほか，1997年には前に述べた財政構造改革による増税のマイナス効果もあった。1999年の税制改革も富裕層や企業には減税，中・低所得層には増税となる，供給側重視の内容だったが，所得階層別の消費性向の高低を考えれば，これもまた明らかに消費の回復を妨げたとみてよい（山家2001：38, 80）。しかし長期的にみて消費に最もブレーキをかけたのは，雇用の柔軟化がもたらした社会不安と自営業の不振であった。

　このうち後者については，1990年代初め以降における量販店進出規制の大幅緩和との関連が指摘されている（荒川2000：362-363）。また前者の背景には，経済の低迷が長引くなかで雇用関係の社会的規制が緩和されたこと，すなわち労使間の長期雇用合意がゆらいだことがある。失業率の戦後かつてない上昇（2001年8月にはついに5％台に到達；潜在失業も加えればさらに高くなる）や，非正規雇用の利用への急速な転換（1995年から2002年にかけて常用雇用者数は4,709万人から4,604万人へと減少し，臨時雇用者は433万人から607万人へと増加）などが，その指標である。

　他方，監視が弱く罰則適用もまれであるなど，もともと緩かった労働市場への政策的規制がいっそう柔軟化され，労働条件が悪化したことも見逃せない。たとえば最低賃金は1980年代から生活保護支給額さえ下回るようになってきているほか，国際基準でみてもなお低めである。また1997年現在，最低賃金に満たない労働者が10％もあった（橘木2004：124-129）。1990年代から2000年代初めにかけて生活保護を受ける貧困者が1.5倍ほど増えたという事実（橘木2004：121-123）は，経済の長期低迷それ自体の効果に加え，たぶんに以上のような事情と関係がある。

　このほか人材派遣の職種が拡大された後，原則自由化されたことも，雇用のいわゆる数量的な柔軟化を加速した。労働基準法改正，人材派遣法改正，有期雇用契約年限の引き上げ，失業保険の民営化案など，その後も雇用柔軟化をめぐる論議は続いている[16]。

　第3に純輸出（輸出−輸入）に着目すると，1994〜96年における輸入の異常な増加は，この時期の設備投資の一時的回復による成長効果を部分的に打ち

消す役割を果たした。これは直接には円高によりアジアへの生産拠点の移転がすすみ、そこから集中豪雨的な逆輸入が行われたためである。しかしより根本的に考えれば、このことは対外投資を自由放任しておくと有効需要の漏れが生じるという、ケインズが大不況期に懸念していた事態にも連なる問題なのである（伊東1999：9-10）。

第4に政府支出である。それはバブル崩壊後の数年間、景気の底割れを防ぎ、1994～96年にも景気回復に寄与している。ところが先に述べたように、1997年には「小さな政府」を志向した供給側重視の財政構造改革が推進され、歳出削減（および消費税率の引き上げなど公的負担増）が試みられた（金子1999：019）。これは回復途上にあった景気に冷水を浴びせたほか、前述のように金融危機の契機ともなり、1998年に戦後2度目のマイナス成長をもたらした。1999～2000年には一定の軌道修正が行われ景気の反転がみられたが、それ以後は再び政府支出の抑制が図られている。

なお最後に改めて確認しておけば、先にも触れたように以上の過程で失業率は戦後かつてなく上昇し、非正規雇用も大幅に増加している。生活保護を受ける貧困者や、さらにはホームレスの数も同様である。また、これらの事態や1980年代以来の高所得層に有利な税制改革[17]などを反映して、所得分配は明確に不平等化してきた。政府が公表している再分配後のジニ係数（0～1の値をとり、0に近いほど平等、1に近いほど不平等）は、1981年0.314、1990年0.364、1999年0.381と急速に高まっている（橘木2004：129）。これは、そこに制度変化が介在した限りでは不可逆的な変化だとみてよい。新自由主義のマクロ経済体制にあっては、仮に景気が回復しても、その質は劣化していかざるをえないのである。

以上のように、アルゼンチンの2つの「失われた10年」とは症状の細部こ

16）その批判は内橋編著2002：93, 124, 金子1999：051, 072-073, 吉川1999：第5章, 山家2001：167-169を参照。小泉政権は発足当初から「解雇ルールの明確化」を謳っていたが、2003年の労働基準法改正政府案には、従来の判例で確立していた解雇権濫用法理にもとる「自由な解雇権」が盛られていた。
17）1990年代末現在、個人の最高限界税率はアルゼンチン並みの35％程度になっている。法人のそれは30％程度であり、アルゼンチンの35％をやや下回っている！（World Bank 2003）

そ異にするものの，日本の「失われた10年」もまた新自由主義改革との関連において理解可能な現象であった。もちろん日本の状況は，なおアルゼンチンの場合ほど深刻ではない。あくまで括弧つきの「アルゼンチン化」にすぎない。しかし日本が今後も従来の政策路線を踏襲すれば，両国の距離はより縮まっていくかもしれないのである。

2 忘れ去られた本来の構造問題

　3つの「失われた10年」をつき合わせることで，昨今の「構造改革」にいたる日本の新自由主義政策の危うさが，改めて浮き彫りになったのではないだろうか。しかしながらラテン・アメリカの経験をいま一度参照すれば，実は問題はこれにとどまらないことが判明する。

　新自由主義改革の衝撃があまりに大きかったため忘れ去られがちであるが，ラテン・アメリカには同改革以前からの構造問題がなお厳存している。国によって深刻さに濃淡はあるが，一般には大土地所有制，不公平税制，特権層の過剰な奢侈的消費，外国資本の過度の影響力，インフォーマル・セクター，技術革新体制の脆弱性などである[18]。そのうちあるものは，新自由主義改革によってむしろ悪化してさえいる。いずれにせよ，この種の本来の構造問題が解決されない限り，ラテン・アメリカが「低開発」の罠から脱することは困難である。

　こうした問題設定は，構造派や従属派などラテン・アメリカの批判的な社会科学者たちと共に古くからある。ペルーを代表する数理経済学者フィゲロアは，それを次のような「経済発展の一般理論」として改めて定式化している（Figueroa 2003）。

　フィゲロアによれば，世界は3種類の国々に分けられる。イプシロン（ε）

18）この点で岡本2000はすぐれて示唆的である。それによれば，19世紀から20世紀初めにかけてチリと日本を比較すると，前者の方が1人当り所得において高いなど一見より先進的であったが，それは一次産品輸出バブルに浮かれていたようなものであり，そこには資本主義的な経済発展を内生的に持続させる諸制度が欠けていた。このとき形成された低開発型の諸制度こそが，チリ経済のその後の長期低迷をも規定していった，とみるのである。

社会，オメガ（ω）社会，シグマ（σ）社会である。イプシロン社会は一昔前までの先進諸国の理念型である。そこでは諸資産と諸権利が比較的平等に分配されているため，各経済主体が自己利益最大化行動をとったとき，この構造が再生産されるような均衡成長が持続する。オメガ社会はこれに準ずる類型であり，高度成長を謳歌していた頃の東アジア新興工業諸国がその原像である。

一方，シグマ社会は諸資産と諸権利の著しく不平等な分配構造を特徴とする。そこで各経済主体が自己利益最大化行動をとると，まさしくこの構造を再生産するような低開発均衡がもたらされる。なんらかの偶発的要因によって多少の経済成長が実現することはあるが，この邪悪な均衡が内生的な力で崩れ去ることはない。

熱帯アフリカ諸国をはじめ，いわゆる第3世界の国々の大半は，このシグマ社会に分類される。植民地化の衝撃により，きわめて不平等な資産・権利分配が制度化された後，戦間期から第2次大戦後にかけてのポピュリズム的な社会改革によってもそれが部分的にしか修正されなかったラテン・アメリカは，その典型的な存在にほかならない。ラテン・アメリカがシグマ社会の罠を脱するには，なんらかの外生的ショックが不可欠なのである。

自己利益最大化の仮定の是非はともかく，このフィゲロアの「一般理論」を日本の場合に適用すると，およそ次のことがみえてくる[19]。戦前の日本はアルゼンチンとならんで世界有数の高度成長を遂げていたが，実際にはなおシグマ社会的またはオメガ社会的な要素を強く残していた。事実，日本のジニ係数は1890年代から1930年代半ばにかけて0.4弱から0.55程度へと著しく高まっている（南1996）。これは今日の世界最悪の部類に属するブラジルやチリの水準にも匹敵する。しかし日本は敗戦後，不平等な資産・権利分配を是正する外生的なショックを受けた。連合国占領軍の経済統治はニュー・ディーラーによって主導され（ガルブレイス2002），財閥解体，農地改革，労働改革，税制改革といった一連の進歩的な戦後改革が断行されたのである。民主体制の導入それ自体も同様のショックを与えた。

---

19) 以下はフィゲロア教授と筆者との対談（リマ，ペルー・カトリック大学経済学部，2003年11月）および電子メールでの意見交換から得られた見方である。

かくして日本はイプシロン社会へと大転換し、大量消費と大量生産の好循環に立つ、いわゆるフォーディズムに近似した比較的平等な高度成長を成し遂げることができた。現に1956年には0.3強へと劇的に低下していたジニ係数は、その後も1970年代まで0.35前後で推移した（南1996）。にもかかわらず、その当時においてなお、解決を要する各種の構造問題が厳存していたという事実に改めて注目しなければならない。

　かつて構造改革は左派用語であった。独占段階の資本主義の構造を漸進的に改革していくことそれ自体が、あるべき未来社会への道程と考えられたのである（山家2001：1-3）。しかし、こうした主張によるまでもなく、少なくとも1970年代まで、今日いうものとは異なる意味での構造問題が広く認知されていたことは、ここでもう一度想起されてよい。具体的には土地無策、含み益経営、不公平税制、緩い労働規制、低福祉、大企業と中小企業の二重構造、政官財癒着・利益誘導型の政治体制などである。日本はこれらを克服していくことでこそ、より高度なイプシロン社会へと進化することができたはずであった。

　ところが実際には、まさにそうした本来の構造問題の存在それ自体ゆえに、強者に有利な自由化・規制緩和・供給側重視政策が採用されていくようになった。たとえば1980年代以降における税制の一層の不公平化、労働規制の弱まり、低福祉の温存などは、ペンペル・恒川1986が「労働なきコーポラティズム」と規定した従前の権力構造を前提としている。また、本来の構造問題と新自由主義政策が不幸に共鳴することで、事態がより悪化していくことにもなった。土地無策や含み益経営といった初期条件に、金融自由化の効果が加わることでバブル経済化したことなどは、その一例である。

　繰り返そう。本来の構造問題の解決によってより望ましい社会を作り上げていくことこそ、ラテン・アメリカにとっても日本にとってもまずは優先されるべき課題であった。これをフィゲロア流に言い換えれば、ラテン・アメリカはシグマ社会から脱却するということであり、日本はより高度なイプシロン社会を構築するということであった。ところがいずれにおいても、政府や社会の介入・規制による資源配分の非効率化という、英語にいわゆるハーフ・トゥルース（Half-truth）が喧伝されていき、その解決こそが「構造改革」だと誤認されるようになった[20]。

本来の構造問題はいつの間にか置き去りにされた。他方，ポピュリズム改革（ラテン・アメリカ）や戦後改革（日本），そしてまた戦間期の大不況への適応の結果できあがり，のちに多少とも水ぶくれしていった規制・介入の制度体系が，個々の存在意義を繊細に吟味されないまま強者の利害に合わせて解体されていった。一連の自由化・規制緩和そして供給側重視の政策により，かつての改革の成果（諸資産と諸権利の再分配）さえ失われていくことで，ラテン・アメリカはオメガ社会やイプシロン社会へと進化する道筋を絶たれた。より高度のイプシロン社会へと転換すべきであった日本も，いわば高度シグマ社会——高度「低開発」社会——への退化の緒に就き始めたのかもしれない。

3　新自由主義の補整とその限界

　以上述べたように，ラテン・アメリカ（特にアルゼンチン，チリ，ペルー，メキシコ）でも日本でも過去30年余りの社会経済的な退化の背景には，本来の構造問題を放置したまま，かつ往々にして強者に有利な形で，自由化・規制緩和政策を強行してきたことがあった。ここで注目しなければならないのは，ラテン・アメリカにおいて，この複合的問題への取り組みが日本に先んじてみられたことである。それは私たちの国の今後を考える上で少なからず示唆に富んでいる。そのひとつは政府レベルにおける新自由主義の補整，あるいは自由化・規制緩和の進歩的な制御であり，いまひとつは市民社会レベルで展開されたさまざまな生存維持戦略や連帯経済のうごきである。いずれも詳しくは内橋・佐野2005に収められた専門家の論考（同書第6章～第11章）に譲ることとし，ここでは前者について概説しておこう。

　ラテン・アメリカにおいて新自由主義を補整する政策，または自由化・規制緩和を進歩的に制御する政策を代表してきたのは，チリにおける社会党・キリスト教民主党主体の連合政権（1990年～）であり，またブラジルのカルドー

20）これに対してケインズの『雇用・利子および貨幣に関する一般理論』（ケインズ2008）は，ほかならぬ純粋競争の条件下で不完全雇用均衡（つまり労働力利用の非効率）が生じ得ることを論証したものであった（宮崎・伊東1961）。

ゾ政権（1995～2002年）である。前者は「第3の道」(Foxley 1997：106)，後者は「社会自由主義国家」(Bresser Pereira 1998a／Bresser Pereira 1998b) とも呼ばれた[21]。

期間の長短はあれ，いずれも先行政権が新自由主義改革を実施した後をうけて登場し，比較的自由化された貿易・金融制度を継承したほか，民営化も続行した。チリの場合は財政規律の維持にも積極的であった。インフレーション抑制に関しても，ブラジルは一時期アルゼンチンに似た為替アンカー型の安定化政策（ヘアル計画）を試みたし，さらに近年は両国とも主流派経済学が推奨するインフレーション目標政策を採用してもいる。以上のかぎりでは，単に新自由主義の延長にすぎないようにもみえる。

しかしこの一方で，実質最低賃金の引き上げ，過度に外的に柔軟な雇用関係の修正，職業訓練の推進，累進課税の導入，教育・医療改革への取り組み，特権層に有利な年金制度の是正，貧困層への農地分配（ブラジル）[22]など，社会的な改革を進めようとしてきた。また資本規制の機動的な運用（一時注目されたチリ・モデル[23]；より緩やかではあるがブラジルも実施），戦略的な意義をもつ国営企業の温存（特にチリの銅会社），民営化企業の経営に対する規制と監視（ブラジル）[24]，中小企業や協同組合の振興といった経済介入政策も実施されている。全体として，新自由主義のように現代版の夜警国家を理想とするのではなく，機能的で，質的には「大きな政府」を志向したといえる。

以上の結果，チリでは輸出指向型の高度成長の下で実質賃金と雇用が持続的に増加し，ブラジルでは高率インフレーションの解消と一定の内需主導型成長

---

21) チリとブラジルのこうした経験について詳しくは，内橋・佐野 2005 に収められた岡本 2005／子安 2005 のほか堀坂 2004 も参照されたい。
22) 政府が土地を購入し貧農に分配するか，または農業債と引き換えに土地を接収し貧農に分配した。1995～96 年だけで 10 万強の世帯に農地が分与された。これはブラジル史上最大規模だという (Cardoso y Soares 2000：174-176)。
23) チリ・モデルについては吾郷 2003：第 6 章を参照。
24) 通信，エネルギー，運輸の国営企業は法人化された。その幹部は大統領が任命するが，経営情報は上院議員・市民・行政が構成する審議会に開示される。また議会が定めた法的枠組み（最低料金，最高料金，最貧地域へのサービス供給など）に沿って行動しなければならない (Cardoso y Soares 2000：160-161)。アルゼンチンのキルチネル元大統領（2003～07 年）も，これと似た政策構想を語っている (Kirchner y Di Tella 2003：39)。

が達成された。また両国いずれにおいても貧困世帯率が顕著に低下するなど，たしかに一定の成果をあげることができた。とはいえ，次のような課題も残されている。

　第1はマクロ経済運営の限界である。「社会自由主義国家」のブラジル経済は失業率の上昇や非正規雇用の増加といった労働問題に直面したほか，1999年初めには通貨危機という形で対外的脆弱性を露呈した（**第5章**）。これはアジア危機やロシア危機の影響も大きいが，比較的自由な貿易制度，ゆるい資本規制および固定為替レートを組み合わせた経済運営の，内在的な弱点ともいえた（Taylor 1998）[25]。ちなみにカルドーゾ政権の限界を批判して登場した現ルーラ労働者党政権（2003年〜）も，効果的な資本規制を欠いたまま高金利が続くのでは持続的な成長を実現できないと批判されるなど（Paulani 2003），マクロ経済運営に関しては先行政権との差別化が必ずしもできていない。

　一方，資本流入規制を操りながら輸出主導型の高成長を遂げていたチリも，アジア危機の影響を受けて1998〜2001年には景気後退と雇用状況の悪化を経験した。この場合も少数の一次産品・同加工品の輸出に依存した成長パターンの限界が，政府自身によって指摘されている。また資本流入の減少をうけて，資本規制の「チリ・モデル」も以来取り払われている。グローバリゼーションに組み込まれた外向的な開放経済を「飼いならす」のは，必ずしも容易ではな

25）1999年の通貨危機は，ヘアル計画のもとでブラジル流の「FNサイクル」（**第8章**参照）が発症したことの帰結であった（イートウェル・テイラー 2001：228）。その起草者の1人は**第5章**で用いる理論モデルの考案者でもあるバシャだが，このブラジルの経済学者とかつて密接な協力関係にあったアメリカのテイラーは，ケンブリッジのポスト・ケインジアンであるイートウェルとの共著のなかで，カルドーゾ政権のマクロ経済運営を次のように批判している。「ブラジルの政策担当者にとって皮肉なのは，彼らは，この章で述べてきた出来事のすべてを十分に知っていたということである。彼らは，自らが，為替レートをアンカーとする安定化政策の，理論的主導者の一員であった。ロシアの場合と異なって，ブラジル当局は，外国からのアドバイザーに過度に依存したり，工業化半ばの資本主義経済の本当の姿を素朴にも誤解し，それを合理的な根拠もないままありがたがるといったことはなかった。すなわち，彼らは，目を開けたまま破滅的な計画を進めていったのである。事態が急変することはないと，たかをくくっていたのであろう」（イートウェル・テイラー 2001：229）。アジア危機後の時点でカルドーゾは「ブラジルはインドネシアではない。ブラジル国家は以前の危機の教訓を学んだ」（Cardoso y Soares 2000：215；この文献のポルトガル語のオリジナル・テキストは1998年に出版された）と述べているが，これは明らかに自国の能力を過大評価していたことを示している。

いのである。

　第2に，より重要なことだが，政治的な制約もあり，本来の構造問題（しかも新自由主義によって一層歪められたそれ）には深くメスを入れられないでいる。このことを端的に示すひとつの指標は所得格差である。ブラジルでもチリでも所得分配は各種の制度的要因により当初から比較的不平等であったが，それは長い軍事政権期（ブラジルは1964～86年，チリは1973～90年）に一層悪化した。ブラジルの場合は耐久消費財ほか重化学工業の輸入代替を意図的な不平等化によって推し進めたことがその背景にあったが（**第2章**），チリの場合は新自由主義の世界初の教条主義的な実験が敢行されたことと明らかに関係がある。

　両国における近年の所得格差については諸説あるが，いずれにせよ，ほとんど世界最悪の水準にまで不平等化した所得分配が目立って改善されてはいないことはたしかである[26]。またこれと関連して，良質な教育・保健医療へのアクセスをめぐる機会の著しい不平等も，なお十分には是正されていない。このため機会においても結果においても不平等が再生産され，国連開発計画（UNDP）のいう「人間開発」が進まないだけでなく，経済の供給側の強化にもブレーキがかかっている。

　ひるがえって日本をみると，チリやブラジルの以上のような路線と比較的近い方向へ進みつつあるのは民主党であろう。自由党との合併（2003年10月）により，この傾向はさらに加速するとみられる。民主党内の旧社会党系つまり社会民主主義勢力と，新自由主義を党是とした自由党とが交われば，それはとりもなおさず「第3の道」連合を意味するからである（佐和2003：186-189）。興味深いことに，これと似たような合従連衡は実はブラジルでもカルドーゾ政権が発足する際にみられた[27]。

---

[26] カルドーゾ政権末期からルーラ政権期にかけてブラジルのジニ係数は有意に低下してきたが，それでも世界的にみれば不平等国家の部類に属する（**第2章「2008年のエピローグ」**参照）。なおチリの近年の所得分配については高橋2007を参照。

[27] カルドーゾ政権の発足に際しては，大統領の出身母体であるブラジル社会民主党（PSDB）が複数の政党と政策連合を組んだが，新自由主義に近いとされる自由戦線党（PFL）も連合相手のひとつであった。その経緯はCardoso y Soares 2000：Capítulo IV 参照。

しかしラテン・アメリカの経験からもわかるように,新自由主義のマクロ経済体制を大前提として,そこに若干の進歩的な補整を加えるだけでは大きな限界がある。ちなみに,根本は供給側重視の「構造改革」を需要側からもてこ入れしようとする考え方があるが,これについても基本的には同じことがいえる。それによれば,経済が持続的に成長するには新規需要を掘り起こせる諸産業が連綿と立ち上がらねばならず,そのためには将来性あるプロダクト・イノベーションを促す政策(そこには規制緩和も含まれる)をとる必要がある(吉川 2003)。資本主義経済の原理的ともいえる動因を再発見した,このシュンペタリアン=ケインジアン流の議論は,それ自体としては一理あるかもしれない。しかしこれもまた,新自由主義のマクロ経済体制という特殊歴史的な枠組みを与件としてしまっている[28]。

いま必要なのはむしろ,イノベーションの原理的な意義や役割は当然に重視しつつも,これと同時に新自由主義が孕む危険性や,さらにそれ以前からの構造問題の解決にも適切に目配りする,より包括的な視点であろう[29]。そしてこの延長線上に描ける経済社会政策の方向性とは,まずは新自由主義の失敗を踏まえながら真に必要と思われる経済的・社会的規制を改めてかけ直し,そこに生じうる官僚支配の側面については,これを市民社会的制御の下で可能なかぎり払拭していくことであろう(内橋 2004:76, 99-100)。それはまた,新自由主義の下で悪化した本来の構造問題にも届くよう,「21世紀の戦後改革」ともいうべき深さと広がりをもつ必要がある。戦後改革を主導したのがガルブレイスらのニュー・ディーラーたちであったことも考慮すれば,「21世紀のニュー・ディール」としての意味ももつべきだろう[30]。イノベーションがもちうる持続的な経済成長の潜在力も,このいわばポスト新自由主義改革によって需要形成が制度的に安定してこそ,全面的に解き放たれていくに違いない[31]。

---

28) 小野 2003 に代表される良心的な財政出動論についても同様である。
29) 内橋 1982～91 以降の内橋克人の一連の著作は,まさにこうした論点を包摂している。
30) ニュー・ディール政策およびその前提としての大恐慌に関する制度論的研究は柴田 1996 を参照。

おわりに：進歩的な社会経済改革と共生経済の調合に向けて

　以上に述べてきたのは，新自由主義政策と本来の構造問題とが不幸に共鳴する状況にあって，政府の政策レベルにおいてラテン・アメリカの経験が現代日本に示唆する事柄であった[32]。しかし内橋・佐野 2005：第 9 ～ 11 章でも論じているように，ラテン・アメリカにはいまひとつ，地域通貨，自主管理による企業再建，失業者運動，貧困層の廃品回収業協同組合，農業協同組合の公正貿易，中小零細企業のクラスターや価値連鎖など，大衆レベルの協同的な生存維持戦略の面でも参考にすべき取り組みがある（新木 2005 ／山本 2005 ／小池 2005）[33]。「連帯経済」や「社会的経済」と呼ばれるそうした活動は一種の「社会的共通資本」（宇沢 2000）であり，日本の各地で胎動している「共生経済」（内橋 2005）にも多くを教えるはずである。その潜在力と本章で論じた政策面での示唆とをいかに整合させ，日本を活力ある公正な「多元的経済社会」としてどう再生させるか。これこそ，私たちが取り組むべき真の課題となる。

---

31) もちろん短期的にも進歩的な景気浮揚政策が必要である。2001 年末危機の前後からアルゼンチンでは所得再分配を通じた景気回復が提案されてきたが（Instituto de Estudios y Formación de la CTA 2002 ／ FCEUBA 2002 ／ Calcagno y Calcagno 2003），興味深いことに，日本についてもデフレーション脱却のための逆所得政策（大幅な賃上げによるインフレーションと内需拡大）が提言されている（ドーア 2001）。

　なお，日本ではデフレーション対策として一部の論者がインフレーション目標政策を主張したが，2002 年現在，ラテン・アメリカでは 5 ヶ国がこの政策を採用していた。しかしその理論的・実証的根拠や有効性については疑問が寄せられている（Sicsu 2002 ／ CEPAL 2002：94-95 ／ Frenkel 2003）。インフレーション目標政策はいわゆるテイラー・ルールの考え方を政策に応用したものであるが，この理論は多くの恣意的な仮定に立っており，それらが成り立たなければ目標インフレーション率も導けないのである（安原 2008：108-109）。

32) ここでは扱えなかったが，財政再建や年金改革についてもラテン・アメリカの経験は示唆的である。前者については山崎 2005，後者に関しては宇佐見 2005 を参照してほしい。

33) 関連して次の文献も参照されたい。アルゼンチンの地域通貨運動：廣田 2001 と本書**第 3 章コラム**。アルゼンチンの失業者運動：廣田 2006。メキシコ先住民の協同組合によるコーヒーのフェア・トレード運動とその社会的背景：山本 2004 ／山本 2006。ブラジルの連帯経済における工芸デザイン活動の意義と役割：鈴木 2008。

2008年のエピローグ：新自由主義から新開発主義へ？

　本章は佐野 2005a に若干の加筆・修正を施したものである。コラムの出所も同様である。

　本章の主題のひとつは日本の「アルゼンチン化」であるが，今日の時点から振り返ると，両国の間には次のような時差つきの平行現象をみてとることもできる。まずアルゼンチンは 1970 年代後半に 1 回目の新自由主義改革を行い，1980 年代に「失われた 10 年」へと陥った。そして 1990 年代には 2 回目の改革を実施し，大量失業に象徴される「もうひとつの失われた 10 年」を経験した。一方，日本は 1980 年代に今日の「構造改革」の先駆けとなる政策を開始し，続く 1990 年代に「失われた 10 年」に直面した。その後本格的な「構造改革」が始まり，2000 年代には「格差社会」が問題とされるようになった。日本もまた「もうひとつの失われた 10 年」を経過しつつあると考えられるのである。

　ところで本章の元となった論考では触れていないが，アルゼンチンは 2001 年末の危機以降，兌換法体制を放棄し，一連の政府介入や再規制に傾斜した新たな政策体制へと転換した。危機の際に緊急避難的に実施された預金封鎖と為替管理のうち，前者はその後の金融正常化に伴い解除されたが，後者は 2002 年半ば以降の一時期，資本流出規制のためにむしろ強化されている。また 2005 年 6 月にも，投機的な資本流入を抑制するため，短期資本の 30％を最低 1 年間，中央銀行に無利子の準備預金として預託させる政策（1990 年代の「チリ・モデル」と類似したもの）が実施された。この間，兌換法体制の象徴ともいえる 1 ドル＝1 ペソの固定為替相場制も 2002 年初めに変動相場制へと切り替えられ，低率に据え置かれた輸入関税（他方で輸出税を再導入）の下で国内産業に適正な保護を与えるよう，中央銀行が現地通貨建て実質為替レートを高めに安定誘導するようになった。中央銀行はまた，裁量的な金融政策を実施する権限を再び与えられた。

　以上のほか，失業中の世帯主に対する雇用補助金，賃金の政策的引き上げ，労使の集権的交渉の促進，非正規雇用の是正指導など，労働政策の面でも政府介入と再規制への転換が行われている。1990 年代に民営化され

ていた企業についても，部分的な再公営化や民間委託契約の見直しを通じて政府規制が再び強化された。

兌換法体制からの離脱に伴う大幅な通貨切り下げや金融不安により，2002年前半には鋭角的なスタグフレーションが発生し，失業率の上昇や貧困率の高まりなど社会問題も著しく深刻化した。しかし同年半ば以降，先に述べた政策・制度転換の下でアルゼンチン経済はV字型の回復を遂げ，GDPは2005年に危機以前の最高値を上回り，その後も9%ほどの安定した高度成長が続いた（図III-1）。2008年前半までの世界的な一次産品ブームや対外債務の削減交渉の成功がその追い風となったことはたしかだが，上述のような政策体制の転換が相当の効果を発揮したのは間違いない。とりわけ割安な実質為替レートの安定誘導によって貿易財部門が競争力を回復し，これが企業の投資意欲を刺激したこと，そして労働政策の転換に伴い賃金所得が増加し，消費が上向いたことは重要である。持続的な経済成長の過程で財政収支と貿易収支が黒字を計上してきたことも，アルゼンチンの現代経済史にはみられなかった事態であり，注目に値する（以上について詳しくはFrenkel and Rapetti 2007を参照）。またこの間，雇用の生産弾力性の高まり，正規雇用の増加，失業率の低下，実質賃金の全般的上昇，所得格差の縮小，貧困率の低下など，社会指標も危機前後の最悪の状態は脱してきている（Beccaria 2007）。

こうしてみるとアルゼンチンは，筆者のいう「新自由主義サイクル」（第8章「2008年のエピローグ」参照）を最終的に抜け出したのかも知れない，とも思えてくる。現にブラジルの経済学者ブレッセル・ペレイラ（第5章コラム参照）は，隣国のこうした近年の展開を——等しく中道左派政権下にある自国やチリとは違って——新自由主義と明確に決別した新たな開発パラダイムだと規定し，「新開発主義」と呼んでいる（Bresser Pereira 2007c／Bresser Pereira 2007d）。

しかし実は2003年以降，アルゼンチンは割安な実質為替レートの安定誘導政策と併行してマネタリズムの思考法にもとづく通貨供給目標政策をとってきており，少なくともこの点では新自由主義との絶縁においてなお不完全であるようにも思われる（Frenkel and Rapetti 2007：21）。また社会指

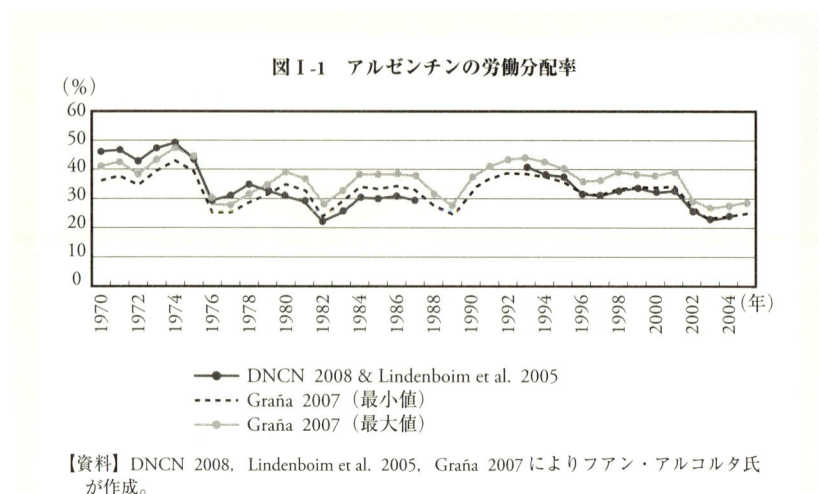

図 I-1　アルゼンチンの労働分配率

――●―― DNCN 2008 & Lindenboim et al. 2005
----●---- Graña 2007（最小値）
――●―― Graña 2007（最大値）

【資料】DNCN 2008, Lindenboim et al. 2005, Graña 2007によりフアン・アルコルタ氏が作成。

標も改善の余地は大きい。ジニ係数は2006年第2四半期現在で0.444（労働所得）ないし0.475（1人当り家計所得）と比較的高く，貧困率は兌換法体制開始時点の水準をなお上回っている（Beccaria 2007）。労働分配率も近年はやや上向きつつあるが，長期でみると歴史的な低水準にあることがわかる（図I-1）。非正規雇用率も低下してきてはいるが2007年現在で民間雇用者の約4割を占めており，1990年代の最悪の水準とさして変わらない（Beccaria 2007）。以上はアルゼンチンの現在の政策体制が規範性においてまだ弱いことを物語っている。

とはいえ，割安な実質為替レートの安定維持（それは機動的な現地通貨売り介入を必要とする）とインフレーション（マネタリストにとってそれはマネタリー・ベース残高と相関している）の抑制という「2重の政策目標レジーム」（Frenkel and Rapetti 2007：22）が時に矛盾するなかにあって，優先されているのはあくまで為替政策＝国内産業の競争力＝雇用の維持である[34]。また上述したように，社会指標の実績もたしかに改善傾向にはある。こうした点を考慮すれば，現在の政策体制は新たなパラダイムを築きつつある，と言ってよいのかも知れない。

話を元に戻すと，アルゼンチンと日本の従来の時差つき平行現象から単純に類推すれば，アルゼンチンの近年の経験は，近未来における日本の政策体制の転換を予示するものだということになろう。たしかに「格差社会」を批判する声は以前より強くなってきており，それを受けてパート労働者均等待遇法など個々には再規制の動きもみられる。だが，それらはあくまで新自由主義改革に対する部分的な補整にすぎず，また最大野党・民主党の折衷的な性格にも伺えるように，異議申し立ての思想的・理論的基盤もなお脆いようにみえる。それゆえ前にも述べたように，2000年代が「もうひとつの失われた10年」となることはほぼ間違いない。それでは2010年代はどうか。アルゼンチンのそれに匹敵するような政策体制の大転換が実現するのか，それとも従来の経験則に反して日本は今後もしばらくの間，「新自由主義サイクル」の罠に囚われたままとなるのか。後者のシナリオが現実となることは是非とも避けねばならないが，そのためには，新自由主義の祖国が「悪夢のサイクル」（内橋 2006）から抜け出しつつあるという事実の重みを然るべく受け止め，それに学ぶ必要がある。

　それにしても感慨深く思うのは，本章のように日本とアルゼンチンとを比較考察しても，いまやそれほど違和感がない状況になった，ということである。筆者の本来の専門分野は開発経済学だが，その対象はしばらく前までは開発途上地域に限られていた。そしてそこにはたしかに正当な理由があった（**第6章**における構造派経済学の議論を参照）。しかしUNDPが1990年から提唱している「人間開発」の議論では，1人当り所得の向上に加え教育機会の均等，健康長寿，適切な所得分配，ジェンダー間・地域間・民族間の格差縮小などの社会的目標をどれだけ達成しているかで，先進諸国も開発途上諸国も同列に評価される。これは新自由主義とその弊害が世界中に広まる過程で提起された考え方であるだけに，細部においてなお検討の余地はあれ，大きくはうなずけるものである[35]。そしてこのように「開

---

34) そもそもインフレーション目標政策はIMFが融資のコンディショナリティーとして要求したものであったが，政府はこれが実際の政策運営において二義的な意味しか持たないと考え，戦術的に受け入れたのである（Frenkel and Rapetti 2007：21, note 15）。
35) UNDPの「人間開発」論はノーベル経済学賞受賞者センの倫理経済学を理論的基礎にし

発」の意味を広くとれば，それを扱う開発経済学も先進諸国を考察対象にできるし，またそうすべきだということになろう。本章はその意味で，開発経済学の新たなあり方を示唆した試みでもあると捉えてほしい。

ていることもあって（両者の関連について詳しくは西川 2000：第 12 章を参照），国際的な認知度が高い。しかし念のために注記しておくが，開発の概念を 1 人当り所得の水準よりも広く定義する考え方は「人間開発」が最初ではない。長年版を重ねてきた開発経済学の代表的な教科書であるトダロ 1997：19-22 や Thirwall 2003：19 は，グーレーが 1971 年に提唱した開発の3 つの価値基準（生活必需品の供給，自尊心，選択の自由）をまず紹介し，これを後発のセンの概念（エンタイトルメント，ケイパビリティー）や「人間開発」と関連づけている。社会関連指標を含むより複合的な開発指標の作成も 1960 年代末から国連内外で行われていた（概要はトダロ 1997：第 2 章付論を参照）。1970 年代に世界銀行が提唱したベイシック・ヒューマン・ニーズ（BHN）の考え方も，広くはこうした流れに位置づけられる。

第 2 章

中国はラテン・アジアとなるのか？
「ブラジルの奇跡」から考える

はじめに

アジアとラテン・アメリカは異なる歴史をもち，相互に，そして各地域内部でも，経済進化のあり方は多様であった。しかし過去30年ほどの間，両地域には一定の「収斂」現象もみられるようになっている。特に注目すべきは，ラテン・アメリカが過去に直面した負の経験を，日本を含むアジア諸国が固有の制度的文脈においてではあれ反復してきたという側面である。そうしたアジアの「ラテン・アメリカ化」現象をラテン・アメリカの過去の経験と交錯させることで，新たな洞察や政策的示唆を得られるのではないか。このような視点から，筆者はすでに韓国や日本の「アルゼンチン化」について論じている[1]。これに対して本章では，中国の「ブラジル化」を問題にする。

中国は1970年代末の改革・開放以後，所得格差の拡大を内包した逆進的な高度成長をとげたが，その原型は1960年代末から70年代にかけての「ブラジルの奇跡」に遡ることができる。当時のブラジルの高度成長を主導したのは耐

---

1) 韓国は1987年の民主化前後から，アルゼンチンがかつて異時点で順次経験した雇用と金融にかかわる問題群を，圧縮・変形しながら追体験した。そしてこのことは1997年末の通貨・金融危機の少なくとも一因になったとみることができる（佐野2001c）。一方，日本経済の1990年代の「失われた10年」とその後の引き続く混迷は，金融自由化など1980年代以来強まった新自由主義路線から累積的に帰結されてきた面がある。それは，新自由主義の典型的な「先進国」であるアルゼンチンにおいて1970年代後半以降みられた事態とは，たしかに具体的様相を異にする。しかしいずれも本質的には同種のウイルスに由来していたのである（佐野2001b／本書**第1章**）。

久消費財産業であり，これを支える需要は中流階層以上への所得集中によって創出された。所得分配，産業構造の変化，経済成長に関するこの因果関係と多少とも類似した側面は，筆者の知る範囲ではなお明確に実証されてはいないものの，改革・開放後の現代中国においてもみられた可能性がある。また，上記の逆進的な高度成長の仕組みはブラジルのある経済学者によって事前に正当化されていたが，これは中国に置き換えてみれば，所得分配の悪化を必要悪として公認した鄧小平の「先富論」にも比せられる。「奇跡」以降，ブラジルは所得分配が最も不平等な国の１つに数えられている。中国もまた「社会主義市場経済」の名の下に，ブラジル流の「低開発」経路を辿ることになるのか。以上がここでの問題関心である。

　1では，本章の中心論点の１つである所得分配と経済成長の関係について予備的考察を行う。歴史的事実に照らしてクズネッツの「逆Ｕ字型仮説」を再検討し，所得分配と経済成長の間に一義的な関係はないことを確認する。2では，「ブラジルの奇跡」の仕組みを定式化すると共に，当時の開発戦略論争を振り返る。読者はそこに現代中国の姿を投影してほしい。3では，中国に対する「奇跡」の教訓を示唆する。それはタイ，マレーシア，フィリピンなどアジアの中では所得分配が不平等な国々にも，ある程度までは妥当すると思われる。

1 所得分配と経済成長

　開発経済学の基礎知識の１つに「逆Ｕ字型クズネッツ曲線」がある。横軸に１人当り所得をとり，縦軸に所得分配のあり方を示す指標，たとえばジニ係数（よく知られているように０～１の値をとり，０に近いほど平等，１に近いほど不平等）をとると，時系列的にみて逆Ｕ字型の相関関係があるという仮説である。簡単にいいかえれば，所得分配は経済発展の初期局面では比較的平等だが，中期局面になると悪化し，さらに後期局面では再びそれが好転する，ということになる。

　欧米の経済史的事実からこの傾向を抽出したクズネッツ自身は，実はそれを普遍的に妥当する仮説として提示したわけではない。むしろ，そこから逸脱す

る事例がありうることや，その潜在的な諸要因を慎重に検討してさえいた (Kuznets 1955)。また良心的な教科書では，このクズネッツ仮説を紹介した後で広く事実を検証し，現実にはそれが必ずしも普遍的に妥当するわけではないことを教えている（トダロ1997：第5章）。しかし残念なことに，この特殊歴史的仮説を一種の機械的な自然法則として暗黙に前提しつつ現実を解釈しようとする態度は，今日なお散見される。それは「今は不平等だが，これは経済発展のためのやむを得ざるコストなのだ」という現状追認の論調となり，邪悪な現実を正当化することになりやすい。

　改めて歴史的な事実を参照するとどうなるか。第1に，日本の階層別所得分配の歴史的な推移をみると，そのジニ係数は第2次大戦まで急速に上昇する傾向にあったが，戦後当初は断絶的ともいえるほどの低水準へとまず変位し，そこからまた上下していくようになった。この間に1人当り所得は増加しているので，以上の変化は一見，俗流化されたクズネッツ仮説を支持するかにみえる。しかし，いうまでもなく，この大転換は機械的な法則によって説明できるものではない。それは明らかに戦後の進歩的な制度改革（財閥解体，労働改革，農地改革，税制改革など）と関係がある（南1996）。

　また第2に，戦後の先進諸国では「資本主義の黄金時代」とも呼ばれる高度成長期が訪れたが，その間，日本，アメリカ，イギリスなどでは階層別所得分配は平等化していく傾向にあった。これに対して1970年代半ば以降は低成長時代を迎えたが，上記の国々では逆に所得分配の悪化が支配的傾向となった。しかるにこの間，1人当り所得は以前より速度は遅いがいずれの国でも増えている。つまりここでは逆U字型ではなく，むしろU字型の曲線を描けるのである[2]。

　このように逆U字型曲線は少なくとも決定論的な一般命題としては妥当しない。むしろ，所得分配と経済成長の間には時期や国によって多種多様な関係がありそうだと想定する方が自然である。こう考えたとき，本章で問題にするブラジルと中国の分配・成長関係にはどのような特徴があるといえるだろうか。

　閉鎖的な計画経済にもとづく集権的社会主義体制を堅持していた改革・開放

---

2) 以上の点は World Bank 1998 に掲載されているジニ係数の時系列値によって確認できる。

前の中国は，革命後の一定の社会経済的成果にもかかわらず，国際的にみれば依然として最貧国の部類に含まれていた。他方，当時の所得分配はきわめて平等であったことが知られている。1978年の都市部の所得階層別ジニ係数は0.16という稀有の低い水準にあった（中兼1999：131）。

　しかるに，まさにその1978年，中国は改革・開放政策を採用し始め，のちのいわゆる「社会主義市場経済」を目指す方向に大転換していった。以後，輸出やさらには耐久消費財需要も誘因となって投資が急増し[3]，この下でめざましい高度成長が実現した。ところが周知のように，これとほぼ並行して階層間・地域間・農工間などの所得格差が広がっていき（中兼1999：第4章。階層別所得分配については本書図2-1を参照）[4]，労働市場もこの過程で明確に分断化されていく（南・薛1999）。これに対して中国政府は，一方では鄧小平の「先富論」に象徴されるように，所得分配の悪化を経済成長の必要悪として容認した。しかし近年では政治的な配慮から，西部大開発計画などによってその行きすぎを是正しようともしてきた。

　一見すると，以上の動きは，前に述べた逆U字型曲線の右上がり局面に比せられるようにもみえる。仮にそうみなせば，将来のある時点で中国は同曲線

---

3) 改革後の高度成長に耐久消費財需要をはじめとする消費需要が重要な役割を果たしたであろうことは，主な中国経済研究者によってほぼ例外なく指摘されている。たとえば「…鄧小平型戦略の開始とともに重化学工業化率はいったんは低下するのであるが，1990年代になってから再びゆっくり上昇し始める。これは，産業政策的に生産財工業を依然として重視しているからともいえるが，むしろ消費財生産の伸びに従って生産財に対する需要が産業連関的に増大してきたという側面の方が強いように思われる」（中兼1999：84）。また小島1997：145によれば，都市家計100世帯当りの耐久消費財保有台数は1982年から1996年にかけて次のように激増している。カラーテレビ：1台→64台，洗濯機：17台→90台，冷蔵庫：1台→70台，カメラ：6台→32台。念のため言い添えておけば，戦後の日本経済の高度成長はよく「投資が投資を呼ぶ」形で実現したといわれる。しかし投資それ自体は耐久消費財需要の急増に応えたものであり，これが戦前との決定的な相違点であった（吉川1992：83-86）。もっとも日本の場合は，戦後改革により所得分配の平等化が制度化されていたため，耐久消費財需要は国民的な広がりをもっていたことに注意する必要がある。

4) 機能的所得分配を全体としての労働分配率でみると，工業センサスによればそれは1985年から1995年にかけては上昇している（ただし「外資工業」のそれは低下）。これに対して産業連関表を用いると1981年から1995年にかけては低下している。また［（職工賃金総額＋郷鎮企業賃金総額）÷第2次・第3次産業GDP］の値は1980年から1995年にかけて低下している（中兼1999：147および263，表7-5）。

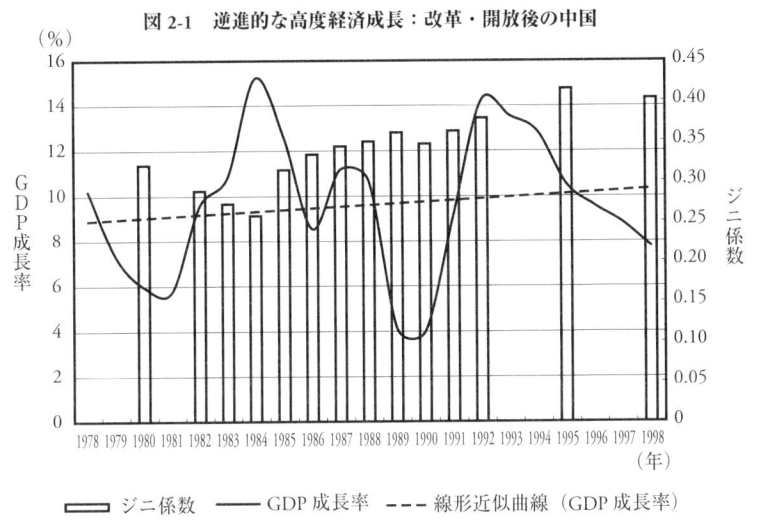

図 2-1　逆進的な高度経済成長：改革・開放後の中国

□ ジニ係数　── GDP 成長率　--- 線形近似曲線（GDP 成長率）

【資料】World Bank 1998, World Bank 2000 により筆者作成。

の右下がり局面へと移行することになろう。しかし所得分配と経済成長の間に決定論的な関係がないことは，すでにみたとおりである。中国の分配・成長関係のあり方は事前には未決定であり，将来に開かれている。さらにいえば，それは逆U字型曲線の右下がり局面へと移行するどころか，同曲線の頂点で高止まりしつつ，水平移動することにさえなるかもしれない。だが，そうした負の経済進化経路を辿ることはありうるのか。然り。ほかならぬブラジルがその先例である。節を改め，地球の裏側の 1960 年代へとワープしよう。

2　「ブラジルの奇跡」：不平等化，産業構造変化，高度成長

事実確認からはじめよう。図 2-2 にみてとれるように，ブラジル経済は 1962〜63 年に成長率の低下を記録した後，とりわけ 1967〜73 年に持続的な回復を果たした（図には示されていないが，この後も 1980 年まで比較的高い成長

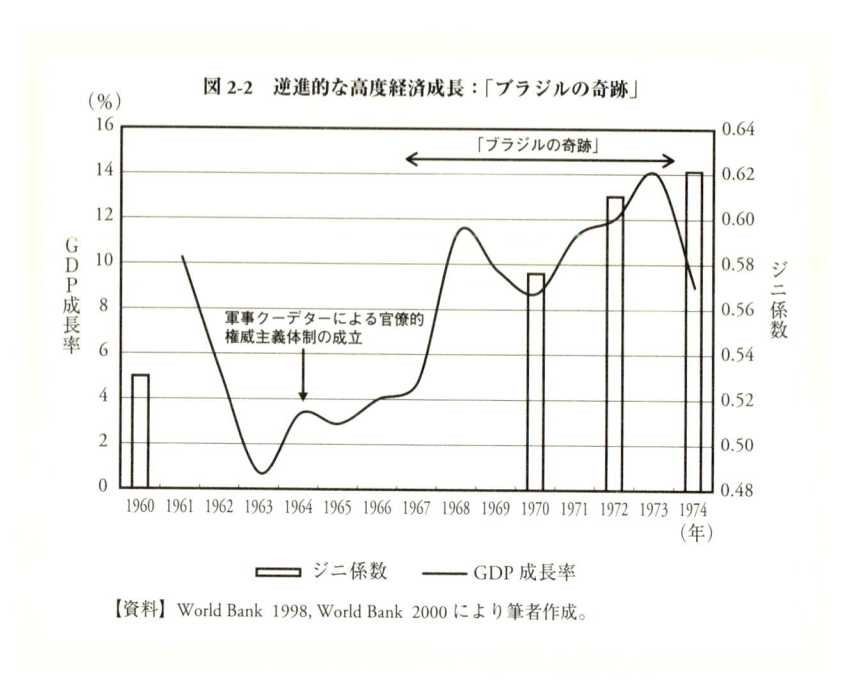

図2-2 逆進的な高度経済成長：「ブラジルの奇跡」

凡例：軍事クーデターによる官僚的権威主義体制の成立

【資料】World Bank 1998, World Bank 2000 により筆者作成。

がみられた）。当時のいわゆる「ブラジルの奇跡」である。しかし注目すべきことに，これとほぼ並行してジニ係数が急速に上昇している。またこの間，機能的所得分配も悪化した。国民経済生産性（1人当りGNP）が高率で上向いていったにもかかわらず実質最低賃金（それは底辺層の賃金決定に影響していた）は低下しており，また実質平均賃金は上昇したものの国民経済生産性の伸びを下回っていたのである（Bresser Pereira 1987：82, Quadro XI）。さらに細部化すれば，経営者給与や熟練労働者賃金は大幅に上昇したが，不熟練労働者賃金は横ばいかまたは緩やかに上昇したにすぎない（Zurron Ócio 1986）。「奇跡」の内実はたしかに逆進的な高度成長にほかならなかったのである。

　かつて砂糖，金，コーヒーなど一次産品輸出をつうじて世界経済へと統合されていたブラジルは，前世紀の戦間期に一次産品不況や大不況に直面し，輸入代替工業化へと大転換した。それは旧来の一次産品輸出利害に対して産業資本や都市労働者・中間層などの新興勢力が国家主導の下に挑戦し，後者優位の階級同盟が形成されていく過程でもあり，これを反映して輸入代替工業化に有利

な政策や制度が定着していった。

　このいわゆるポピュリズムの開発パラダイムの下で軽工業を基軸とした輸入代替が一巡した後，1950年代からは耐久消費財，中間財，資本財など重化学工業の輸入代替が本格化していく。国営企業が掌握した中間財産業とならんで，多国籍企業が支配する自動車産業や家電産業はその中心的存在であったが，当時のブラジルでは自動車や家電製品はまだ一握りの高所得層だけしか購入できない奢侈財であり，その消費需要の規模は限られていた。加えて，19世紀末まで残った奴隷制など植民地時代以来の歴史的要因の積み重ねにより，ブラジルは他のラテン・アメリカ諸国と比べてもすでに格差が目立つ社会であった。こうした「過少消費」構造を一因として，1960年代初めには新産業の過剰投資が顕在化し，その他の短期的諸要因ともあいまって上述のように景気が減速したのである（Bresser Pereira 1987：106-107）。

　ブラジルの経済発展に対する需要＝所得分配面からのこの構造的限界は，当時の経済学者によって的確に認識されていた。アルゼンチンのプレビッシュとならぶラテン・アメリカ構造派の指導者フルタードは，この限界を突破するため，次のような急進的改革案を提起した（Bresser Pereira 1984：144-145）。所得階層を最貧困層から最富裕層までⅠ，Ⅱ，Ⅲ，Ⅳと区分けした場合，ブラジルの問題はⅠやⅡの分配所得が過小であり，Ⅲやとりわけ Ⅳのそれが著しく過大だということにある。またⅢの限界消費性向は1と推定されるがⅣのそれは0.8程度だと見積もられる。そこでⅢ，Ⅳに累進所得税を課し，その税収を基礎に政府が労働集約的な大規模公共投資を行えば，ⅠとⅡの雇用が増加し彼らの賃金も引き上げられる。限界消費性向が高いこうした層の分配所得が増えれば大衆消費財需要（それは労働集約的産業への消費需要と同義である）が増加し，かくしてより平等な経済発展が可能となる。

　カルドアのチリ経済改革案（Kaldor 1959）にも似た，フルタードのこの提案は，正当だが政治的な実現可能性に乏しく，また当時勃興しつつあった新産業の成長を抑制しかねないという問題があった。これに対してフルタードと同じ構造派の経済学者バホス・ジ・カストロは，自ら認めるように倫理的には望ましくないが，より現実的な改革案を提示した（Bresser Pereira 1984：145-146）。それによればブラジル経済が自動車や家電といった新産業を躍動的に成長させる

ことによって持続的な回復を達成していくためには，所得再分配ではなく，逆に所得の集中が欠かせない。ただし，すでに耐久消費財を現実に購入している最富裕層IVだけでなく，そうした財の潜在的な需要の担い手である中間層，つまりIIIやさらにIIの上層への所得集中が肝要なのであった[5]。

先にみた「ブラジルの奇跡」は，あたかもこのバホス・ジ・カストロの提案を具体化するかのように展開したことがわかっている。すなわち，そこでは実際に耐久消費財産業が基軸となり，またその波及需要を受ける生産財部門が副軸となって，前述のように逆進的な高度成長が実現されたのである。その仕組みは，次のような単純化されたモデルとして定式化すると理解しやすい[6]。

いま3部門・3階級からなる閉鎖経済を考える。3部門とは生産財部門 J，賃金財部門 B，奢侈財部門 V であり，政府は各部門の中に生産者として含まれているものとする。3階級とは資本家，技術官僚（経営者，技術者，公務員，熟練労働者など官民の官僚的組織の被雇用者）[7]，不熟練労働者である。資本家の所得は利潤 R であり，これは部門 J と部門 V にそれぞれ投資 I および奢侈財消費 Cv として支出される。技術官僚の所得は給与 O であり，これはすべて部門 V に Cv として支出される。不熟練労働者の所得は賃金 W であり，これはすべて部門 B に賃金財消費 Cb として支出される。GDPを所得 Yy，生産 Yp，支出 Yd の3面からみると次のようになる。

$$Yy = R + O + W$$

---

5) 所得分配と経済成長の関連は，ポスト・ケインジアンら異端派経済学にとって伝統的な研究課題の1つであり，たとえばマーグリン・バドゥリ1993のような洗練された理論研究がある。そこでは利潤分配率の上昇（機能的所得分配の悪化）が供給側から経済成長を刺激する高揚的レジームと，労働分配率の上昇（機能的所得分配の改善）が需要側から経済成長を刺激する停滞論的レジームとが定式化されている。しかし，これは一部門モデルであり，本文のように産業構造の変化と経済成長の関連を問う視点はない。このようにみると，構造派が所得分配，産業構造，経済成長の相互関係を包括的に問題にしていたことは現時点でみても高く評価できる。興味深いことに，この種の問題設定は現代日本のケインジアンの著作においても再発見されている（吉川2000：291-335）。
6) 以下の説明は Bresser Pereira 1987：Capítulo XII による。このほかフルタード1973：68-75 の定式化も参考になる。数理的なモデルとしては Taylor and Bacha 1976 を参照。
7) 官僚的組織とは大企業，学校，病院，労働組合，政党，教会，政府などを指す（Bresser Pereira 1987：60）。

$$Yp = J + V + B$$
$$Yd = I + Cv + Cb$$

ここで部門 J と V は独占部門 M, 部門 B は競争部門 T に分類されるとすると

$$M = J + V$$
$$T = B$$

このときモデルの静学的な均衡は，部門 M と部門 T それぞれにおいて

$$J + V = R + O = I + Cv$$
$$B = W = Cb$$

のとき実現する。

　一方，資本蓄積と奢侈財消費が優先されつつ所得集中が進み，モデルの動学的な均衡が実現されるには，図2-3のような関係が必要である。ただし L は雇用量，E は経済余剰（$R + O$）である。

　なお，この均衡が可能となるには，①不熟練労働者が賃金引き上げに成功しない，②独占部門と競争部門の間に不等価交換が維持され前者の R と O が維持される，という条件が満たされねばならない[8]。そして実際のところ，これらの条件は，当時の軍事政権による国家コーポラティズム型の組織化政策をつうじて充足されたのであった。

　以上に定式化された「奇跡」の結果，ブラジルはバシャらのいうベリンジアへと決定的に変貌した。ここでベリンジアとは，ブラジルの公用語であるポルトガル語でベルギーを意味する *Bélgica*（ベルジカ）と，同じくインドを指す *India*（インジア）との合成語（*Belindia*）であり，ベルギー規模の先進工業地

---

8) この成長モデルは，①長期的には政治的に維持困難である，②奢侈財部門が中心であるためダイナミズムに限界がある，などの点で脆弱である。なお，ここでは外国貿易が捨象されているが，実際には，輸入係数を高める奢侈財部門に依存しているため対外不均衡に陥りやすいという限界もあったことが指摘されている（Bresser Pereira 1987：74）。1970年代の対外債務の累積は1つにはここに起因していた。一方，賃金＝消費需要によって国内で吸収されえなかった賃金財は輸出振興政策を通じて外需に向けられた。

図 2-3 「ブラジルの奇跡」の定式化

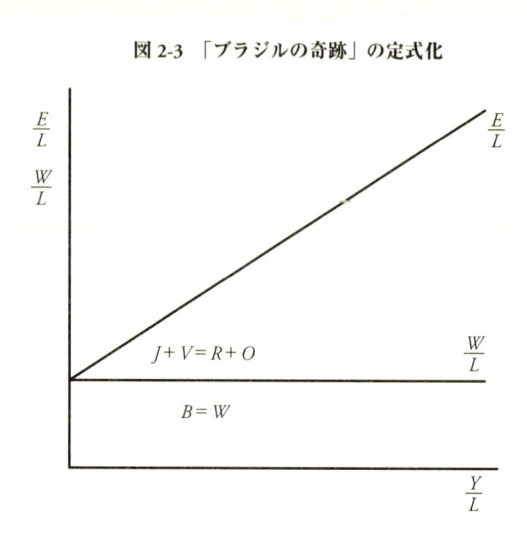

$$J+V=R+O$$

$$B=W$$

【資料】Bresser Pereira 1987：73 を若干変更して引用。

域とインド農村のような膨大な貧困地域とが同時並存している仮想の国をいう（Bacha 1986a：11, nota 1／Taylor and Bacha 1976：198）。ブラジルの場合でいえば，南部のサン・パウロ大都市圏が「ベルギー」部分であり，ノルデスチと呼ばれる東北部などが「インド」に相当する[9]。

「奇跡」は後者にも一定のダイナミックな変化を誘発したものの（佐野 2002），あくまで前者を中心に実現したのであり，結果として地域間・農工間格差を拡大させることになった。事実この間，最貧困地域であるノルデスチの1人当り所得は全国平均に対して相対的に低下した。その比率は1949年40.2％，1959年45.6％，1970年38.3％，1978年35.1％と推移している（Bresser Pereira 1987：85）。これは工業部門内部の階層間格差の拡大とともにフルタードが一貫して

➡本文69頁に続く

---

[9] このようにインドとブラジルには一定の共通点もあるため，両国の社会経済比較は研究分野としても認知されている。一方，インドと中国もまたアジアの大国としてしばしば比較の対象となってきた（伊藤・絵所 1995：20-21）。とすれば，本章のようにブラジルと中国を比較することは，研究史的にみても根拠のないことではない。

§ ベリンジアの寓話～「経済成長率」に潜む価値判断

　本文で紹介した仮想の国ベリンジアについて，その名付け親の1人であるブラジルの経済学者バシャが寓話を書いている（Bacha 1986a：Capítulo 1；ポルトガル語の原論文は 1974 年に公刊）。先進国なみに発展した工業地域（ベルジカ）と膨大な農村貧困地域（インジア）との併存がベリンジアの構造的特徴であるが，そこでは階層間の所得分配も著しく不平等となっている。このとき，われわれがふだん何気なく使っている通常の経済成長率の計算法は倫理的にみてどういう意味をもつのか。バシャの寓話はこの点についてわかりやすい説明を与えている。その内容を筆者流にアレンジして紹介することにしよう。

　西洋と東洋の境にベリンジアという王国があった。インド系の住民が芳しい香料を生産し，それをベルギー系商人が輸出していたことから，そう呼ばれるようになったのだともいう。ある日，1人の経済学者がこの国を訪れ，国王に複利や生産・物価の伸び率の不思議について語った。国王はその話にたいそう感銘を受け，ベリンジアの経済成長率を計算してほしいと依頼した。その手始めとして，この経済学者は膨大な統計を魔法の力で次のような代表標本データへと圧縮した。

名前	月間所得 （1960年不変価格実質ルピア）	1960〜70年における 所得の成長率 （不変価格での実質値）％
アントニオ	100	15
セルソ	10	2
コンセプソン	10	2
フェルナンド	10	2
フランシスコ	10	2
パウロ	10	2

次に彼はこれを使って国全体の経済成長率を計算するにはどういう可能性があるかを考えてみた。まず国王がもし自由民主主義思想の持ち主だとしたら、すべての国民を平等に扱うことを好むだろう。この場合は、標本にある6人の所得の成長率に等しく0.166ずつ加重し（0.166 × 6 ≒ 1）、それを合計すればよいことになる。つまり、

$$(15\% \times 0.166) + (2\% \times 0.166) + (2\% \times 0.166) + (2\% \times 0.166) +$$
$$(2\% \times 0.166) + (2\% \times 0.166) = (15\% \times 0.166) + (5 \times 2\% \times 0.166) = 4.15\%$$

この4.15%という経済成長率はアントニオの所得の増加率とその他5人の所得の増加率との間に位置するが、後者の人数が多いため彼らの所得増加率により近いものとなる。ところでこの経済学者は実は進歩派思想の持ち主であり、ベリンジアの所得分配が著しく不平等であることに違和感を抱いてもいた。そこでもし所得分配の改善を同国の政策目標にすえ、その目的にあわせて経済成長率を計算し直すとすれば、富裕なアントニオの所得の増加率を低めに加重し、その他の者たちのそれを高めに加重する必要があると考えた。アントニオの所得は他の者の10倍なので、これとちょうど逆に対応させて前者の所得の増加率に0.020を、また後者のそれに0.196を、それぞれ加重することにした（0.020 + 0.196 × 5 = 1）。すると経済成長率は次のように計算された。

$$(15\% \times 0.020) + (5 \times 2\% \times 0.196) = 2.26\%$$

この「貧困加重」にもとづく計算法では、経済成長率は最初の「均等加重」の場合よりも低くなる。貧困層の所得の伸びが低く、かつ彼らにより大きな加重を施しているからである。

最後にこの経済学者は「貧困加重」とまったく正反対の「富裕加重」を試しに検討してみた。その倫理的な意味は自分でも理解できなかったのだが、ある種の宗教思想のもとでは物質的な富を有することが天国での至福をもたらすことになるのかもしれないなどと想像してみた。この考え方によれば、アントニオの所得の増加率により大きな加重がつけられることになる。国民全体の所得150のうちアントニオは100を占めているので、この所得分配比率に対応させれば100/150 = 0.666の加重となる。逆にその他の者たちには10/150 = 0.066

の加重がつけられる。この場合の経済成長率は次のように計算される。

$$(15\% \times 0.666) + (5 \times 2\% \times 0.066) = 10.65\%$$

経済学者は以上をまとめた最終報告を国王に提出した。

ベリンジアの経済成長率：1960〜70年

加重の方法	成長率%
均等加重	4.15
貧困加重	2.26
富裕加重	10.65

　国王は、ベリンジアの経済成長率を確定するには実は政治的な価値判断が必要なのだということを知って驚愕した。これに対して国王の従来の顧問たちが提出した報告では、経済成長率はただ単に10.65％とされていたのである。「この者たちはいかにしてこのような結論に達したのか？」——国王は経済学者に尋ねてみた。彼はこう答えた。「とても簡単なことでございます，閣下。1960年に100ルピアでございましたアントニオの所得は1970年には15％増えて115ルピアとなり、他の貧困な者たちのそれは各々10ルピアから2％増えて10.2ルピアとなりました。したがいまして1970年の国民の所得総額は115 + (5 × 10.2) = 166ルピアとなります。ところで1960年のそれは150ルピアでしたから，この間の経済成長率は，

$$(166 - 150)/150 \fallingdotseq 10.65\%$$

となる，このように計算されたものかと存じます。たしかにこれは通常行われている計算法ではございますが…。」

　国王は、顧問たちが算出した経済成長率と「富裕加重」にもとづく経済成長率が等しいことに気がついた。ということは……一見中立的にみえる通常の計算法は、実のところ国民各層の分配所得の比率を加重づけに使っていることを隠すやり方ではないのか？　国王はさらに推論した。とすれば……国内総生産

とか国民所得とかいった統計値は富裕層の「幸福バロメータ」にすぎないのではないのか？ところが国王の顧問たちはそれまで経済成長率にはなんらの倫理的意味合いもなく，純粋に技術的な計測値にすぎないといい続けてきたのだった！怒った国王は彼らを追い払い，今後ベリンジアでは経済成長率の計算に際して透明性を確保するため，あの経済学者が示した3つの方法を採用すると布告した…。

　以上がバシャのベリンジア寓話の要諦である。所得分配と経済成長をめぐるこの核心的な問題は，経済発展論や開発経済学の分野では重要な主題であり続けてきた。そうならざるを得ない現実があるからである。教科書類ではトダロ1997：第5章が一例であり，これはベリンジアを訪れた経済学者の役割をきちんと果たしているといえる。また，ほかならぬインドを想定したエスワラン・コトワル2000も，不平等な所得分配の下で経済成長（工業化）が進むとき，大衆はその恩恵を必ずしも受けられないことを理論的に解き明かしている。ところが経済学の入門講義で使われる通常の教科書では，この種の問題はまず扱われていない。

　2002年から2007年まで「戦後最長の景気」を謳歌した日本において，まさに「格差社会」が問題になったという現実。これが逆説ではないことを，ベリンジアの寓話は教えているはずである。✂

批判してきた,「低開発」型の経済進化構造にほかならない (Furtado 1999:24-26, 73-76)。

3　中国：東アジアのベリンジアか？

　本章で中国の「ブラジル化」を問題にした理由は，もはや十分明らかになったはずである。1960年代後半から1970年代後半にかけて，まずはブラジルが耐久消費財産業を基軸として高度成長を実現したが，それは階層間・地域間など所得格差の拡大と連動していた。1970年代末から今度は中国が高度成長を達成した。そこでも耐久消費財産業は一定の役割を果たしたとみられ，またこれと併行してやはり階層間・地域間・農工間の格差が広がっていった。さらに，いずれの場合も逆進的な成長を正当化する言説が存在した。誰の目にも異質な両国であるが，以上の点に関する限り，異時点間での「反復」現象がみられたのである。

　この「反復」の指摘は趣味的なものではない。そこには重要な政策的意味合いがある。それはすなわち，所得分配構造の粘着性というリスクである。事実ブラジルの所得分配はその後今日にいたるまで非常に不平等であり，現在チリ，コロンビア，パラグアイなどと並んで世界最悪の部類に入る[10]。しかるに**表2-1**から読みとれるとおり，ブラジルの所得分配がかくも逆進的になったのは，ほかならぬ「奇跡」の時代においてであった。一度定着してしまった構造は容易には変化しない。1995〜2002年のカルドーゾ政権による新しい社会民主主義の取り組みは一定の社会的成果をあげたが，それでも同政権末期を除けば所得分配構造はほとんど改善しなかったのである。

---

10) World Bank 2000においてブラジル以外にジニ係数が最も高い部類の国々を拾うと次のようになる。中央アフリカ（1993年0.613），チリ（1994年0.565），コロンビア（1996年0.571），グアテマラ（1989年0.596），ギニア・ビサウ（1991年0.562），レソト（1986-87年0.560），パラグアイ（1995年0.591），シエラ・レオネ（1989年0.629），南アフリカ（1993-94年0.593），スワジランド（1994年0.609），ジンバブエ（1990-91年0.568）など。1980年代のチリ軍政下でも，「ブラジルの奇跡」と仕組みは異なるが，逆進的な高度成長がみられた。

表 2-1 ジニ係数の推移:ブラジルと中国

ブラジル			中国	
年	ジニ係数		年	ジニ係数
1960	0.530		1980	0.320
1970	0.576		1982	0.288
1972	0.610		1983	0.272
1974	0.619		1984	0.257
1976	0.603		1985	0.314
1979	0.594		1986	0.333
1980	0.578		1987	0.343
1981	0.554		1988	0.349
1982	0.542		1989	0.360
1983	0.570		1990	0.346
1985	0.618		1991	0.362
1986	0.545		1992	0.378
1987	0.562		1995	0.415
1989	0.596		1998	0.403
1995	0.601			
1996	0.600			

【資料】World Bank 1998, World Bank 1999, World Bank 2000 により作成。

　所得分配構造の粘着性というこのリスクは,「社会主義市場経済」を目指す中国にとって重要な教訓となる。中国経済の成長は今後いよいよ耐久消費財産業(自動車や家電製品など)の発展に依存するようになるはずである。そのときかつてのブラジルと同様に高所得層や中間層への所得集中が成長のエンジンとなるならば,その均霑効果によって底辺層の所得が絶対的に向上しても,全体として所得分配は不平等化するだろう[11]。またおそらくこれと連動して,ベリンジア状況が決定的に定着していくだろう。そしていったんそうした社会経済構造が形成されてしまえば,それを修正するのは容易ではない。その場合,「社会主義市場経済」の「社会主義」は,国民統合のイデオロギーとしては機能しなくなる可能性が出てくる。ある改革派の経済学者にとって「社会主義」

はすでに体制概念ではなく，むしろ「現代社会の悪弊に対しての価値観」，つまり「公衆の基本的福祉の保障，および社会的公正と共同の富裕の実現」（呉 1995：6。傍点は引用者による）にすぎないのだが，過度の格差はまさにその「価値観」と矛盾することになるだろう[12]。

ちなみにソ連崩壊後のキューバも1990年代半ば以降，経済改革を開始しているが（Sano 1997），その直前の段階で同国のある有力な経済学者が「深刻な社会問題を発生させる中国式の試行錯誤的な改革は，キューバでは採用できない」と筆者に明言していたことが思い起こされる[13]。皮肉なことに，まさにこうした原則主義的な国の経済改革の過程においても，その後，所得分配は悪化している（Ferriol 2000）。だが，それでもなお先の発言は，キューバ側からみた中国の社会主義からの「逸脱」ぶりを象徴するものとして示唆的である。

もちろん中国はブラジルではない。両国には幾多の重要な相違がある。たとえば現代中国の歴史的初期条件は毛沢東時代の平等主義であったが，「奇跡」以前のブラジルはすでにかなりの格差社会であった。その意味で，中国には，なお抑制のきいた開発戦略を模索しうる素地が残っているのかもしれない。平等主義でもベリンジアでもない「第3の道」。21世紀の中国はその道筋をみつけられるだろうか。それとも「東アジアのベリンジア」へと退行進化してしまうのだろうか。

おわりに

特に「東アジアの奇跡」が熱狂的に喧伝されていた頃までであろうか，アジアは比較的平等な所得分配と高度成長とを両立させた模範事例として賞賛されることが多かったように思う。しかしその当時においてさえ，中国のみならず実は香港，シンガポール，マレーシア，タイ，フィリピンの所得分配も，明確に平等といえるほどではなかったか，あるいはむしろ不平等な部類に入るもの

---

11) この文脈で示唆的なのは，2004年からBMWが瀋陽で合弁生産を開始したことである。中国でも確実に高級車市場が形成されてきている。
12) 1990年代以降各地で頻発してきた農民の反乱運動（清水 2002）は，その明白な証左であろう。格差をもたらす様々な形態での農民搾取こそが，反乱の契機になっている。
13) のちに経済大臣となるJ.L. ロドリゲスとの面談（1993年5月）。

表 2-2　アジア諸国のジニ係数

香港		シンガポール		マレーシア		タイ		フィリピン	
1971 年	0.41	1973 年	0.41	1970 年	0.50	1962 年	0.41	1957 年	0.46
1973 年	0.40	1978 年	0.37	1973 年	0.52	1969 年	0.43	1961 年	0.50
1976 年	0.41	1980 年	0.41	1976 年	0.53	1975 年	0.42	1965 年	0.51
1980 年	0.37	1983 年	0.42	1979 年	0.51	1981 年	0.43	1971 年	0.49
1981 年	0.45	1988 年	0.41	1984 年	0.48	1986 年	0.47	1985 年	0.46
1986 年	0.42	1989 年	0.39	1989 年	0.48	1988 年	0.47	1988 年	0.46
1991 年	0.45			1997 年	0.49	1990 年	0.49	1991 年	0.45
						1992 年	0.52		
						1998 年	0.41		

【資料】World Bank 1998 により作成。

であった（**表 2-2**）。また韓国においても，政府推計を上回る速度で持続的な不平等化が進行していた可能性がある（安 2000）。

にもかかわらず，アジアの現状や潜在力を過度に楽観視する，いわばアジア・ユートピア意識は，現在なお完全には払拭されていないように感じる。本章を読んだ後でまだ「そうはいっても，アジアの状況はラテン・アメリカほど悪くない」と自他を慰めようとするアジア・ユートピアンには，19 世紀の忘れ去られた巨人による次の一節を最後の警鐘としよう。——「とはいえ，イギリスの工業労働者や農業労働者の状態を見てドイツの読者がパリサイ人のように顔をしかめたり，あるいは，ドイツではまだまだそんなに悪い状態になっていないということで楽天的に安心したりするとすれば，私は彼に向かって叫ばずにはいられない，ひとごとではないのだぞ！と」（マルクス 1972a：23）。

2008 年のエピローグ：追考・2 つのベリンジア

本章は佐野 2003e に若干の加筆修正を施したものである。コラムは書下ろしである。

本文ではそのように呼んではいないが，現代中国の経済改革もまたいうなれば新自由主義的な性格を備えている（ハーヴェイ2007：第5章）。計画経済という究極の政府規制を撤廃し，対外的にも自由化・開放政策を進めてきたからである。しかも，それは単に計画経済の行き詰まりに対する反動というにとどまらず，アメリカ留学を経て主流派経済学を身につけた経済学者が数を増して発言力を強めた結果，中国の政策決定において新自由主義的思考が強い影響力をもつようになったこととも密接な関係がある（関2008）。

　1970年代，シカゴ大学でマネタリズムの経済学を学び，母国で世界に先駆けて新自由主義の経済政策を実行した，チリやアルゼンチンの経済学者たちは，当時「シカゴ・ボーイズ」と呼ばれた[14]。内橋克人（内橋2006：第5章）は，この史実を踏まえ，やはりアメリカの主流派経済学の強い影響を受けながら「構造改革」を推進した日本の経済学者たちのことを，どの大学に留学したかとは別に，象徴的な意味で「日本のシカゴ・ボーイズ」と呼んでいる。中国でもまた，この意味での「シカゴ・ボーイズ」が跋扈しているというべきだろう。本章本文の末尾では，「東アジアのベリンジア」になりかねないというリスクに対して，平等主義の時代を経験した中国ではなんらかの歯止めがかかる可能性もあると示唆している。しかし今から考えれば，これは甘い判断だったのかも知れない。現代中国の経済政策決定をめぐる権力構造（そこには正統な経済思想とはなにかを決する抗争も含まれる）が解明されねばならない[15]。

　これとは逆に，本文のブラジル観は——またこの点に関する限り**第1章**や**第5章**の叙述も——やや悲観的すぎたかも知れない。というのは1998年以降，1人当り家計所得のジニ係数はほぼ持続的な低下傾向に転じ，特にカルドーゾ政権末期とルーラ労働者党政権初期に当たる2001〜05年には急速に低下して，2005年には0.566と過去30年間の最低水準に近い値をとるに至ったからである。上記の期間，貧困率と極貧率も各々4.5％減

---

14)「シカゴ・ボーイズ」の養成にかかわる国際的ネットワークについては竹内2001の知識社会学的考察が興味深い。
15) この課題に応える興味深い著作に田中2007／関2008がある。

少したが，この間の年平均経済成長率が0.9％にすぎなかったことからも窺われるように，それは主に所得再分配によるものであった（実際に富裕層の所得は減少し，低所得層のそれは増加している）。こうした変化は1990年代半ばからの実質最低賃金の引き上げや，より近年の貧困層に対象を絞った所得移転政策（とりわけ子弟の就学や母親の健診を条件とした扶助的給付）に負うが，このことは極端な所得不平等といえども政策意志やその実現をめぐる政治的条件次第では一定の是正が可能であることを示唆している。ただしブラジルは世界の最も不平等な国々5％から抜け出たばかりであり，なお圧倒的な格差社会であることに変わりはない（Arbix 2007）。今後のゆくえが注目される。

　なお本章のタイトルにある「ラテン・アジア」は筆者の造語であるが，これを初めて用いたのは本章の英語版 Sano 2005 においてである。その意味するところはもうおわかりだろう。ラテン・アメリカは伝統的に大きな経済格差によって特徴づけられるが，地理的にはアジアに属する中国もまた格差の拡大を経験してきている。「ラテン・アジア」とは，そうした「ラテン・アメリカ化」のリスクを言い表す修辞にほかならない。

　一方，これとは別に，より歴史的な概念としての「ラテン・アジア」を提起することも可能である。それは，スペインやポルトガルといったラテン文化圏の国々によって植民地支配されていたアジア地域のことであり，フィリピン，マカオ，ティモールなどが該当する。ここで興味深いのは，この2番目の意味での「ラテン・アジア」概念が，1番目のそれとも交錯するように思われることである。この関連の有無を問い，また「ラテン・アジア」概念をさらに練り上げていくことにより，新たな知見が得られるかもしれない。今後の課題としたい。

第Ⅱ部

構造改革は
何をもたらしたか

¿Cuál fue el resultado de la reforma estructural?

第 3 章

新自由主義改革，大量失業，雇用政策
1990年代のアルゼンチン

はじめに

　将来あるべき社会の姿は，現代のさまざまな要請にこたえて刷新された，進化した福祉国家あるいは福祉社会にある。そう考える人々は現在でも多数派のはずであり，筆者もその1人である。ただ福祉あるいは福祉国家というと，一般には年金や医療保険など一連の社会保障制度のみを想起しがちである。しかし，およそ質量共に十分な雇用機会を提供することなくして言葉の本来の意味での福祉を語ることはできない。かつてのケインズ型福祉国家に代わるとされるシュンペーター型勤労国家であれ[1]，あるいはそれらのラテン・アメリカ版であれ，この点はいずれの社会経済パラダイムを評価するに際しても常に堅持されねばならない普遍的基準であろう。安定した所得をもたらす雇用機会の提供は，良質な保健医療や教育機会へのアクセス，不平等な所得分配やジェンダー・バイアスの是正などとならんで，セン1999のいう潜在能力（ケイパビリ

---

1) ジェソップ（Jessop 1994）によれば，戦後の社会経済パラダイムとしては1970年代までケインズ型福祉（welfare）国家が有効であったが，その後現在にかけてシュンペーター型勤労（workfare）国家への転換がみられる。前者の特徴は①相対的に閉鎖的な国民経済において需要管理により完全雇用を促進する，②さまざまな福祉の権利と新たな共同的消費の諸形態をつうじて大量消費パターンがひろがる，という2点にある。これに対して後者は①開放経済の環境のもとでシステミックな国際競争力を強化するため，供給側重視の政府介入によってイノベーションを促進する，②社会政策が雇用関係の柔軟化の必要性や国際競争の制約にしたがうようになる，という点に特徴がある。ケインズ型福祉国家にいくつかの変種があったのと同様，シュンペーター型勤労国家にも新自由主義型，ネオ・コーポラティズム型，新国家主義型の3類型が認められるという。

ティー)を拡張させ,国連開発計画(UNDP)のいう「人間開発」を推進する上でも,欠かせない条件の1つなのである。

このようにみたとき1990年代のアルゼンチンの経験はきわめて否定的に映る。かつて同国の労働市場はラテン・アメリカ諸国のなかでは相対的にタイトでよく組織されていたことから,A.ルイスの無制限労働供給成長モデルになぞらえて「非ルイス型労働市場」と呼ばれることもあった。ところが1990年代には完全失業率が一時18%台にも達するなど深刻な大量失業問題が発生し,これと同時に不完全就業や非正規雇用などいわゆる雇用の劣化も顕著になった。

これに対処するため,雇用契約の柔軟化により雇用促進を図る労働改革,各種の直接的な雇用創出政策,失業保険の導入などが実施され,失業の削減や失業・不安定就業層の所得補償にもそれなりの努力が払われた。しかし状況はほとんど改善されず,同時に展開された職業訓練政策の一定の成果も生かされないままとなった。人々がよりよく生きるための選択の幅が狭まり,人間開発の本源的な基礎の1つが崩されたのである。

以上の社会経済的退行現象の背景と原因を探り,ラテン・アメリカの将来あるべき開発パラダイムを展望するための一助とすること,これが本章の課題である。まず1では非ルイス型経済から大量失業経済への大転換を具体的に確認し,失業・不安定就業層の特徴を概観する。2と3では1990年代の制度的構造変化によって大量失業経済が生み出されたことをあきらかにする。最初に新自由主義改革の失業誘発効果を考察し,次に雇用関係の柔軟化,すなわち労働法制改革と企業の作業組織の「日本化」も失業圧力を高めたことを論じる。4では失業保険,雇用創出,職業訓練といった雇用政策の概要と実績をあきらかにすると同時に,その限界をもあわせて指摘する。

以上の新自由主義的な制度変化と政策はいずれもメネム正義党政権(1989年7月~1999年12月)がとりわけ1991年以降に推進したものである。これに対してデ・ラ・ルア中道左派連合政権(1999年12月~2001年12月)は失業率の引き下げと安定雇用の拡大を公約して発足し,一連の補整政策を展開した。本章の末尾では,2001年3月時点におけるその暫定的な評価を試みている。

1 大量失業経済への大転換

　アルゼンチン経済は1990年代に顕著な構造変化を遂げた。これ以前，1960年代なかば以降1970年代前半まで，同国は2桁台のインフレーションのもとで振幅は大きいがプラスの経済成長率を記録していた。また1970年後半以降1980年代にかけては時に4桁台にもおよぶ世界有数の高率インフレーションが昂進する一方，大幅なマイナス成長もふくむ激しい景気変動が続くなど，明確なスタグフレーション傾向がみられた。これに対して1991年以降はインフレーションが急速に収束していくなかで，1995年と1999年の景気後退を織り込みながらも断続的な経済成長がみられたのである（図3-1）。

　1990年代のアルゼンチン経済にはいまひとつ，社会的にみてより重大な構造変化が認められる。同国史上かつてない大量失業の発生である。1964年に大都市部の公式失業統計[2]が公表され始めて以来，1990年代初頭まで，アルゼンチンでは完全失業率が2桁台に達することはなかった。むしろ1970年代までは完全雇用水準に収束していく傾向があり，周知の対外債務危機が蔓延した1980年代にあってさえ1989年の7.6％が天井であった。ところが1991年までやや低下した後，完全失業率は1992年から急速に上昇していき1995年には一挙に年平均17.5％（同年5月現在では18.4％）に達した。この後1998年まで若干低下するが，1999年には再び上昇に転じ14.3％の高率を記録している（図3-1）。

2）アルゼンチンにおける全国的な規模の公式失業統計として今日まで継続性があるのは，国立統計国勢調査院（INDEC）による大都市部の「継続家計調査」にもとづくそれである。この失業統計は1964年以降に限られている。同調査に先立つ1週間の間に少なくとも1時間の報酬労働または15時間の無報酬労働に就いていた者は就業者と判断され，これ以外は失業者とされる。就業者に求職者を加えた経済活動人口に対する失業者の比率が完全失業率である（Ferrucci 1986：234）。同様に，週35時間未満しか就業しておらず，かつより多くの時間就業する希望がある者の，経済活動人口に対する比率が不完全就業率である。失業率統計は久しく5月と10月についてのみ作成されていたが，1998年から8月についても公表されるようになった。

図3-1　アルゼンチン経済の構造変化　①長期時系列

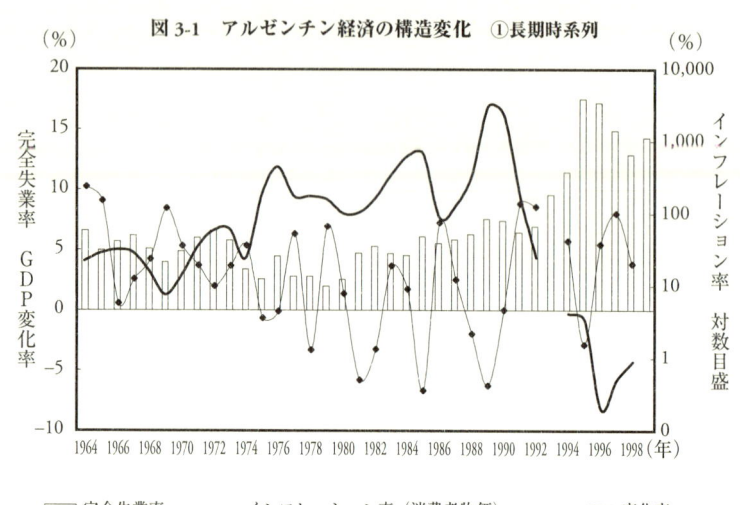

□ 完全失業率　── インフレーション率（消費者物価）　◆ GDP変化率

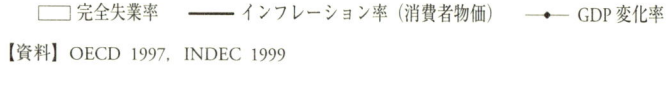

【資料】OECD 1997, INDEC 1999

図3-1　アルゼンチン経済の構造変化　②期間別平均

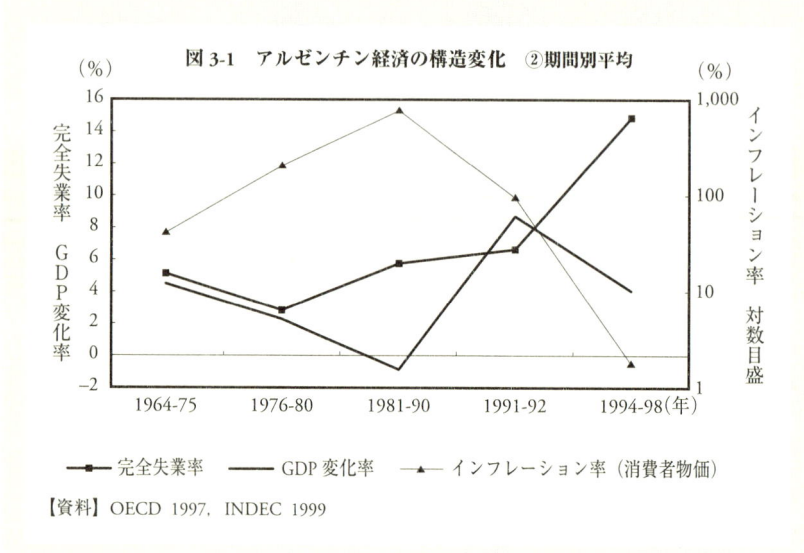

■ 完全失業率　── GDP変化率　▲ インフレーション率（消費者物価）

【資料】OECD 1997, INDEC 1999

図 3-2 雇用指標の悪化

(%)

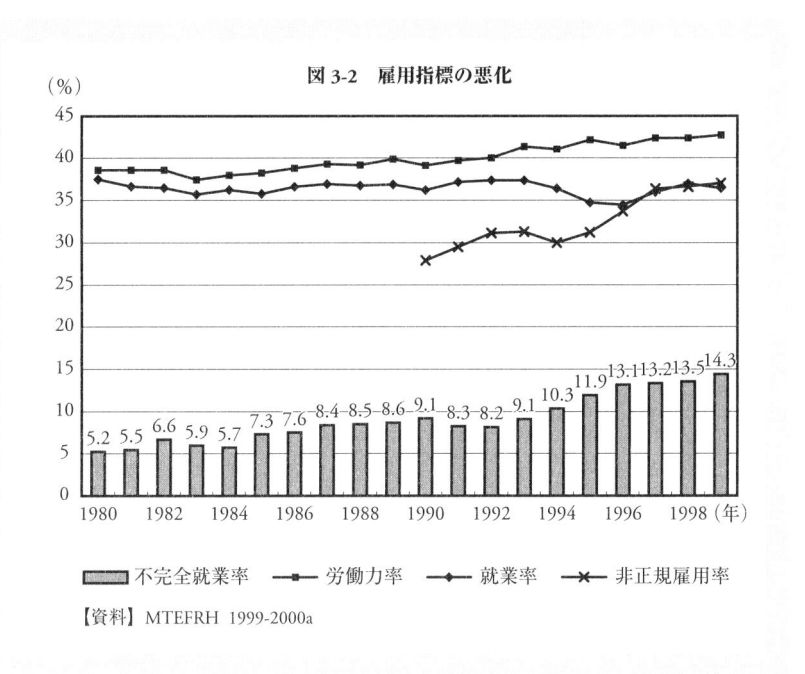

年	不完全就業率
1980	5.2
1981	5.5
1982	6.6
1983	5.9
1984	5.7
1985	7.3
1986	7.6
1987	8.4
1988	8.5
1989	8.6
1990	9.1
1991	8.3
1992	8.2
1993	9.1
1994	10.3
1995	11.9
1996	13.1
1997	13.2
1998	13.5
1999	14.3

凡例:不完全就業率, 労働力率, 就業率, 非正規雇用率

【資料】MTEFRH 1999-2000a

　この間,他の雇用指標もこれに連動して悪化する傾向をみせた(図3-2)。たとえば1980年代から上昇し始めていた不完全就業率は1994年に初めて2桁となり,その後もほぼ持続的に上昇を続け1999年8月には14.9%に達している。大都市部の被雇用者に占める非正規雇用(図3-2では年金制度によってカバーされていない種類の雇用契約と定義)の比率も1990年5月の27.8%から1999年5月の36.9%へと,これまたほぼ一貫して上昇していった。詳細は省くが,法律に定められた条件を満たさないインフォーマル雇用も従来以上に増加している。全般に雇用の劣化が進んだのである。

　新興移民国として開闢されたアルゼンチンの労働市場は,かつて相対的に需要超過傾向にあった。さらにペロン政権(1946〜55年)によって制度化されたポピュリズムの社会経済パラダイムのもとで,労働者の広範な組織化,労使の団体交渉,政府の積極的な労働政策など同国の労働市場は社会的・政治的にも統合された性格をもつようになった。これはA.ルイスが開発途上国の典型

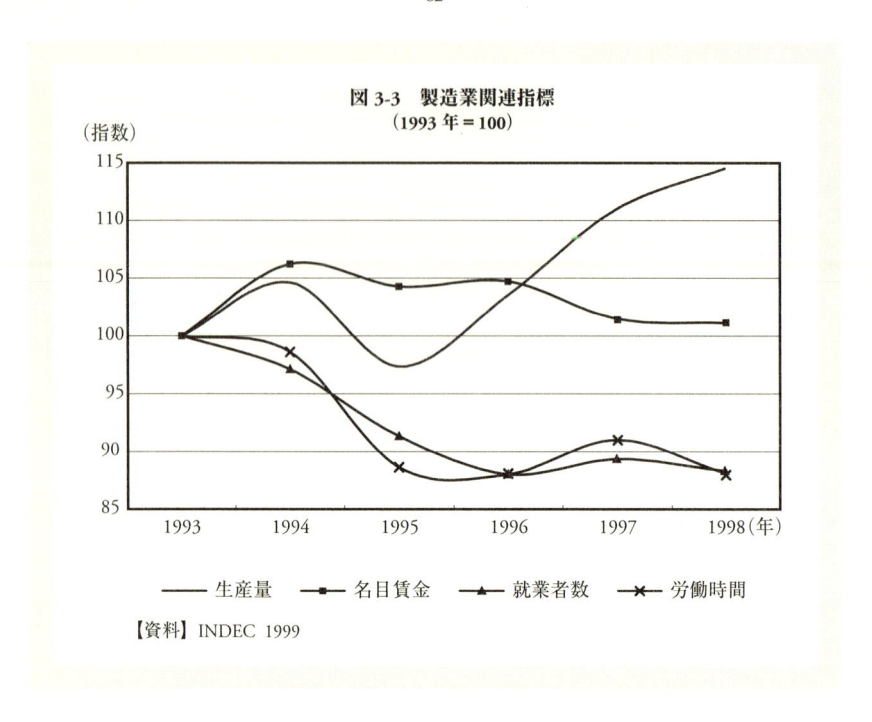

図3-3 製造業関連指標
(1993年＝100)

【資料】INDEC 1999

凡例：生産量　名目賃金　就業者数　労働時間

として描いた無制限労働供給下の資本蓄積モデル（いわゆるルイス・モデル）とはあきらかに乖離する状況であった。往時のアルゼンチン経済を非ルイス型と特徴づけることは，たしかに適切だったのである[3]。

しかし先に確認したように，1990年代以降，労働市場は大幅に軟化した。これに伴い名目賃金の動きにも注目すべき変化があらわれた。それは1994年まで上昇した後，翌年から徐々に低下するようになったのである（図3-3）。アルゼンチンでは1930年代なかば以降，名目賃金が前年の水準を下回ることはそれまで決してなかった。その意味でこれは決定的ともいえる構造変化である。さらに，のちにみるような労働生産性の比較的急速な上昇にもかかわらず，消費者物価でデフレートした実質賃金も緩やかながら逓減していく傾向がみられ

---

[3] この点のほかアルゼンチン経済の長期にわたる制度論的な考察は佐野1998を参照。
[4] ただし後述する通貨の過大評価により，ドル建て賃金は1990年代には従来の水準を大幅に上回るようになった（Frenkel y González Rozada 1999：20, Gráfico17）。

た（Frenkel y González Rozada 1999：21, Gráfico 18）[4]。

　この間進展したさまざまな政治的・社会的変化にもかかわらず労働市場の制度的な統合性はなお残されている面があるため，以上をもって簡単にルイス型への転換ということはできない。とはいえアルゼンチン経済をかつてのような意味で非ルイス型と特徴づけることも，もはや適当ではない。むしろ労働市場の劇的な軟化ゆえに賃金が実質的にも名目的にも下方硬直性を失うような，いわば大量失業経済への大転換が進んだとみることができる。

　ところで失業や不安定雇用は一般に労働供給が労働需要を上回ることによって生じる現象である。しかるに1990年代のアルゼンチンにおいては，労働需要が急減する一方で労働供給が増加したことにより，失業と不安定雇用が急増していったという事実が知られている。この労働需要の減少のうち特に正規労働力需要の減少が集中してみられたのは，1992年後半〜1996年後半の大ブエノス・アイレス圏でいうと，産業部門では製造業（3分の2強），性別では男性（3分の2強），家庭内役割分業でみれば家計支持者（2分の1強）であった（Frenkel y González Rozada 1999：43-44）。たしかに製造業の就業者数は大幅に減少した（図3-3）。1990年代なかば以降，失業者に占める家計支持者の割合も持続的に増加している（本章末付表3-1）。

　一方，労働供給の増加については，その一因として偶発的な人口構成変化（1970年代における出生率上昇の帰結として通常以上の若年層が労働市場に新規参入）や女性・高齢者の社会参加意識の高まりなどをあげることもできるが[5]，現実にはそれよりも家計補助型の労働供給の高まりを重視すべきではないかと思われる。すわわち，それまで家父長制的な性別役割分業のもとで主に家事労働に従事していた女性たちが，家計支持者たる男性の失職やその可能性の増大に伴い家計補助のために労働市場へと大挙流入してきたという側面である（Palomino y Schvarzer 1996：38）。この間，不完全就業率が雑多なサービス部門において女性を中心に高まったという事実（Frenkel y González Rozada 1999：13, Cuadro 3）や，失業者に占める女性の比率が増えたという事実（本章末付表3-1）

5）ただし当時の経済政策担当者自身の判断においても，人口構成変化は労働供給増加の2分の1しか説明しない（Llach 1997：252）。

も，おそらくはこの文脈の下に位置づける方が適当であろう。要するに，製造業を中心とする上述したような男性・家計支持者の労働需要の減少に加え，女性の多少なりとも生活防衛的な労働供給が増加したことにより，労働市場がかつてなく軟化したとみられるのである。

とすれば次に問われねばならない根本的な問題は，そもそも1990年代に製造業を中心として労働需要が急減していったのはなぜかということであろう。また，この事態が先に指摘した経済的構造変化，つまり断続的な経済成長や物価の安定化（図3-1)，そしてさらに製造業生産の増加（図3-3）などと同時に進行したことも，あわせて説明されなければならない。2と3ではこの点を制度的な構造変化との関連において解明していく。次節ではまず新自由主義改革の影響を考察することにしよう。

2 新自由主義改革

周知のように，一般にラテン・アメリカ諸国では戦間期ないし第2次大戦前後から国家主導のポピュリズム的な社会経済パラダイムが形成・確立され，このもとで輸入代替工業化を基軸とする経済発展が実現した。しかし同パラダイムは次第に高率インフレーションなどに象徴される制度疲労症状を呈するようになり，これに対して自由化と規制緩和によって市場経済に潜在すべき効率性を引き出そうとする新自由主義開発戦略が台頭した。

ポピュリズムの社会経済パラダイムに対するこの反動は，アルゼンチンではやや早く1976〜83年の長期軍事政権のもとでみられた。だが，この第1次新自由主義改革は失敗に終わり，むしろ巨額の対外債務などその後の社会経済危機の構造的要因を産み落すことになる。これをうけた急進党政権（1983〜89年）の末期および1989年に発足したメネム正義党政権の初期には為替投機を主因とする未曾有のハイパー・インフレーションが発生し，国民の危機意識の深まりを背景としてポピュリズムの社会経済パラダイムに対する反動の気運が改めて強まった。かくして正義党右派・財界・労組右派などが主導する権力ブロックが形成され，第2次新自由主義改革が1989年から始動したのである[6]。

その主な内容は，貿易自由化，投資と金融の自由化，国内市場（特に非貿易財・サービス）の各種の規制緩和，公営企業の大規模な民営化，兌換法体制と呼ばれるカレンシー・ボード制の導入，労働市場の柔軟化などである。このうち兌換法体制とは，1ドル＝1ペソの固定相場制を前提としてマネタリー・ベースを中央銀行の金・外貨準備（一部は外貨建て国債）に完全にリンクさせる制度であり，1991年3月の兌換法（Ley de Convertibilidad）によって法的に基礎づけられた。これは中央銀行による裁量的な金融政策の放棄を意味する。

　兌換法体制は新古典派の国際収支理論であるマネタリー・アプローチのうち，より原理主義的なバージョン[7]を下敷きとするものであった。それは本来，固定相場制のもとで中央銀行が裁量的な金融政策を行わなければ対外均衡（また国内均衡）が自動的に達成されることを主張する，いわば現代金本位制の理論であるが[8]，高率インフレーションに直面していた当時のアルゼンチンの文脈においては，そこに想定されている中央銀行への規律づけの要素がより重視されたといえる。貨幣数量説の観点から，マネタリー・ベースの人為的な操作が抑制されればあとは（すぐ後述する貿易自由化をつうじて）一物一価の法則がはたらき，インフレーションを封殺することができると考えられたのである。兌換法体制と併せて中央銀行による財政赤字の補填が法的に禁止されたことも，こうした思考法による。

　一方，貿易自由化としては輸入関税の迅速な大幅引き下げ，自動車産業を除く貿易数量規制の撤廃，南米南部共同市場（メルコスール）の全面関税同盟化の早期促進などが断行された。上述の固定相場制と貿易自由化により貿易財部門の輸入競争が激化すれば，短期的には貿易赤字が発生する可能性も十分あるが，当局にはそれは織り込み済みであった。資本規制の撤廃を含む金融自由化（このほかに業際規制の緩和や預金保証の撤廃など）や大規模な民営化を梃子

6）第2次新自由主義改革の中心である後述のカレンシー・ボード制（兌換法体制）を支えた6つの社会勢力についてはConesa 1994：197-199を参照。なお，正義党の改革派はのちに同党から分裂し，急進党や左派諸政党とともに野党連合アリアンサ（*Alianza para el Trabajo, la Justicia y la Educación*）を形成するようになる。これが1999年末に成立した中道左派政権のルーツである。
7）この点については**第6章1**を参照。
8）図解を用いたマネタリー・アプローチの概念的な説明は**第5章3.2**を参照。

として外国資本が流入すれば，資本収支は黒字化して貿易赤字は相殺され，カレンシー・ボード制の維持に支障は当面生じないことになる。また貿易・投資・金融の自由化，非貿易財・サービス市場の規制緩和，民営化は一体となって効率的な資源配分を可能にし，いずれ貿易収支を好転させることになる。このように見込まれたのである。

　このほか次節で問題にする 1991～95 年の労働法制改革も，以上の改革を補完する役割を担わされていた。雇用契約を柔軟化する一連の政策がそれである（**本章末付表 3-3**）。これは賃金と雇用のいわゆる硬直性を排することで，完全雇用と企業の国際競争力を確保しようとするものであった[9]。ただし，この一方で，政令により労使の賃金交渉を生産性の伸びの範囲内に限定する，事実上の所得政策がプラグマティックに実施されたことは注目に値する。「神の見えざる手」を信頼した一連の自由放任政策と対比したとき，これは政府の「見える手」を用いてインフレーションを抑制しようとする，明らかに異質な要素だったからである。

　以上のような論理に立つ（一部に異質な要素を含むが大局的には原理主義的な）新自由主義改革のもとで，物価は急速に安定に向かった。上にみたインフレーション抑制のための折衷的な政策がたしかに有効に機能したのである[10]。一方，金融自由化と民営化に折よく国際金利の低下があいまって巨額の外国資本が流入し，とりわけ 1991～94 年と 1996～98 年には《外貨準備の増加＝マネタリー・ベースの増加…マネー・サプライの増加↔産出の増加》という高成長回路が作動した（本章末「**2008 年のエピローグ**」を参照）。インフレーションの収束による繰り延べ需要の顕在化や民営化に伴う資本市場の活性化による資産

---

9) 雇用関係の柔軟化の理論的基礎とその問題点については**第 7 章**を参照。
10) ただしマネタリズムが想定するような論理が単純に機械的な形で作用したというよりは，輸入関税の迅速な大幅引き下げと割高に設定された固定為替レートのもとで過剰保護（**第 5 章 2 を参照**）の余地が狭まり，国際競争の規律が強まる一方，同じく固定相場制と事実上の所得政策，さらに雇用の柔軟化などによって費用の抑制が可能になったことが大きいと筆者はみる。本書では詳論できないが，所得政策の成功の政治・社会的背景としては，伝統的に労働組合を支持基盤としていた正義党が政権についており，政策実行のための政治資本を手にしていたことや，労働運動が分裂していき抵抗力を殺がれたこと，またすぐ次に述べる大量失業のもとで社会的な規律づけが作用したことなどを指摘できよう。

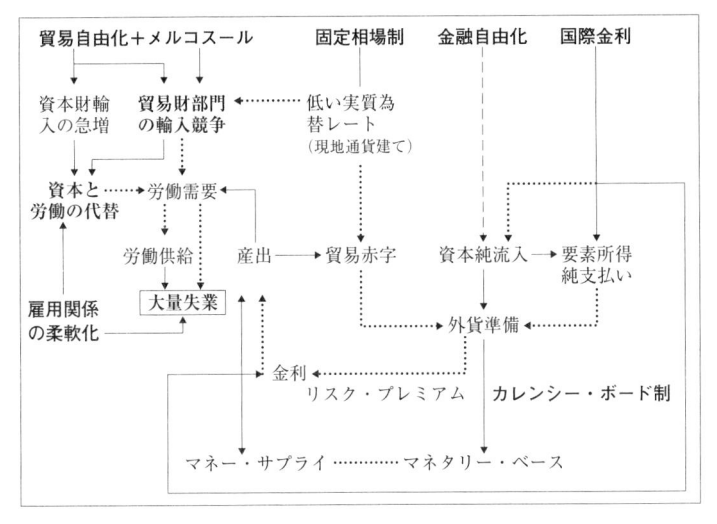

図 3-4　新自由主義改革と大量失業問題：1990 年代のアルゼンチン

```
貿易自由化＋メルコスール    固定相場制    金融自由化    国際金利

資本財輸     貿易財部門  ┈┈┈  低い実質為
入の急増  ━ の輸入競争         替レート
                              （現地通貨建て）
   ┃         ┊
資本と  ┈┈┈ 労働需要
労働の代替
         労働供給     産出 ━━ 貿易赤字    資本純流入 ━━ 要素所得
           ┃                                            純支払い
雇用関係 ━ 大量失業
の柔軟化                                    外貨準備

              金利                    カレンシー・ボード制
              リスク・プレミアム

         マネー・サプライ ┈┈┈┈ マネタリー・ベース
```

注：実線矢印は正の相関関係，点線矢印は負の相関関係，破線矢印は正負両方
　の相関関係をそれぞれ示す。

【資料】各種の実証分析などを参考に筆者作成。

効果も，特に当初は成長に寄与した。しかしまさにこの背後で，大量失業が以下のような回路をつうじて誘発されていったのである（図3-4）。

　第1に，新自由主義改革が引き起こした相対価格ショックの影響である。現地通貨建て為替レートが実質タームでみて1913年以来最低の水準に固定され（Conesa 1994：43, Gráfico 9），かつ輸入関税が迅速かつ大幅に引き下げられてい

11）新古典派であれば，資本と労働の代替は迅速かつ可塑的に行われ完全雇用が実現すると考えるだろう。また仮に労働が不完全雇用されるとすれば，ニュー・ケインジアンなら賃金の下方硬直性を調整阻害要因とみなすだろう。ベケルマン（Bekerman 1998）はこのように問題を立てた上で，ネオ・シュンペタリアンに示唆を得ながら新古典派とニュー・ケインジアンをそれぞれ次のように批判している。すなわち，道徳的に摩損した技術は遊休化するため完全雇用されることはないのであり，またいったん技術変化が生じると生産関数は労働節約型にロック・インされ（ヒステリシス），賃金の下方硬直性の有無にかかわらず失業が生じるのである。

表 3-1　工業部門の雇用変化率の要因分解：循環効果と構造効果

	アルゼンチン	ブラジル		メキシコ	
	1991(II)〜96年	1989〜92年	1993〜96年	1981〜87年	1988〜94年
循環効果	8%	−4.2%	2.9%	−0.4%	18.9%
構造効果	−25%	−18.3%	−17.6%	15.0%	−16.6%
合計	−17%	−22.5%	−14.6%	14.6%	2.2%

注：アルゼンチンの分析結果は1991年第2四半期〜96年に関するものである。なお1981〜87年のメキシコの構造効果に関する推定値はHernández Laos 1993：167, Cuadro 9により修正した。

【資料】Márcio Camargo 1999：20, Cuadro 4

表 3-2　循環効果による雇用変化率の要因分解：内需と外需

	アルゼンチン	ブラジル		メキシコ	
	1991(II)〜96年	1989〜92年	1993〜96年	1981〜87年	1988〜94年
内需	13.3%	−4.0%	4.3%	−8.9%	45.9%
輸出	2.3%	0.3%	0.5%	5.4%	23.9%
輸入	−7.6%	0.5%	1.8%	3.1%	−50.9%
合計	8.0%	−3.2%	6.6%	−0.4%	18.9%

注：表3-1に同じ。

【資料】Márcio Camargo 1999：21, Cuadro 5

ったため，賃金に対する資本財の相対価格は1991〜95年に40％も低下した（Bekerman 1998：125）。この結果，まさにこの間，輸入競争の激化に直面した貿易財部門を中心に労働と資本の代替が急速に進展し，企業の技術や生産組織に不可逆的な変化が生じた（Frenkel y González Rozada 1999：IV）[11]。1991〜95年において国内総固定投資のうち輸入機械の累積増加年率は51％に達している（Bekerman 1998：130）。この過程で労働生産性は急速に上昇していくが，それは労働力を構造的に排出する形で実現したのである。

第2に，マクロ経済動態に対する新自由主義改革の短期的な循環効果を指摘できる。1991年3月〜98年2月を対象としたフレンケルらの計量分析によれ

ば，この時期のアルゼンチン経済は国際収支（特に外貨準備，資本収支）と国際金利（ロンドン銀行間取引金利［LIBOR］＋リスク・プレミアム）に依存した産出変動を示している[12]。これは金融自由化に伴いマクロ経済が資本移動に左右されつつ変動するようになったことを示唆している。図3-4の破線矢印に描いたように，この意味での循環効果には正負両面があるが，1995年のメキシコ通貨危機ショック（テキーラ効果）や1999年のブラジル通貨危機ショックに際しては，資本流出ないし資本純流入の減少を契機に負の累積的因果連関が作動した[13]。これに伴う産出減少は，上述のような相対価格ショックの構造効果ともあいまって，特に工業部門の雇用削減へと帰結したのである[14]。

雇用に対する新自由主義改革の以上2つの効果（構造効果，循環効果）を近似的に把握するため，1991～96年の四半期データをもとに計量分析が行われている（Frenkel y González Rozada 1999：Ⅵ）。その結果をブラジルとメキシコに関する同様の分析結果とともに引用したのが表3-1と表3-2である[15]。

それによれば分析対象期間における工業部門の雇用変化率−17％は循環効果の＋8％と構造効果の−25％の合成結果であったが（表3-1），このうち循環効果

---

12) 詳細は Frenkel y González Rozada 1999：Ⅱを参照。本章末「2008年のエピローグ」では1991年第3四半期～2001年第1四半期についての同様の分析結果を紹介している。こちらも参考にしてほしい。
13) 1999年には，それまでのアジア危機やロシア危機に加えブラジル危機の影響も加わって一次産品価格が低迷し，アルゼンチンの輸出額は停滞したが，他方で輸入額が大幅に減少したため純輸出は増加した。しかし，それまでの大量資本流入によって要素サービス純支払いが累増していたのに加え，ブラジルの通貨切り下げや国内政局の不安定化によりリスクが増大しペソ建て預金と資本純流入が減少したことから，外貨準備は減少に転じた。この結果，《マネタリー・ベースの減少＋リスク・プレミアムの上昇→ペソ建て国内金利の上昇→投資・消費の抑制》という景気後退回路が作動した。さらに企業のブラジルへの移転も相次ぎ「空洞化」現象が生じた。こうして1999年には雇用状況が再び悪化したのである（Economist Intelligence Unit 1999 ほかを参照）。以上のような負の因果連関の慣性は2000年以降も作用し，経済停滞をもたらした。

なお，開放マクロ経済学の教科書では一般に固定相場制のもとでは金融政策は無効であり財政政策が有効であると教えている。しかし1990年代末のアルゼンチンのように構造的要因によって財政拡張が困難である場合には，金融面のショックを裁量的な財政出動によって緩和することはできないのである（Canitrot 1999）。
14) 大量失業の原因としては以上のほか，民営化の影響も考慮すべきであるが，この点に関する考察は本書では割愛する。

はそれ自体また内需の +13.3%，輸出の +2.3%，輸入の –7.6% の総和であった（表3-2）。改革当初の相対的に高い経済成長により，循環効果はこの分析期間全体ではプラスになっているが，構造効果の負の影響は明瞭である。

3 雇用関係の柔軟化：労働改革と「日本化」

製造業雇用の減少に対する新自由主義改革の以上のような諸効果は，決して完全に自動的なものではない。労働需要の変動は必ず雇用関係の特定の制度的枠組みをつうじて効果をあらわす。その枠組みのあり方次第では同一の変動要因であっても異なる結果をもたらすはずである。1990年代のアルゼンチンにおいては雇用関係にかかわる制度的枠組みもまた新自由主義改革の雇用削減効果を促進するように変化し，この結果として大量失業経済への転換がいっそう進んだものと考えられる（図3-4）。ここでいう雇用関係の制度的枠組みの変

---

15) 分析方法の概要は次のとおりである（Márcio Camargo 1999:16-22）。まず工業部門の労働生産性変化率を循環要因と構造要因（トレンド）に分解する。このため次式を推定する。E は工業部門の雇用労働者，Y は工業生産である。

$$d\log E = \beta + a\, d\log Y$$

等式 $d\log Y = d\log Y$ からこの式を引くと，次式を得る。P は労働生産性である。

$$d\log Y - d\log E = d\log P = (1-a)\, d\log Y - \beta$$

この式において $-\beta$ は労働生産性変化率の構造的トレンド，a は循環効果を示す。

次に，期間全体にわたる労働生産性の構造的変化率 $BETA$ を次式により推定する。べき乗 n は推定期間数である。

$$BETA = (1-\beta)^n - 1$$

同じく期間全体の労働生産性の循環的変化率 $\dfrac{\Delta PC}{P}$ を残差として推定する。

$$\frac{\Delta P}{P} = \frac{\Delta PC}{P} + BETA$$

ここで労働生産性の構造要因のパラメータを用いることにより，（循環要因を一定とした場合の）雇用の構造的変化率を推定する。次式の ΔE^* がこれにあたる。

$$(E + \Delta E^*).(P + BETA) = E.P$$

さらに実際の雇用変化率 $\dfrac{\Delta E}{E}$ から $\dfrac{\Delta E^*}{E}$ を引くことにより，雇用の循環的変化率 $\dfrac{\Delta EC}{E}$ を残差として推定する。最後に，産出変動に伴う雇用の循環的変化率を内需，輸出，輸入の各々による変化率に要因分解する。

化とは雇用関係の柔軟化であり，それは労働法制改革と企業の生産組織の「日本化」とに分けることができる。失業以外の雇用の不安定化現象もこのことと密接に関連している。最初に労働改革による雇用関係のマクロの柔軟化から考察していこう。

雇用関係全般を規制する労働法制は1990年代に大きく変化した。その嚆矢は1974年の労働契約法を部分改定した1991年の法律24,013号，いわゆる雇用法であり，以後1995年までこれを補完する政令や法律が相次いで発効した（本章末付表3-3）。それらの内容は多岐にわたるが，この間進んだ雇用の減少や不安定化との関連では，①解雇補償金の改定，②各種の有期限雇用契約の認可，③労使交渉の分権化が重要である。

まず①から始めよう。アルゼンチンではそれまで失業保険制度がなく，正当な事由がない解雇の場合および経済的事由による解雇の場合には，給与に勤続年数を乗じた金額を補償金として支払うことになっていた[16]。これに対して改定後は経済的事由による解雇の場合について補償金額が半分に引き下げられた（IDB 1996：190, Table 6.2）。また同補償金には最高額も定められていたが，1989年にそれが一時撤廃されていたことから，財界の要望を受け入れ改めてその額が設定されている（勤続年数に応じて協約賃金の3ヶ月分ずつ増額。Marshall 1997：443）。

以上のうち再設定された最高額は1989年までの水準（勤続年数に応じて最低賃金の3ヶ月分ずつ増額）を超えているため，これ自体と大量失業経済への転換とを結びつけることはできないだろう。しかし経済的事由による解雇について補償金額が半減したことは重視されねばならない。2で考察した新自由主義改革はまさに幾多の「経済的事由」を生み出したからである。これはあたかも同改革に合わせて解雇補償金が減額調整されたかのようである。いずれにせよ企業の負担は減り，解雇は容易になったといえるだろう。

ちなみに1990年代において失業者に占める25歳未満層の割合が減る一方，25歳以上層，とりわけ50歳以上層のそれが増えたのは，こうした制度変化と

---

[16] 実際には解雇の事由の正当性それ自体をめぐって労使が法的に争うこともしばしばあり，この過程で結局補償金が支払われなくなることもある。企業が労働裁判所に訴訟を起こすことは労働者にとって威嚇となるのである（Godio et al. 1998：18）。

表 3-3 労使交渉の分権化：1991 年 7 月～1998 年 2 月

（単位：件）

	労働協約	協定	合計
企業別の団体交渉	219	286	505
産業別の団体交渉	132	245	377
合計	351	531	882

【資料】MTSS s.d.

関係があるかも知れない（本章末付表3-1）。なお，上記の雇用法によって初めて失業保険制度が創設されたが，その内容と実績については次節で検討する。

　次に②，すなわち各種の有期限雇用契約の認可の効果はより間接的だが等しく重要である。アルゼンチンでは従来，法律上は無期限雇用しか認められていなかった。しかし実態としては1980年代にもインフォーマルな有期限雇用が増加する傾向にあり，1991年雇用法はこれをいわばロンダリングしたものといえる。前述した解雇補償金の上限設定もそうだが，このような有期限雇用の公認には雇用主負担（年金保険料や解雇補償金）の減免によって雇用を創出しようとの意図も込められており，これは広い意味での雇用政策の一環でもあった。1995年以降における新規雇用の80％はこの種の変則的契約であり，その数は1991～97年に50万人にも及んだものと推定されている（Godio et al. 1998：10-11）。しかしまさに有期限雇用であるがゆえに，2で考察したような労働需要圧縮効果が強まれば失業はたちどころに増加せざるをえない。事実，1990年代の失業率の内訳をみると，一時契約の終了に伴い改めて失業者となる，いわばリピーターの割合は徐々に増えていったことがわかる（本章末付表3-2）。この変則的な有期限雇用が俗に「使い捨て契約」と呼ばれたのは全く正当なのである。

　最後に③，つまり労使交渉の分権化の効果も間接的なものだが決して無視できない。かつてアルゼンチンでは産業別・部門別の団体交渉が支配的であったが，1991年法律2,284号や1995年法律24,467号により企業別交渉（産業別・

部門別交渉を基本枠組みとする個別交渉もふくむ）への環境が整備されていった。表3-3に1991年7月〜1998年2月の実績を示したが，この後も企業別交渉優位の構造は変わらなかった。1999年前半には産業別・部門別の協約および協定は14件を数えたが，企業別のそれは87件に上っている（Secretaría de Trabajo 1999：15, Cuadro 8）。すぐ後述するように，実はこれと併行して企業レベルでは雇用関係のミクロの柔軟化が生産組織を中心に「日本化」の形態をとりつつ進展していた。それは事前的にも事後的にも省力化をもたらすが，マクロの労働法制における分権的な団体交渉の促進はミクロのこうした組織革新を後押しすることによって間接的に大量失業を誘発したと考えられるのである。

以上のように，労働改革は新自由主義改革を補完しながら大量失業経済への転換を誘発する制度的触媒となった。ただし，ほかならぬ失業の急増や国政選挙での野党連合アリアンサの勝利（1997年10月）により，正義党政権は従来の改革の再検討をよぎなくされ，有期雇用の廃止または規制強化，労使交渉の集権化，雇用主負担の軽減による無期限雇用の促進などを柱とする再改革が財界の反対を押し切って1998年に実施された（本章末付表3-3）。これは翌年の大統領選挙をにらんで与党系労組やそのナショナル・センターである労働総同盟（CGT）の支持を確保しようとしたものであるが，厳しい現実を反映した内容となっており評価できる点もある。しかしそれはさらに進んで進歩的な改革を実現しようとするものではなかった（Godio et al. 1998：17-18／Instituto del Mundo del Trabajo 1998：13）。この間，アリアンサは上記の1998年改革を批判的に検討しつつ独自の進歩的な労働改革案を練り上げていったが，この点については本章の末尾で改めて論じよう。

さて次に雇用関係のミクロの柔軟化が労働需要の減少におよぼした影響をとりあげよう。すでに触れたように，1990年代には企業の生産組織が製造業を中心として急速に「日本化」していった。多能工化，仕事表，QCサークル，カイゼン，カンバンといった日本企業の生産管理方式が自動車多国籍企業などを媒介として普及したのである。民営化された企業でも同様である（MTSS s.d.）。1990年代なかばまでのこの傾向については別の機会に論じたが（佐野1998：第5章／佐野1999c：表2，表5），近年刷新された一連の労働協約・協定の内容をみても，労働力利用の「可動性および多能性」に言及した条項やこれと密接に関

連して「職務区分の再編成」を明記した条項は最も頻繁にあらわれるものの1つである。たとえば1999年6月に妥結された協約・協定でいえば上記いずれの条項もそれらの67％に含まれている（Secretaría de Trabajo 1999：9）[17]。

　念のために注意しておくと，1997年3月からブエノス・アイレス郊外サラテ市で軽トラック工場を稼動させ始めたトヨタも含め，日本的な生産組織を導入した企業の多くは本場・日本企業の場合のように作業工の賃金支給額を個人別の業績査定（つまり個人別の労働者間競争）と明示的にリンクさせるには至っていない。この意味で，現在までのところはあくまで括弧つきの「日本化」がみられるにすぎない[18]。

　しかしいずれにせよ，この「日本化」は根本的には生産合理化策の一環であり，朝鮮戦争直後のトヨタがかつてそうであったように，少なくとも従来から存在していた企業にとっては「少人化」つまり省力化を可能にするものであった。実際，たとえばブエノス・アイレス郊外パチェコ地区のフォード工場では，本格的な「日本化」の実績で名高い同社メキシコ・エルモシージョ工場の経験も生かした事業再構築を進めてきたが，この間1990年代初めに約6,000～7,000人いた人員を1999年なかばまでに約2,800人へと削減している[19]。またセベル社（フィアットとプジョーの現地利権法人であった）は自動車機械工組合（SMATA）に対して譲歩交渉を迫り，1995年10月にそれまで1交代110台であった生産台数を半分の人員で150台に引き上げることに成功した（Sartelli 1997：54, nota 30）。フィアットはその後も日本方式をいっそう大胆に取り入れた「統合工場」を目指してきている。

　いわゆる多能工化に代表される日本流の柔軟な生産組織は，論者によって評

---

17) このほか頻出する条項としては「労働時間の管理」（83％），「夏季有給休暇取得の年間配分」（58％），「出勤・時間厳守」（50％），「生産性基準による報奨金支給」（50％）などがある（Secretaría de Trabajo 1999：9）。
18) トヨタ，フォード，フォルクス・ワーゲンでの面談調査（1999年7月）と，主な労働協約・協定の分析結果とにもとづく判断である。ただし企業によっては昇進人事に際して事実上は個人別査定を行っている。この点のほかアルゼンチンの自動車多国籍企業における「日本化」の実態について詳しくはSano y Di Martino 2003を参照されたい。ひとつの判断基準を与えるものとして，福祉国家スウェーデンにおける雇用関係の変容をみておくことも有益である（篠田2001）。
19) アルゼンチン・フォード社人事部長アディダ氏に対する面談調査（1999年7月）による。

価が分かれるところもあるが，従来のテイラー主義やフォード・システムに対してたしかに一定の革新的な要素を内蔵しているとみてよいだろう。しかし，それが労働過程の内的・機能的な柔軟性を増すのと裏腹に省力化を誘発しやすいこともまた間違いない。アルゼンチンにおいては，このことが先にみた労働法制改革や新自由主義改革の諸効果とあいまって雇用の極端な外的柔軟化，つまり大量解雇や不安定雇用へと帰結してきた。内的に柔軟な作業組織をもつ「統合工場」は，いまや経済全体からみれば大洋に浮かぶ小島にすぎない。1990年代の経済・労働改革にあっては，革新的な事態と逆行的な事態とが危険な形で融合しながら進展したのである（Godio et al. 1998：10）。

4 雇用政策とその限界

　以上のように，大量失業経済への大転換はマクロ・ミクロ両方の制度構造の変化によって引き起こされた。これに対して失業対策を中心に一連の雇用政策が展開されたが，結論からいってそれらは基本的に守りのセイフティー・ネットの域を出るものではなく，またこれまでみてきた失業誘発型の制度構造を矯正しうるものでもなかった。以下ではメネム正義党政権下の雇用政策の概要と実績について，①失業保険の導入，②雇用創出政策，③職業訓練政策の3点から整理し，その意義と限界をあきらかにしておこう。

　前述のように，アルゼンチンにおいて失業保険制度が初めて導入されたのは1991年の雇用法によってである（施行細則・決議739/92号により正式には1992年初めから始動）。完全失業率や不完全就業率は債務危機下の1980年代から上昇し始めており，同制度も当初はこの問題に対処するためのものであった。アルゼンチンではそれまで1984年政令3,984/84号および1985年政令2,485/85号によって，レイ・オフされた労働者に特別補助金（最低賃金の7割相当と家族扶養手当を9ヶ月まで支給）を支給したことはあるが，これは例外的措置であった。また法律22,752号により少数の労働者に一時的な社会給付を与えることが定められたが，これも実際には適用されずに終わった（Godio et al. 1998：56）。

1991年に導入された失業保険制度はその後1995年に改革を施され，現在［筆者注：2001年］に至っている。財源としては国家雇用基金（FNE）にプールされた家族扶養手当資金を援用する。賃金支給額の1.5%相当と1%相当を雇用主と従業員が各々拠出し，この財源を労働省内に設置された全国社会保障局（ANSES）が管理する。保険金の受給対象となるのは1974年労働契約法の下にある被雇用者全員である。ただし建設業，農業，家内サービス，公共部門の労働者は除く。また失職前3年間のうち最低1年間は雇用基金に積立金を拠出しており，かつ他の所得を得ていない者に限って保険金を支給する。失業保険を支給されている間は家族扶養手当が支給され，うち3ヶ月間は医療保険が適用される。この受給期間は年金保険料拠出期間にも算入される（IDB 1996：191, Table 6.3 ／ Godio et al. 1998：56）。現行の失業保険料拠出期間，保険金支給期間，および保険金支給額の対応関係は**表3-4**のとおりである。支給期間は12ヶ月が最長だが，同期間が伸びるにつれ支給保険金額は逓減していく。

経済的事由がある場合の解雇補償金が減額され，さらに非正規・有期限雇用について同補償金の減免が行われていくなかにあって，失業保険は失職時の所得補償手段として重要な位置づけを与えられるべき制度だったはずである。しかし現実の運用実績は必ずしも芳しくない（**図3-5**）。

まず，支給される保険金がきわめて少額である。これに対してCGTから分裂した批判的なナショナル・センターであるアルゼンチン労働者本部（CTA）は，平均支給額として490ペソを要求している（CTA 1998）。

また失業保険金受給者数が実際の失業人口と比べて極端に少ないことも問題である。1997年現在で失業保険受給者数は月間平均95,379人であったが，これは失業人口のわずか4.4%しかカバーしていなかった（Godio et al. 1998：56-57）。この状況は，労働省の政策担当者自身が認めたように，受給者資格が非常に厳格であったことによる（Marín 1997：462）。硬直的な制度のもとで失業者の多くは不安定な生活を強いられてきたのである。

次に雇用創出政策の概要と実績をみよう。アルゼンチンでは1980年代まで失業問題が比較的軽微であったこともあり，この種の政策が曲がりなりにも大規模に実施されるようになったのは1990年代になってからである。3でみた各種の非正規・有期限雇用の認可それ自体も，雇用主負担の軽減を梃子に間接

表 3-4　失業保険制度

(1) 拠出期間と保険金支給期間の関係

拠出期間	失業保険金支給期間
12ヶ月～23ヶ月	4ヶ月
24ヶ月～35ヶ月	8ヶ月
36ヶ月	12ヶ月

(2) 保険金の支給期間と支給額の関係

失業保険金支給期間	失業保険金支給額
当初4ヶ月	過去半年間における月間通常給与の最高額の50%（最高300ペソ，最低150ペソ）
5ヶ月～8ヶ月	当初4ヶ月の支給額の85%
9ヶ月～12ヶ月	同70%

【資料】MTEFRH 1999-2000b

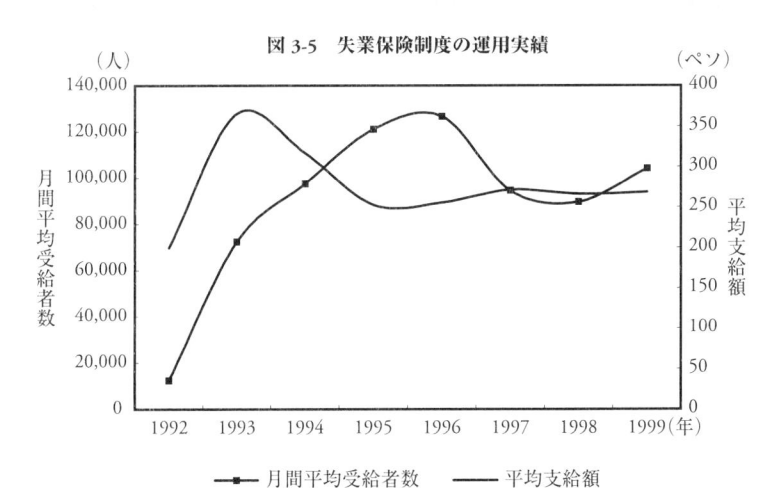

図 3-5　失業保険制度の運用実績

―■― 月間平均受給者数　―― 平均支給額

注：平均支給額は家族手当も含む。

【資料】MTEFRH 1999-2000a

表 3-5　連邦政府の主な雇用創出政策

名称	内容
1996 年～ Programa *Trabajar* Ⅰ, Ⅱ, Ⅲ	連邦政府，地方自治体，民間非営利団体，公営企業などによる貧困・失業層（ただし失業保険の非受給者ならびに他の雇用創出・職業訓練プログラムに参加していない者）むけの臨時雇用創出。月 200 ペソまでの現金賃金支給。労災保険，医療保険つき。3 ヶ月～半年間。財源は国家雇用基金（FNE）と世界銀行の融資。
1996 年～ Programa de *Servicios Comunitarios* Ⅰ, Ⅱ, Ⅲ	低所得層の失業者（ただし年金・失業保険の非受給者ならびに他の雇用創出・職業訓練プログラムに参加していない者）を対象とする。コミュニティーむけの社会的サービスに従事する臨時雇用の創出。女性に重点。連邦政府，地方自治体，民間非営利団体による。政府が月 160～170 ペソまでの現物賃金支給。医療保険つき。3 ヶ月～半年間。財源は FNE。
1998 年～ Programa *Proempleo*	リストラが進行中の部門・地域を主な対象として民間雇用の創出を促進。38 歳以上の失業者（主たる家計支持者で無期限・フルタイム雇用契約のもとにあった者）あるいは雇用状況が悪化している企業・部門・地域などの失業者・不完全就業者。1 年半（最初の 1 年間は 150 ペソ，あとの半年は 100 ペソを支給）。財源は FNE。
1995 年～ Programa *Forestar*	農村部の失業者を対象とした林業関連の民間臨時雇用の創出推進。90％は本プログラム，10％は民間事業主が負担。月 200 ペソまでの現金賃金支給。医療保険つき。2 ヶ月または 3 ヶ月。財源は FNE。

【資料】アルゼンチン労働省の内部資料および Secretaría de Desarrollo Social 1998 などを参照。

的な雇用促進を図ったものであるかぎりでは，この政策範疇に含まれる。

　このほか 1993 年の「集中的労働プログラム」（*Programa Intensivo de Trabajo*）や 1995 年の「連帯的扶助プログラム」（*Programa de Asistencia Solidaria*）を皮切りに，数十万人から百数十万人規模のより直接的な雇用創出が実施されたことは注目に値する。それらのうち代表的な政策プログラムの概要は表 3-5 に，また運用実績は図 3-6 に示した。その財源となったのは前述の国家雇用基金や海外からの融資（世界銀行，米州開発銀行）である。なお州政府も連邦政府と同様の政策を展開してきた。

　たしかに，非自発的失業が存在するならば，それを放置するよりは現実になんらかの救済策を展開すべきであろう。そのかぎりで以上の雇用創出政策には当然意義がある。しかし 1990 年代の雇用創出政策は次のようないくつかの問

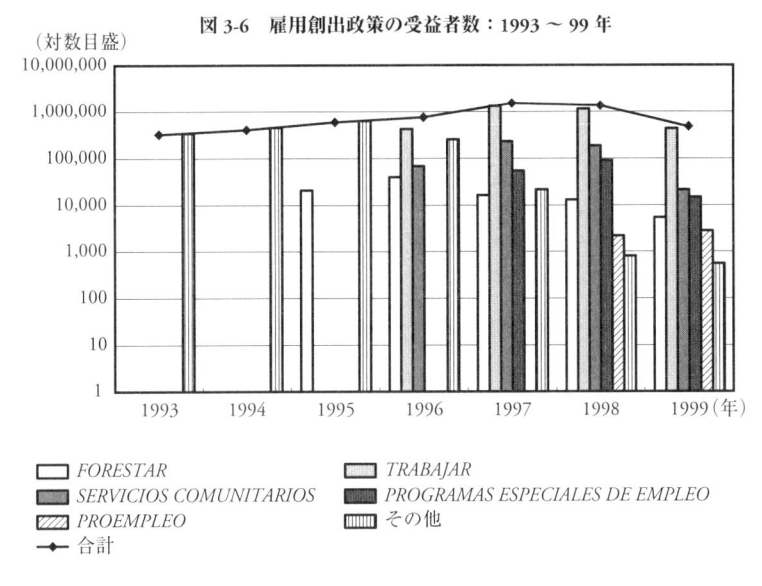

図 3-6 雇用創出政策の受益者数：1993 〜 99 年

□ FORESTAR　　　　　　　　□ TRABAJAR
■ SERVICIOS COMUNITARIOS　■ PROGRAMAS ESPECIALES DE EMPLEO
▨ PROEMPLEO　　　　　　　▥ その他
◆ 合計

注：1999 年は 1 〜 6 月のみ。1997 〜 99 年は暫定値。

【資料】MTEFRH 1999-2000a

題を孕んでいた（Godio et al. 1998：57-58）。

　第1に，財源の一部を国際融資に依存していたため対外債務がいっそう増加した。対外債務は有効に活用されれば生産的な意味をもつが，アルゼンチンの場合には，そもそも失業誘発的な制度構造を選択したために生じた問題を糊塗するのに用いられた。これは債務の濫用である。この時期における対外債務の拡大の少なくとも一部は，新自由主義改革やそれを補完した雇用関係の柔軟化の費用ともいえる。

　第2に，たとえば *Trabajar* プログラムの資金をめぐる汚職がマスコミによって告発されるなど，雇用創出政策が政治的な利益誘導の道具として使われた側面もあった。

　第3に，失業率の算定の基礎となる「継続家計調査」（注2を参照）の実施時期に雇用創出が集中して行われるなど，雇用状況のみかけ上の好転を印象づけ

表 3-6　連邦政府の主な職業訓練政策

名称	内容
1994〜98 年 Proyecto Joven（Fase Ⅰ）del PAPEJ	16 歳〜35 歳・低学歴・貧困・失業ないし不完全就業層の訓練と実習。事前に資格審査を受けた訓練施設。受講無料。奨学金・補助金などあり。1998 年 2 月までに 8 万 6,100 人。1 億 5,000 万ドル。財源は米州開発銀行融資と国庫。
1998 年〜2000 年 Proyecto Joven（Fase Ⅱ）	目的は同上。2000 年までに 18 万人。3 億ドル（財源は同上）。
1995 年〜 Programa de Talleres Ocupacionales	各地方に固有の職業訓練サービス需要に応じる施設の創設または刷新（労使代表からなる非営利民間団体）。当初 2 年間は労働省所管の国家雇用基金から運営資金援助、以後は独立採算へ。失業者・不完全就業者・再訓練希望者・中小零細企業が対象。失業者への訓練融資制度あり。コルドバ、サンタフェ、ロサリオには金属機械産業関連の NC 機器講習コースもある。
1997 年〜 Consejos de Formación Profesional del PAPEJ	地域レベルの職業訓練にかかわる職業訓練機関・企業・労働者間の連絡調整機関（関係のある諸部門の代表からなる民間団体）。ブエノス・アイレスほかでモデル事業として発足。
1998 年〜 Experiencias Piloto de Certificaión de Competencias Laborales	実験的な労働能力証明制度。問題解決能力を含む広い意味での熟練形成・職業訓練を推進するためのモデル事業。メルコスール作業部会 No.10 のテーマ別委員会Ⅱで決定。アルゼンチンは観光産業、金属機械産業（自動車部品）から開始。1999 年には建設業もこのスキームに組み込まれた。労使代表と労働省が協力。UNDP による資金援助。
1998 年〜 Programa de Capacitación para una Rama o Sector de Actividad	各地域・地区の労使による部門・産業ごとの無料職業訓練制度（座学、実地訓練）。勤続 2 年以上の長期失業者、中小企業の経験豊富な労働者・管理職・専門職、零細事業主などが対象。150〜400 時間。出席率に応じて労働省が資金援助（75 % 以上は全額）。失業者には月 160 ペソの奨学金支給。

【資料】アルゼンチン労働省の内部資料および Secretaría de Desarrollo Social 1998 などを参照。

るために政策が恣意的に運用された面もある。

　最後に職業訓練政策についてみる。一般に失業保険や雇用創出政策は現に生じている失業問題に対処するための受け身の方策であるのに対して、職業訓練政策は労働者に再教育を施すことによって雇用適性を向上させ新たな就業機会を与えようとする、より積極的な雇用政策である。アルゼンチンでは 1949 年

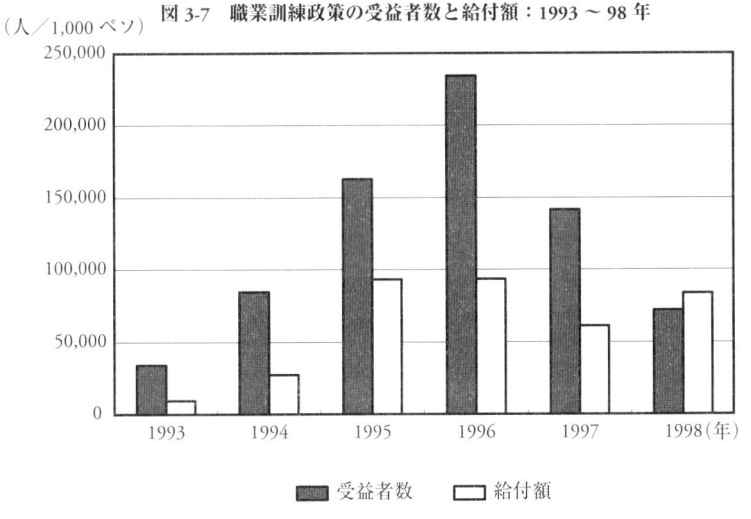

図 3-7　職業訓練政策の受益者数と給付額：1993 〜 98 年

（人／1,000 ペソ）

■ 受益者数　　□ 給付額

注：1998 年は暫定値。

【資料】MTEFRH 1999-2000a

　に連邦政府雇用局が創設され一定の職業訓練制度が定着していったが，それらは必ずしも高度なものではなく，また小規模にとどまっていた (Godio et al. 1998：56)。これに対して 1990 年代には職業訓練政策が従来よりも重視されるようになった。主な政策の概要は表 3-6 に，また実績は図 3-7 に示した。

　この間，労働協約・協定の内容にも窺えるように，前述の「日本化」と併行して企業レベルでも従業員訓練が盛んに行われるようになったが，政府の職業訓練政策にはこの動きを支援する意図も込められていたと考えられる。実際たとえば本章末付表 3-4 にも掲げた *Emprender* プログラムは，事実上フィアット一社のために実施されたものである（Cárcar 1998）。

　こうした職業訓練政策は，本章の冒頭で触れたシュンペタリアン勤労国家パラダイムへの適応進化がアルゼンチンにおいてもそれなりに進んでいることを示しているかにみえる。ただし根本的な問題点として，労働能力の向上のために意義ある政策が実施されていながら，他方で大量失業を誘発しつづけるよう

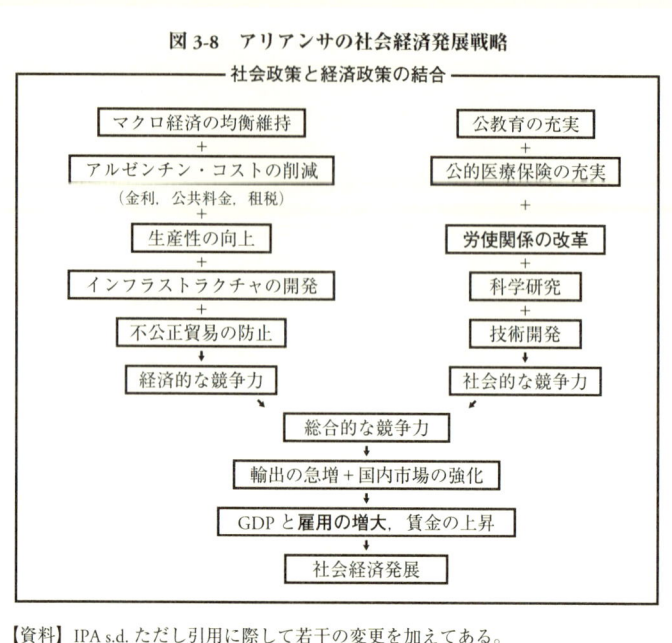

図 3-8 アリアンサの社会経済発展戦略
──── 社会政策と経済政策の結合 ────

```
  マクロ経済の均衡維持              公教育の充実
         +                              +
  アルゼンチン・コストの削減        公的医療保険の充実
  （金利，公共料金，租税）
         +                              +
     生産性の向上                   労使関係の改革
         +                              +
  インフラストラクチャの開発         科学研究
         +                              +
     不公正貿易の防止                技術開発
         ↓                              ↓
     経済的な競争力                社会的な競争力
                 ↓         ↓
                総合的な競争力
                     ↓
           輸出の急増＋国内市場の強化
                     ↓
           GDPと雇用の増大，賃金の上昇
                     ↓
                社会経済発展
```

【資料】IPA s.d. ただし引用に際して若干の変更を加えてある。

な制度構造が固持されていたことは是非指摘しておかねばならない。すなわち制度的または政策的な一貫性が欠如していたのである。

　以上，メネム正義党政権下の雇用政策を検討してきた。そこからあきらかなように失業保険制度はきわめて不十分であり，雇用創出政策も守りのセイフティー・ネットの域を出るものではなかった。また職業訓練政策の展開はそれ自体としては積極的に評価できるが，大量失業が持続する状況では蓄積された労働能力を実際に有効活用する余地は限られており，カレンシー・ボード制をはじめとする前述の制度構造や政策との相互補完性が欠如していたといえる。要するに雇用政策だけを断片的に実施するだけでは大きな限界があった。それと整合する「人間開発」志向の開発パラダイムが体系的に確保されていなければならなかったのである。

おわりに：アリアンサ連合政権——「第3の道」は可能か

　アルゼンチンの大量失業経済の制度構造とメネム正義党政権下の雇用政策のあり方を以上のように理解することができるとすれば，1999年末に発足したアリアンサ中道左派連合政権の政策行動はどう評価することができるだろうか。きわめて暫定的ながら，この点について一考を加え，本章を閉じたい。

　現政権は失業問題の解決を最優先課題としており，4年間の政権担当期間中に完全失業率を1999年の14％台からひとまず10％程度に，さらに最終的には歴史的な平均水準である6％に引き下げることを狙っている。その道筋はアリアンサの政策綱領（IPA s.d.）において図3-8のように描かれている。

　これによれば，雇用の増大は基本的には輸出の増加や国内市場の強化にもとづく持続的な経済成長によって実現される。そのためにはグローバリゼーションの荒波に対抗できるよう社会経済全般にわたる「総合的な競争力」を強化しなければならない。とりわけ教育・医療・労使関係・技術開発などの制度環境を国家とさらに社会自身が整備・刷新していくことによって，「社会的な競争力」を高めることが肝要である。自由市場の落伍者を守りのセイフティー・ネットによって救済するという次元を超え，そもそも落伍者を出さないですむように予め環境整備しておく。イギリスのブレア労働党政権と同様の「攻めのトランポリン」の発想である。

　この課題はもちろん新自由主義の自由放任パラダイムによっては達成できない。しかし過剰な国家介入と高率インフレーションなどマクロ経済的不均衡を繰り返し招いた，かつてのポピュリズム・パラダイムもいまや無効である。現在要求されているのは市場と社会と国家，効率と公正，規律ある経済政策と社会政策を適切に組み合わせることなのである。いわば開発パラダイムにおける「第3の道」であり，デ・ラ・ルア大統領自身はこれを「新たな道」と呼んでいる[20]。

20）イギリス労働党を中心とした「第3の道」に関する解説としてはギデンス 1999 を参照。アリアンサの政策綱領が作成されていく過程でポピュリズムでも新自由主義でもない「新しいパラダイム」を打ち出す必要性が認識されていったことについては Godio 1998：Capítulo V（特に207）を参照。

「社会的な競争力」のうち，本章の課題と特に関連があるのは「労使関係の改革」の部分である。およそ次のような改革案が構想されていた (IPA s.d.／Godio et al. 1998：121-132)。なによりもまず無期限・安定雇用の促進である。企業に無期限雇用を動機づけるよう，この種の契約については解雇補償金の支払保証と失業保険への加入を条件に同補償金の減額措置をとる。これによって安定雇用が確保されれば労働者の長期訓練が可能となり，たとえば先にみた「日本化」のような生産組織革新にも対応しやすくなる。関連して，職業訓練を実施した企業には減税措置もとる。また失業保険の支給も職業訓練や求職活動を条件とするなど改善を図る。

　以上によって「社会的な競争力」を高めるには労使間の自律的かつ統合的な団体交渉を活性化させ，「日本化」など新たな現実に適応しうる制度環境を整えねばならない。ここで統合的交渉とは，産業別・部門別の枠組み交渉を前提に，企業別・地域別など必要に応じて柔軟な分権的交渉を行うことを意味する。また，これと併行して企業経営への従業員参加も促進しなければならない。労使間で情報を共有しつつさまざまな協議を行えば効率の改善につながるはずである。さらに以上の改革過程を監視し成果を確実なものとするためにも，正義党政権下で大幅に後退した労働省の監督機能を改めて拡大・強化する。これと関連して法定労働時間も遵守させる。当面は無給残業など過密労働を取り締まり，将来は労働時間の短縮を実現していくことになる[21]。

　要するに，「使い捨て契約」に代表される外的な柔軟性に一定の歯止めをかけつつ，安定雇用のもとで生産組織革新や職業訓練など内的・機能的な柔軟性を促進する。同時にそのための制度的枠組みとして労使の統合的交渉，経営参加，国家の監督機能の強化を推進する。これこそが図3-8における「労使関係の改革」の核心であり，アリアンサにとっての進歩的なオルタナティブだったのである。

　以上の政策構想は，デ・ラ・ルア政権による現実の労働改革（同政権発足直後に政府の改革法案が議会に送付され2000年5月に成立）にもほぼ生かされ

---

21) その先にはさらにワーク・シェアリングによる失業の緩和が考えられる。CTAは労働時間の短縮や定年年齢の引き下げによるワーク・シェアリングを要求している (CTA 1998)。
22) 詳細はMTEFRH 2000を参照。

ている。それはおよそ次のような内容からなる[22]。
①新規・無期限雇用に際し年金・医療保険などに関わる雇用主負担を軽減する。とくに45歳以上の中高年層，女性の家計支持者，24歳以下の若年層については雇用主の負担を半減し，早期に安定雇用を図る。
②同契約に関わる登録手続きも大幅に簡素化し，企業の取引費用を減らす。
③試用期間は従来の1ヶ月から最短3ヶ月に延長し，最長12ヶ月まで認める。またこの間は雇用主に社会保障負担を課すようにする。
④従来法律で定められていた労働協約の有効期限は労使で自主的に定めるものとし，労使交渉の刷新を促す。有効期限切れの協約が自動的に効力を保つことがないようにする。
⑤労使が団体交渉のレベル（産業別，部門別，職能別，企業グループ別，企業別）や範囲（全国，地方，地域）をより柔軟に選択できるようにする。
⑥団体交渉の場で労組が重要な企業経営情報を得られるようにする。具体的には，企業は利潤分配率，単位労働費用，欠勤率，雇用，技術・組織革新，職務・労働時間の設定や割り振り，労災，職業訓練などに関する情報を開示する。労組は守秘義務を負う。上記の情報のうち主なものについては企業が年次報告を作成し，労組に引き渡す。
⑦労働省が自治体の協力を得て労働・社会保障検察統合システムを構築する。これにより労働基準や国際条約の遵守状況を監視し，必要な場合には指導と勧告を行う。

ここで興味深いのは，この労働改革の審議過程において財界やそのシンクタンク，IMFなどは支持を表明し，CGT反主流派，CTAなど労働組合は反対したという経緯である。いずれもおそらく①～③や⑤をもって，この改革が前述した1998年改革以前の雇用柔軟化路線に復帰するものと表面的に解釈し，各々賛成と反対に回ったのである。他方，アリアンサ連合政権自身にとってみれば，これは1998年改革以前でも以後でもない，未来志向の進歩的な「第3の道」なのであった。

たしかに，この労働改革には進歩的な要素が盛り込まれている。とりわけ，アルゼンチン史上初めて労働者の経営参加のための第一歩（企業経営情報の開示）が法律によって具体的に規定されたことの意義は大きい。しかしこの労働

改革も含め，大量失業経済の打破に挑戦しようとするアリアンサ連合政権の社会経済戦略にはいくつかの疑問がある。

第1に，メネム正義党政権下の新自由主義改革によって定着した制度構造の核心部分，すなわち自由な貿易・金融制度とカレンシー・ボード制（兌換法体制）を変更する政策意志は示されていない[23]。ところが2でみたように，大量失業経済を誘発した重要な一因は，ほかならぬ以上の制度構造にある。

加えて国際金融投機筋の代表格たるG.ソロスは数年前からアルゼンチン・ペソが過大評価されていると公言しており，今後も通貨危機の可能性は排除できない。構造派マクロ経済学の議論によれば，そもそも理論的にもまた歴史的事実をみても，固定相場制と金融自由化の組み合わせのもとでは通貨危機が発生しがちである（第8章）。

現政権は一連の費用削減（前述の雇用主負担削減，財政赤字の削減による金利の引き下げ，公共料金の引き下げ，利子課税の減免など）をつうじて間接的に通貨の実質切り下げをすすめることで，純輸出と投資を増加させようとしている。企業と投資家の経済的合理性に賭けるこの戦略は果たして奏効するだろうか。

第2に，前述の労働改革の有効性にも疑問がある。3で論じたように，大量失業経済のもう1つの原因は雇用関係の柔軟化にあった。アリアンサの労働改革はたしかに1998年以前の労働改革とも1998年改革とも似て非なるものだといえよう。しかし，それによってたとえば労使の統合的交渉を活性化するといっても，前述の「日本化」がいっそうすすめば省力化も同時に進行し，仮にその他の条件が等しければ失業問題はかえって悪化する可能性がある。

また，かつてと異なり労働組合の力が弱まっている現状では，統合的な交渉それ自体が理想的に進むかどうかも不明である。むしろなし崩しに企業レベルの個別的な交渉や協定が一面的に増えるかもしれない。同様に，現在の労働市

➡本文113頁に続く

---

23) アリアンサは野党時代の宣言綱領「アルゼンチン人への手紙」（1998年8月）ではカレンシー・ボード制の維持を主張している（Godio 1998：238）。その後の選挙・政策綱領などではこの点が曖昧になり，通貨バスケット制への移行による事実上の通貨切り下げを主張する者も出てきた。このほか労働組合側の一部でも通貨切り下げや輸入関税の引き上げが提案されてきている。

§ 2001年末「アルゼンチン危機」に何を学ぶか

　通貨危機，食糧暴動，反政府デモンストレーション，戒厳令，政権崩壊，対外債務のデフォルト……アルゼンチンの2001年末の社会経済危機は世界中の注目を集めた。それはなぜいかにして発生したのか。マスコミ等で喧伝され，エコノミストの間でもほとんど常識になっているのは「1990年代初めに構造改革が始まったときに固定した1ドル＝1ペソの為替レートを必要以上に長く続けたためだ」という見方である。これと似たような診断はアジア危機のときにも耳にしたが（ドル・ペッグ制の批判），しかしアルゼンチン経済のマクロ制度分析を手がけてきた筆者には，これは問題をあまりにも矮小化した誤診だと思える。

　たしかに通貨ペソは歴史的な実力を2倍ほども上回る過大評価になっていた。その事実は筆者も認める。これは直接には1980年代末までのハイパー・インフレーションを抑制し，また対外債務負担を軽減するための意図的な政策だった。しかしそこには副作用があった。結局のところ経済政策それ自体の信認を失わせて2001年末のような資本逃避（預金流出）を引き起こす一方，安価な輸入品をあふれかえらせて数多くの国内企業を破綻に追い込み，2桁台の大量失業ほか社会不安の原因にもなったのである…。と，こうみると，たしかに一連の危機は「誤れる為替レート政策」によって一見うまく説明できるようにみえる。だが次のように思考実験してみれば，この見方が現実の一部しか捉えていないことはすぐにわかる。

　第1に，仮にアルゼンチンの経済政策当局が国際金融の歴史的な不安定性を自覚して厳格な資本規制を敷いていたら，これほど深刻な通貨危機や対外債務危機はそもそも発生していただろうか。これは単にいったん資本が逃避し始め

てからの資本流出規制だけをいっているのではない。むしろ資本の流入規制も含めて事前の適切な管理が行われるべきだったことを指摘したいのである。ここで慧眼な読者は1995年にもメキシコの通貨危機の余波(テキーラ効果)を受けてアルゼンチンから資本が大量に逃避した事態を想起されるだろう。つまり問題は投機性資金の安易な流出入を許すような制度にもあった。そしてこれを導入した金融自由化もまた1990年代初めの構造改革の一環だった。日本でも金融自由化はバブル(したがってその後の「失われた10年」)の一因となっている。金融自由化を成功させるにはさまざまな条件がほとんど奇跡的に整うことが必要なのである。

　第2に，仮に輸入関税率(これも1990年代初めの構造改革により平均10%程度へと急速に引き下げられた)が実際よりも高く，また輸入規制もより広く行われていたらどうだっただろうか。いくら通貨が過大評価されていても輸入品が洪水のようにあふれることはなく，企業も雇用や賃金を急激に減らそうとはしなかっただろう。社会不安はもっと抑制されていたはずである。もちろん国内企業に対するかつてのような過剰な保護は必要ない。国際競争力育成の妨げとならないように，貿易政策と為替レート政策をうまく組み合わせて適正保護を行うだけでよい。しかし構造改革以降のアルゼンチンでは通貨の過大評価と急速な貿易自由化とがあいまって，いわば過小保護が定着してしまったのである。なお付け加えておけば，この同じ事態は貿易赤字を膨らませる結果ともなり，これが上にみた金融自由化の問題点と融合して今回の通貨危機の遠因になっている。

　以上は通説に対する疑問の一端にすぎない。ここでは立ち入らないが，このほかカレンシー・ボード制の採用に伴う自律的な金融政策の放棄(外貨準備と中央銀行の貨幣供給を厳格に連動させたため，資本逃避とともに国内金融が逼迫)，金融システムを著しく不安定化させるような一連の規制緩和(前述した資本規制の欠如に加え，業際規制の緩和はユニバーサル・バンクの台頭と競争激化を招き，健全性規制の緩さとあいまって好況期にすら金融脆弱性を蔓延させた)，年金の部分的民営化に伴う財政赤字の増加(公的年金保険料収入の減

少によるものであり，間接的に通貨の信認を低下させた），そして雇用関係の柔軟化（解雇の容易化や有期限雇用の導入など大量失業を促進）なども，2001年末危機の背景要因としてあげることができる。そしてこのようにみてくれば，実はアルゼンチン危機の原因は固定為替レートの問題点それ自体にではなく，むしろこれと他の自由化・規制緩和政策が一体となってもたらした，システムとしての複合効果に求めねばならないことがわかる。

　ちなみに細部こそ異なるが，似たような新自由主義的改革は1970年代末にも実施されており，やはり今回と同じように大量の資本逃避，それに引き続く対外債務危機，そして1980年代の「失われた10年」を帰結した。1990年代の日本経済を「失われた10年」と呼ぶことが多いが，この表現は本来1980年代のアルゼンチンほかラテン・アメリカ経済の混迷を意味するものとして案出されたのである。

　以上のように2001年末のアルゼンチン危機は市場志向の構造改革のシステミックな限界を示すものと解釈するのが適切である。ただし，だからといって復古的な国家主義が正当化されるわけではない。アルゼンチンは数々の「政府の失敗」も経験してきた。市場（新自由主義）も政府（国家主義）も共に自己目的化されるべきではない。そうではなく，21世紀のアルゼンチン国民のニーズにそくした新しい混合経済に向けての制度構築が求められている。

　翻って日本をみると，とりわけ1980年代以来ここでも新自由主義の影響力は強まってきている。しかしそれが誰の目にも成功してきたとは到底いえない。この辺でもう一度，日本経済の制度設計を再考する必要がある。アルゼンチンの失敗はこのことを示唆している。✂

§ 地域通貨をどうみるか

　1995年5月に始まり，目覚しい成長で一時内外の熱い視線を浴びたアルゼンチンの地域通貨運動は，2002年半ば以降，劇的な後退に追い込まれた。その最大組織である「連帯交換グローバル・ネットワーク」（RGT）の指導者によれば，2002年前半の最盛期に同組織の登録会員数は約120万人，交換クラブ数は約5,800を数えたが，2003年1月現在それぞれ約10万人，約400へと減少している。その要因はなにか。現地での5回にわたる面談調査，数少ない学術的研究の1つであるARDE 2002，兌換法体制崩壊後のインフレーションと企業行動の関連を解明したCEDEM 2002などを踏まえて試論する。

　まず地域通貨運動をとりまく環境条件の変化がある。地域通貨隆盛の背景には1991年以来の新自由主義的な政策体制，すなわち兌換法体制に起因する大量失業問題がある。雇用創出政策も不十分であった。このため失業者やその家族など公式通貨ペソを十分に得られない人々が，地域通貨の供給を受けつつ，もう1つの市場経済へと参入したのである。RGTの場合，新入会員には50ドル相当と比較的多額の地域通貨が一律供与されていたが，その意図は，緩やかなインフレーション期待の誘導，貨幣退蔵の抑止，そして有効需要の拡大にあった。同組織の指導者によれば，これはゲゼルの「減価する貨幣」を簡略に実践しようとするものであり，同様の効果をもつ限りでは偽造地域通貨もさして懸念すべきものではなかった。

　2001年末の一連の危機の前後には経済難民がさらに激増し，地域通貨の世界に殺到した。この間，雇用創出政策が一時中断され人々の危機感がより強まったことも，地域通貨運動が一種バブル的な活況を呈したことの一因と思われる。ところが2002年初め，兌換法体制に終止符が打たれ，通貨切り下げと変

動相場制への移行が行われた結果，鋭角的なスタグフレーションの後，同年半ば以降は輸出主導の緩やかな景気回復により雇用状況がわずかだが好転した。また中断していた雇用創出政策も同年5月から再開された。いずれもペソ建ての所得機会をある程度増やすことにはなり，「泡沫」会員が地域通貨に依存する必要性を減じたのである。

人々が地域通貨の世界から遠ざかった要因は他にもある。2002年に入ってから各地の交換クラブで高率のインフレーションが起こり，地域通貨の購買力が低下したことは，そのうち最大のものの1つだろう。ある実態調査によれば，会員の間にはすでに2001年8～10月時点で食糧・原材料の供給不足や物価高に不満があり，地域通貨建て物価はペソ建て物価の4割増以上になっていた。このように基礎物資の供給が非弾力的であるところへ，2001年末前後の危機に伴い多数の経済難民が押し寄せ，地域通貨がそれに応じて大量供給された。また2002年にはRGTの指導者も困惑するほど大量の偽造通貨が出回るようにもなった。利子を禁じる決まりになっていたため，真贋いずれの地域通貨もほとんど退蔵されずに有効需要と化した。かくして一種の構造インフレーションが招来されたものと思われる。

インフレーションは費用面からも生じた。地域通貨での取引に従事する零細事業者の多数は，価格設定に際して生産費用やペソ価格を考慮していたことが知られている。このため，たとえばペソで原材料を購入してピザ，ケーキ等の加工食品（交換クラブの最多取引品目）を製造・販売していた場合，上述した仕組みによる構造インフレーション，前述したペソ切り下げによる輸入インフレーション，あるいはこれに乗じた寡占企業による投機的な価格吊り上げなど費用の増加に直面したとき，地域通貨建て価格の引き上げによってこれに対処したとみられる。

アルゼンチンの地域通貨運動が新自由主義の緩衝材として果たした役割は大きいが，インフレーションの昂進が示したようにそれは構造的に脆弱である。2002年7月，RGTは精巧な新通貨を発行し，2003年1月から月1％の割合で「減価」させる旨をその裏面に謳っている。しかしペソの世界で貧困にあえい

でいる多くの国民を，そうした工夫だけで救い出せるわけではない。RGT の指導者自身も筆者に語ったことだが，地域通貨運動は代替的経済というよりもむしろ補完的経済なのである。ミクロの「連帯経済」の島を進化させると同時に，ポスト新自由主義改革によるマクロ経済環境の改善を図らなければならない。✂

[追記]

　以上は 2003 年初めまでの状況を踏まえて書かれた初出論考（佐野 2003d）に若干補筆したものである。その後 RGT の活動は一定の回復をみせたが，特に 2008 年に入ってからは，世界的な穀物価格の高騰を背景とした輸出規制（輸出税）と，それに反発した農牧業者のストライキ，そしてこれに伴う食糧供給不安のもとで，地域通貨による生活防衛のうごきが改めて広がっている＊。

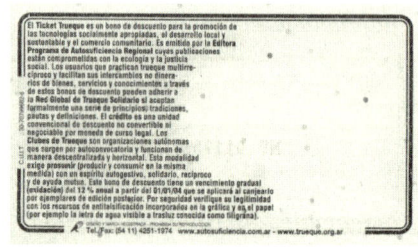

2004 年に発行された RGT の地域通貨

＊　輸出税をめぐる社会経済的混乱については宇佐見 2008 を参照。**第 4 章コラム**で触れているように，アルゼンチンは同税によってオランダ病を回避してきたのだという見方もある。地域通貨の利用者の数が増えたことやその背景については La Nación 2008 を参照。

場における圧倒的な買い手市場状況のもとでは，雇用主負担の軽減によって簡単に無期限・安定雇用が拡大するかどうかも議論の余地がある。本章の課題からははずれるが，それはまた年金会計や医療保険会計をいっそう悪化させ，アルゼンチンの社会保障制度（したがってまた「人間開発」）を揺るがす可能性がある[24]。

　第3に，以上から容易に推察されるとおり，少なくとも短・中期的には現実的な失業対策として雇用政策が引き続き重要な役割を果たすことになろう。失業保険，雇用創出政策，職業訓練政策などについて先に指摘したような問題点をアリアンサ連合政権がどこまで進歩的に克服していけるのか，注目される。とはいえ結局は大量失業経済の制度構造が変わらないかぎり，この点でなしうることには狭い限界があるように思われる。

　2000年のアルゼンチン経済はほとんど停滞し，雇用指標もたとえば完全失業率が15％前後（同年5月現在で15.4％，10月現在で14.7％）となお高い水準にとどまっているなど明確な改善をみせていない。前政権のもとで定着した大量失業経済の制度構造がなお強靭に持続するなかで，市場も国家も機能しないという手詰まり状態にあるかにみえる。

　これに対して，本章では取り上げなかったが，地域社会による創造的な生存維持戦略が展開されており，国際的にも注目を集めている。1995年5月1日に発足した「連帯交換グローバル・ネットワーク」（*Red Global del Trueque Solidario*，略称RGT）がその中心であり，そこでは経済全体のなかでみればごくささやかな規模ながら，物々交換券（*Ticket Trueque*）と呼ばれる地域通貨の発行によって生活の糧を得られるようにしてきた。地方自治体や連邦政府も交換券による納税の容認やRGTにかかわる小零細事業への金融・技術支援など，この「連帯経済」の試みを支援するようになっている。そうした動きも含めてアルゼンチンの新たな「人間開発」パラダイムを展望することは，別の機会に譲ろう。

---

24) 関連して宇佐見1997を参照。

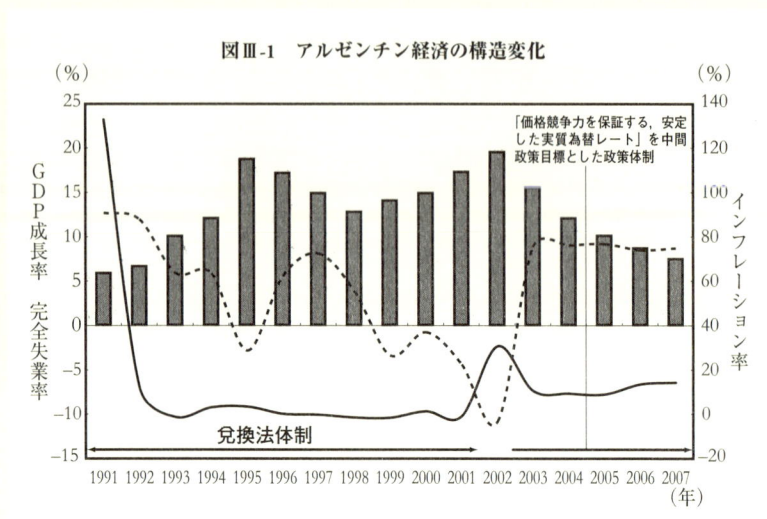

図Ⅲ-1　アルゼンチン経済の構造変化

（％）GDP成長率　完全失業率／インフレーション率（％）

凡例：■ 完全失業率　── インフレーション率（GDPデフレータ）　‑‑‑‑ 実質GDP成長率

兌換法体制

「価格競争力を保証する，安定した実質為替レート」を中間政策目標とした政策体制

【資料】World Bank 2007 および国立統計国勢調査院（INDEC）データにより筆者作成。

2008年のエピローグ：競争力のある安定した実質為替レートと委任型民主主義

　本章は佐野2001a（2001年3月刊）に若干の加筆・修正を施したものである。当時用いた統計の制約により，図3-1①では1993年と1999年の実質GDP変化率およびインフレーション率のデータが欠けているが，これはそのままにしてある。この点については，新しい統計を用い，その後の推移も加えた図Ⅲ-1で補ってほしい（ただし基準年次等が異なるため，図3-1①とは単純には比較できない部分がある）。なお第1のコラムは佐野2002bに，第2のコラムは佐野2003dにもとづいている。

　アルゼンチンにとって1990年代は「もうひとつの失われた10年」であったことを第1章で述べたが，本章はその具体的な実態を明らかにしている。本書冒頭の「読者への道案内」で触れた『強奪の記憶』の，それはまさに核心をなすものであった。また本章末尾で述べた兌換法体制の限界およ

び通貨危機についての予測は，その後的中した。第1のコラムでも指摘したように，問題は単に割高な為替レートだけでなく，新自由主義の政策体制それ自体に求めねばならない。以上のことに加え，本章の内容に関連して現時点で書き留めておくべきことがいくつかある。

第1に，**図3-4**に示した兌換法体制下のマクロ経済レジームについて補足しておきたい。ポスト・ケインジアンが主張するように，貨幣供給は基本的には内生的な性格をもつ。すなわち企業などの貨幣需要に応じて市中銀行が信用貨幣を供給し，必要な場合には中央銀行が「最後の貸し手」となる。逆にいえば，中央銀行はマネタリー・ベースを増減させることで外生的に貨幣供給を管理できるとは限らない。現に量的緩和政策がとられた時期の日本では，マネタリー・ベースを増やしても貨幣供給は比例的には増加しなかった。一方，カレンシー・ボード制を敷いていた時期のアルゼンチンにおいては，やや変則的な事態が生じた。資本の流出入に伴う外貨準備の増減がマネタリー・ベースと貨幣供給を左右したのである。

> 「兌換法によって中央銀行はカレンシー・ボードへと転換させられた。同法で定められた通貨体制のもとでは，中央銀行が政府や商業銀行に融資したり，その他の金融操作を実施したりする余地はほとんど残されていなかった。……（中略：筆者）。中央銀行がマネタリー・ベースを自律的に管理する権限が法的に制約されていたため，国内信用と流動性は国際収支のあり方にほぼ全面的に依存することになった。中央銀行の外貨準備が増えると，これに応じてマネタリー・ベースと銀行システムの信用が内生的に拡大し，国内需要が喚起された。他方，外貨準備が減少すると，マネタリー・ベースと信用も自動的に減少し，景気後退が引き起こされた」(Frenkel and Rapetti 2007：3)。

当時の外貨準備と貨幣供給の連動関係は両者を図に描くだけでも明瞭にみてとれるのだが (Frenkel and Rapetti 2007：3, Figure 1.2)，このことに関連して，ここでは1991年第3四半期〜2001年第1四半期を対象とした次の実証分析結果を紹介しておこう (Damill, Frenkel y Maurizio 2002：38)。

$$d\,logYR = 0.0271 + 0.116\,d\,logBR_{t-1} - 0.171r - 0.00939D1 - 0.0248D2$$
$$(4.56) \quad (3.24) \quad\quad (-4.04) \quad (-2.60) \quad\quad (-7.81)$$
$$R^2 = 0.65 \, ; \, \overline{R}^2 = 0.61$$

　YR は実質 GDP, BR_{t-1} は 1 期前の実質マネタリー・ベース, r は金利 (180 日もの LIBOR とリスク・プレミアムの合計；年率) であり, $D1$ はロシア危機の影響を捉えるためのダミー変数 (1998 年第 2 四半期まで 0, その後は 1), $D2$ はロシア危機とブラジル危機の影響全体を測定するためのダミー変数 (1998 年第 4 四半期のみ 1, それ以外は 0) である。また括弧内は t 値, R^2 は決定係数, $\overline{R}^2$ は自由度修正済み決定係数である。

　マネタリー・ベースの係数は符号が正で, かつ大きいことがわかる。この変数が 10％増加すると次の時期には GDP が 1.16％増えるという推定結果になっている。金利の係数は符号が負で大きく, この変数が 10％であるとき GDP は四半期毎に 1.7％減少すると推定される。またロシア危機は 1998 年第 3 四半期以降, GDP を四半期毎に約 1％ずつ減少させ, ロシア危機とブラジル危機の合成効果は 1998 年第 4 四半期に GDP を約 2.5％低下させたと考えられる。なおマネタリー・ベースの代わりに, 中央銀行と国内銀行が保有する 1 期前の実質外貨ストック (RES_{t-1}) や, 同じく 1 期前の $M4$ を用いて推定すると, 次のような結果になる (Damill, Frenkel y Maurizio 2002：38-39)。

$$d\,logYR = 0.0260 + 0.091\,d\,log\,RES_{t-1} - 0.1605r - 0.00855D1 - 0.0238D2$$
$$(3.94) \quad (3.47) \quad\quad\quad (-3.07) \quad (-2.20) \quad\quad (-7.51)$$

　$R^2 = 0.68$；$\overline{R}^2 = 0.64$；ただし推定期間は 1992 年第 2 四半期～2001 年第 1 四半期

$$d\,logYR = 0.0241 + 0.1387\,d\,logM4_{t-1} - 0.15881r - 0.00932D1 - 0.0248D2$$
$$(2.46) \quad (1.74) \quad\quad (-2.64) \quad (-1.90) \quad\quad (-7.96)$$

　$R^2 = 0.60$；$\overline{R}^2 = 0.55$；推定期間は 1991 年第 3 四半期～2001 年第 1 四半期

ここでもやはり流動性が所得の決定に重要な役割を果たしていたことが窺われよう。金利についても同じことがいえるが，この変数に影響するリスク・プレミアムは，経常収支や外貨準備など通貨切り下げ期待やデフォルト予想に直結する要因によって左右されていたことも付記しておこう。以上の実証分析結果を**第1章**および本章の内容と照らし合わせることで，兌換法体制下のアルゼンチン経済についての理解はより深まるだろう。

　第2に，アルゼンチンが2001年末の危機に直面して兌換法体制を放棄した後，機動的な再規制の政策体制のもとで高度成長と社会指標の改善を同時に実現してきていることは**第1章「2008年のエピローグ」**で述べた通りだが，このことは理論と政策の双方にいくつかの教訓を示唆している。そのひとつは，金融のグローバリゼーションとの折り合いを付けながら雇用重視の持続的な成長を実現することは必ずしも不可能ではない，ということである。この点に関連して筆者が注目するのは，兌換法体制崩壊後のアルゼンチンにおいて「国際競争力を維持するような，安定した実質為替レートを中間目標としたマクロ経済政策体制」が定着したと捉え，それが他の開発途上諸国にも規範となることを主張する考え方である（Frenkel 2006 ; Frenkel and Taylor 2006 ; Frenkel and Rapetti 2007）。

　それによれば，この政策体制は管理された変動相場制を前提とする。そこでは中央銀行や政策当局が為替市場に介入し，必要に応じて裁量的な金融政策やさらに一時的には資本規制をも実施することで，割安な実質為替レートを安定的に誘導する。これにより，まずは貿易財部門の国際競争力が強化され，経済成長と雇用の増加が可能となる（そして成長それ自体や投資に伴う労働生産性の上昇は単位賃金費用を引き下げ，これがまた貿易財部門の競争力を向上させるという好循環が働く）。また資本財輸入も抑制されるため，労働集約的な生産方法が採用され，これも雇用の増加をもたらす。さらに経常収支が改善される一方で，変動相場制に伴う為替リスクは適当に存在し続けることから，急激で大量の投機的な資本移動，つまり通貨危機も予防される。それによってマクロ経済の安定性が増せば，この面からも経済成長と雇用の増加が実現されやすくなる。こういうわけである。

この考え方は主流派経済学の常識とは相容れないものであることに注意したい（以下も Frenkel 2006；Frenkel and Taylor 2006；Frenkel and Rapetti 2007 に負う）。まず「自由な資本移動，裁量的な金融政策，一定の為替レートの維持は鼎立しえない（それゆえ完全な変動相場制にせよ）」という，マンデル＝フレミング・モデルにもとづくトリレンマ論は，ここでは普遍的な真理とはみなされていない。なぜなら一定の目標値へと為替レートを誘導するため，基本的には自由な資本移動の下で，裁量的な金融政策を用いることが肯定されているからである。現実をみても，トリレンマ論はアルゼンチンの近年の経験に照らして誤りであることが明らかになっている。

　次に近年世界的に流行しているインフレーション目標論もまた疑問とされる。それがマネタリズムの思考法にしたがってマネタリー・ベースの引き締めを促すことになるならば，通貨は増価し，貿易財部門の国際競争力は低下（雇用も減少）してしまいかねない。それゆえインフレーションをマネタリズムの観点から最優先の政策目標とするのは適切ではない。むしろ割安な実質為替レートを中間政策目標とすることによって，経済成長と雇用の増加を追求することこそが望ましいのである。そのためには中央銀行が強い裁量権限をもつことが必要となるが，これはいわゆる「中央銀行の独立性」を必ずしも意味しない。むしろ中央銀行と政府の緊密な協力関係が要請されるのである。

　この異端の政策思考それ自体には筆者もまた与する。ただし，そこでは実質為替レートの問題に焦点を当てるあまり，ほかならぬ同じ論者が近年のアルゼンチンの実際例についてはたしかに指摘している，労働政策の転換の成長促進効果（雇用補助金と賃金の引き上げ政策による消費の増加；Frenkel and Rapetti 2007：12）が，いつの間にか抜け落ちてしまっている。そうした展開を制度的に誘導してきた政労使合意のあり方もまた，新たな政策体制の構成要素として相応に位置づける必要があるはずだが，そうした検討は行われていない。今後に残された課題である。

　以上のような問題点はあれ，実質為替レートの推移を重視することそれ自体は決して誤っていない。ここで興味深いことに，国連貿易開発会議（UNCTAD）の最近の報告書『開発とグローバリゼーション 2008 年版』

(UNCTAD 2008：24) は，2008年前半までの多少とも投機的な一次産品ブームのもとでブラジルやロシアが通貨の実質増価に直面し，「オランダ病」(**第4章「2008年のエピローグ」**も参照) の懸念があることに触れる一方で，アルゼンチンが2002年の通貨切り下げに伴い大きく改善された国際競争力をその後も維持してきた事実を肯定的に紹介している。新自由主義のひとつの祖国としてなにかと参照基準にされたアルゼンチンは，ポスト新自由主義の政策体制を考える上でも一種「特権的」な地位を占め続けているように思われる。

第3に，アルゼンチンの政治経済の歴史的進化経路を考察した拙著 (佐野1998) では，同国を「クリオージョ資本主義」，つまり「南米風の癖のある」資本主義と特徴づけた。その後の経緯を踏まえて再考すると，そうした「癖」のひとつとして，極端な政策・制度転換とこれに伴う経済変動を改めて指摘できるように思われる。**「読者への道案内」**や**第8章「2008年のエピローグ」**で触れている「新自由主義サイクル」も，ここに直接の原因がある。そしてさらにその背後には，急激な政策・制度転換を引き起こしがちな権力構造が控えている。

このことに関連して参考になるのが，国際的にも著名なアルゼンチンの政治学者オドンネルが提起した「委任型民主主義」の概念である (O'Donnell 1997：Capítulo 10)。それはアルゼンチン，ブラジル，ボリビア，ペルー，ベネズエラ，メキシコなどのラテン・アメリカ諸国や東欧諸国でみられる，民主的政治体制の独自の進化類型である。そこでは複数の競合する政党の候補者のなかから大統領が選挙を通じて選ばれる。その意味ではたしかに民主主義あるいは多元主義的政治体制 (ポリアーキー) である。だが長く複雑な歴史的経緯により権力が行政府に集中しすぎた政治制度になっており，いわば国民から大統領への全権委任が行われているような状況にある。その意味で「委任型民主主義」なのである。そこでは立法，司法，メディアなど他の権力からのチェックが働きにくいゆえに，裁量的で拙速な政策運営に傾きがちである。そうした傾向は，社会経済危機が深刻であればあるほどなお一層強まる。この点で，欧米先進諸国で一般にみられる「代議制民主主義」とは区別される。ただしド・ゴール時代のフラン

スや 9.11 後のアメリカ・ブッシュ政権などは「委任型民主主義」に似た面があるという（O'Donnell 2006）。

あえて誤解を恐れずにいえば，1980 年代以来の日本の政治もまた「委任型民主主義」と見紛うような事態が目に付くようになったように思う。中曽根政権時代の第 2 次臨調（そこに参加した民間の新自由主義イデオローグと大蔵省の連携については大嶽 1995 を参照），「聖域なき規制緩和」を打ち出した細川政権時代の平岩研究会（その批判については内橋 1995a を参照），1998 年の経済危機の渦中で発足した経済戦略会議，その機能を発展的に継承・強化した経済財政諮問会議や規制改革会議など，国民が選挙によって選んだわけではない人々（財界人，新古典派あるいは時の政治に翻弄された経済学者）が権力者によって指名され，国民生活を左右する重大な政策転換を提起し，これが議会や内閣で十分検討されないまま国の方針として既成事実化してしまう事態である。こうした由々しき傾向は小泉政権の時代に顕著となり，「官邸主導」などともいわれた。これにより 1980 年代からの新自由主義の政策体制が一段と強化されたのである。

以上はオドンネルが本来批判しようとした事態とは次元が異なる問題かも知れず，その意味で概念の濫用の可能性がある。だが必要なら政治学者が新たに理論化すればよい。いまはあえて濫用の危険を冒してでも批判すべき問題が，そこにはあるように思う[25]。

---

25) なお，委任型民主主義論はいわば「不完全な民主主義」を批判するための道具立てであるが，長期の軍事政権とそのもとでの極限的な人権抑圧を経験したラテン・アメリカにあっては，そうした「次善の民主主義」であってもそれが維持されることには重要な意味があることを再確認しておきたい。出岡 2006 は，恒川惠市が合理的選択の政治学に対抗して提唱する，構成主義的な「民主化の紛争理論」を考慮しつつ，以上のような視点からアルゼンチンとチリにおける民主主義維持の理論的考察を行っている。

付表 3-1　失業者のプロファイル

(都市人口に占める比率%)

		1990.5	1990.10	1991.6	1991.10	1992.5	1992.10	1993.5	1993.10	1994.5	1994.10
性別	男性	61.4	60.8	60.3	56.6	57.2	58.7	54.7	53.9	55.4	54.4
	女性	38.7	39.2	39.7	43.4	42.8	41.4	45.3	46.1	44.6	45.6
年齢層	25歳未満	44.6	45.0	46.2	45.6	46.3	45.2	43.7	45.3	45.8	42.7
	25～49歳	45.1	44.0	40.2	43.2	42.6	39.1	40.0	42.0	40.4	42.7
	50～59歳	8.1	7.2	9.0	8.2	7.2	10.3	10.4	8.8	9.5	9.7
	60歳以上	2.2	3.8	4.6	3.1	3.9	5.4	5.9	3.8	4.3	4.9
家計内の役割	家計支持者	29.1	30.6	29.4	27.6	28.0	29.6	30.9	29.3	29.8	30.4
	その他	70.9	69.5	70.6	72.4	72.0	70.4	69.1	70.7	70.2	69.7
教育水準	低	16.6	15.7	13.7	11.9	13.1	14.2	12.2	12.1	11.5	11.3
	中	52.4	54.4	54.9	53.0	55.2	54.0	53.5	56.9	55.3	55.9
	高	31.1	29.9	31.4	35.1	31.7	31.8	34.4	31.0	33.2	32.8

		1995.5	1995.10	1996.5	1996.10	1997.5	1997.10	1998.5	1998.8	1998.10	1999.5
性別	男性	55.0	56.5	57.4	56.7	54.5	55.6	56.7	56.3	56.8	57.9
	女性	45.0	43.5	42.6	43.3	45.5	44.4	43.4	43.7	43.2	42.1
年齢層	25歳未満	43.6	39.7	38.7	40.2	38.8	41.0	39.8	39.3	39.1	38.8
	25～49歳	42.1	44.7	45.4	44.1	45.3	43.3	43.3	43.6	43.5	45.5
	50～59歳	9.5	10.9	11.2	10.6	10.6	10.9	11.3	10.5	11.6	9.8
	60歳以上	4.8	4.8	4.6	5.1	5.3	4.8	5.7	6.6	5.9	5.9
家計内の役割	家計支持者	30.0	31.9	33.0	31.5	30.9	31.5	31.1	32.2	32.8	33.6
	その他	70.0	68.1	67.0	68.5	69.1	68.5	68.9	67.8	67.3	66.4
教育水準	低	11.6	11.8	11.3	11.5	11.5	11.6	12.1	12.1	11.8	11.8
	中	54.1	56.0	55.0	55.2	53.7	54.8	52.4	53.1	56.0	52.2
	高	34.4	32.2	33.7	33.3	34.8	33.6	35.5	34.8	32.3	36.0

注：教育水準の「低」は無就学層と初等教育修了者，「中」は初等教育修了者と中等教育未了者，「高」は中等教育修了者以上。
【資料】MTEFRH 1999-2000a

付表 3-2　失業率の内訳：大ブエノス・アイレス圏　1994～98 年

(%)

年月	1994.5	1994.10	1995.5	1995.10	1996.4	1996.10	1997.5	1997.10	1998.5	1998.8	1998.10
合計	11.1	13.1	20.2	17.3	18.0	18.8	17.0	14.3	14.0	14.1	13.3
既存の失業者	9.5	11.3	17.4	15.5	15.8	15.9	14.7	12.5	12.2	12.9	12.0
*雇用関連の原因による失職	8.0	9.4	14.8	13.7	14.1	14.3	13.0	11.1	10.9	11.4	10.9
解雇	2.9	3.3	5.2	5.9	5.9	5.8	5.1	4.0	4.1	4.3	3.9
仕事の不足	2.1	2.2	3.0	2.7	2.7	2.9	2.4	2.3	2.1	2.2	2.2
一時契約の終了	1.5	1.6	3.9	3.4	4.1	3.9	4.1	3.3	3.0	3.3	3.2
雇用条件に対する不満	1.5	2.3	2.7	1.7	1.4	1.7	1.4	1.5	1.7	1.6	1.6
*個人的理由による離職	1.5	1.9	2.6	1.8	1.7	1.6	1.7	1.4	1.3	1.5	1.1
新規参入労働者	1.6	1.8	2.8	1.8	2.2	2.9	2.3	1.7	1.8	1.2	1.3

【資料】INDEC 1999

付表 3-3　1990 年代の労働改革

(社会保障関係を除く)

改革の分野および関連する主な法律・政令	概要
雇用契約 法律 24,013 号 (1991 年)	・臨時・有期限雇用契約の容認 ・解雇補償金の上限設定 (解雇補償金は小額または免除：健康保険料を除く雇用主負担の免除) ・失業保険の導入 ・経営困難な企業に対する予防措置の創設
政令 340/92 号および政令 1547/94 号 (1992 年, 1994 年)	・「教育的」な見習実習制度の導入 (労働法の適用外：社会保障制度の枠外)
法律 24,465 号 (1995 年)	・無期限雇用契約への試用期間の導入 (当初 3 ヶ月：この間、解雇は自由で、雇用主の社会保障保険料負担は免除：労使が合意すれば 6 ヶ月まで延長可：この場合は解雇補償金を減額支給) ・新たな雇用契約形態の導入 (パートタイマー雇用契約：身体障害者、女性、マルビーナス戦争参加軍人に対する習雇用振興：14～25 歳以上雇用失業者の若年雇用契約)
法律 24,467 号 (1995 年)	・中小企業の各種雇用振興措置 ・中小企業の有給休暇の柔軟化 (有期雇用契約登録の廃止：解雇通告の時点から解雇の時点までの期間を短縮：有給休暇、ボーナス、解雇の規定を団体交渉で決定)
賃金制度 法律 24,013 号 (1991 年)	・最低賃金とその他の賃金・諸手当決定との切り離し
法律 24,700 号 (1996 年)	・現物賃金支給の導入 (食料切符)
法律 24,467 号 (1995 年)	・小企業のボーナス支給を 3 回までに分割

(次頁に続く)

第 3 章　新自由主義改革，大量失業，雇用政策

(続き)

団体交渉 法律 24,013 号 (1991 年)	・労働協約による最長労働時間の決定の認可 ・事業再編成や経営不振に際する団体交渉手続きを規定
政令 1,334/91 号 (1991 年)	・賃金の引き上げや生産性の上昇に限定する団体交渉手続き(労働協約に盛り込む)
政令 2,284/91 号 (1991 年)	・企業レベルの分権的な団体交渉を認可
政令 470/93 号 (1993 年)	・団体交渉の2つの基本目的を規定。①基本賃金および全般的な労働条件の決定。②基本賃金に対する可変賃金部分およびその他個別の諸問題の決定
法律 24,467 号 (1995 年)	・小企業における企業レベルの労使交渉の自由裁量を認可 ・上記の分権的な団体交渉の全面的な裁量権を規定
1998 年の包括的な改革 法律 25,013 号 (1998 年)	・各種の臨時雇用契約の漸次廃止 (2000 年までに) ・無期限雇用契約における試用期間の短縮 (最長 1ヶ月目から所定の社会保障関係保険料拠出、解雇の事前通告、使用者の同意により雇用契約を適用) (15〜28 歳の若年失業者の雇用継続) 6ヶ月までに延長可、2ヶ月以上の見習い期間を実施 ・見習い雇用契約の規制 10% 雇用枠を法律に定めることによる労働者保護監督の強化 ・新卒実習生制度の再定義 (新卒者の使い捨て雇用による契約内容に対応した契約による規制と監督 (勤続年数が短い場合は従来の 50% 未満への引き下げ可能など) ・労働協約の無効性に関して一定期間内に無効化; 社会経済の現状に対応した協約への更新を促進; 中小企業はシステムにとどまる ・労働協約の削減合の拡大 (法律とは独立に労働時間と休暇の上限・下限を決定可; 試用期間: 小企業は改革前の分権的システムにとどまることによる) (第 2 級単産に代表権を委任可; 親企業と下請け企業の連帯責任制の要件設定) 雇用契約法 30 条の改定

【資料】Godio 1998 : 40-47 および MTSS s.d. により筆者作成。

付表 3-4　職業訓練政策

① 受益者数の内訳

(人)

年	PROYECTO JOVEN	PAPEJ	PROYECTO MICROEMPRESAS	PROYECTO IMAGEN	FORMACIÓN OCUPACIONAL	APRENDER	TALLERS OCUPACIONALES
1994	8,841		600	6,763			
1995	52,860		5,143	28,008	76,150	5,924	0
1996	38,603		6,132	40,148	96,981	18,113	3,188
1997	20,668		3,769	14,374			3,608
1998	13,053	30,800					

年	EMPRENDER	CAPACITACIÓN OCUPACIONAL	CAPACITACIÓN PARA EL EMPLEO	PROYECTOS ESPECIALES DE CAPACITACIÓN	RÉGIMEN DE CONTRATO DE APRENDIZAJE	TALLERES PROTEGIDOS	CRÉDITO FISCAL
1994							
1995							
1996	1,347	20,156	2,319	5,861			
1997	5,084		8,153	10,004	49,462	2,020	116,739
1998							0

注：空欄は政策が存在しなかったことを示す。1997年以降は，各政策における訓練コースの開始が統計許登録基準となる。TALLERES PROTEGIDOS は1997年に承認された政策で1998年に開始が予定されるものを示す。1998年は推計値。

【資料】MTEFRH 1999-2000a

(次頁に続く)

(続き)
② 給付額の内訳

(1,000ペソ)

年	PROYECTO JOVEN	PAPEJ	PROYECTO MICROEMPRESAS	PROYECTO IMAGEN	FORMACIÓN OCUPACIONAL	APRENDER	TALLERS OCUPACIONALES
1994	12,549		838		15,370		
1995	73,159		5,665	378	16,216	81	2,470
1996	51,976		6,595	1,233		443	0
1997	27,399		4,492	1,729			722
1998	18,482	43,744		647			

年	EMPRENDER	CAPACITACIÓN OCUPACIONAL	CAPACITACIÓN PARA EL EMPLEO	PROYECTOS ESPECIALES DE CAPACITACIÓN	RÉGIMEN DE CONTRATO DE APRENDIZAJE	TALLERES PROTEGIDOS	CRÉDITO FISCAL
1994							
1995							
1996	1,326	6,306	3,364		0		23,461
1997	2,024		11,674	5,771		2,784	2,889
1998				16,635			

注：空欄は政策が存在しなかったことを示す。1997年以降は、各政策における訓練コースの開始が統計登録基準となる。
TALLERES PROTEGIDOSは1997年に承認され1998年に開始が予定されるものを示す。1998年は推計値。

【資料】MTEFRH 1999-2000a

第Ⅱ部 構造改革は何をもたらしたか

第 4 章

グローバリゼーションと小零細企業
フジモリ政権下のペルーの経験

はじめに

　多くの開発途上諸国において企業の圧倒的多数は小零細企業であり，雇用の面でもその比重は大きい。それゆえ小零細企業の発展は戦略的に重要な意味をもつ。しかし現在それは，いわゆるグローバリゼーションのもとで行われねばならなくなっている。もちろん世界経済の現実は文字通りの均質な単一グローバル市場にはほど遠く，社会経済制度の国民的特殊性はなお健在である（ボワイエ 1998）。それでもとりわけ 1980 年代以降，世界規模での自由化や規制緩和を梃子として，貿易・投資・金融網の高密度化や技術・生産システムの世界標準への適応が急速に進んできたことは間違いない。この擬制的な意味でのグローバリゼーション（以下，単にグローバリゼーションと呼ぶ）のもとで，小零細企業はいかなる実態にあり，その展望はどのようなものなのか。この点に関する今後の理論・実証研究に向けた準備作業として，本章では南米ペルーの事例をとりあげ，先行研究の整理を中心に予備的考察を行う。

　ペルーを対象とするのは次の 3 つの理由による。第 1 に，他のラテン・アメリカ諸国と同様，実際に 1993 〜 94 年現在でペルー全土の企業の 97.9％は 1 〜 20 人規模の小零細企業であり（INEI 1997a：cuadro I）[1]，その存在感は大きい。リマ首都圏に限ってみても小零細企業は 1996 年現在で企業数の 97.7％ならびに就業者数の 50.1％を占めている（INEI 1999：27, 33）。同国の小零細企業はま

---

1) ただし商業・サービスの一部，運輸業の一部および農業はこの統計の対象から外れている。

た合計20ほどのクラスターをなしているが、改めて後述するように、とりわけ首都リマのビクトリア地区に所在するガマラ衣料品産業集積はその代表格であり、1970～80年代に急成長を遂げたことで国際的にもよく知られている[2]。

第2に、フジモリ政権（1990～2000年）が断行した新自由主義改革は開発途上諸国の類例中もっとも徹底したものの1つであり、ペルー経済をグローバリゼーションの過程へと急激に統合することになった。後述するように現時点では決定的な実証は困難だが、ペルーの小零細企業は全般にその影響を少なからず受けているように思われる。グローバリゼーションと小零細企業の関連を考察する上で、ペルーはまさしく適格なのである。

第3に、ペルーでは小零細企業は政治的にも重要な存在である。フジモリが大統領に初当選した際の第一副大統領候補は中小零細企業連盟会長であり、再選を目指した1995年選挙の際もやはり零細企業主出自の財界トップが第一副大統領候補に指名されている（遅野井1995：101）。当初、反エスタブリッシュメントの新興政治改革勢力として登場したフジモリ（およびその政治運動であるカンビオ90）は権力基盤の1つを小零細企業に求めた経緯があり、1995年の第2次政権発足にあたっても「小さき者の生産革命」を標榜した（小倉2000：211-213）。小零細企業が一国の政治経済を左右しているという点でも、ペルーは格好の素材である。

本章は次のように構成されている。まず1では1980年代までの小零細企業をめぐる諸説を省察し、各々の状況認識や方法的な比較優劣を整理する。ペルーの小零細企業はいわゆるインフォーマル部門とも重なるため、同部門についての議論も織り込むことになる。2では1990年に始まる新自由主義改革の社会経済効果を概括し、小零細企業が直面することになった新たなマクロ政治経済環境の要点を明らかにする。以上を踏まえて3では、改革後の小零細企業について先行研究、公式統計および現地非政府組織の内部資料などを組み合わせつつ基礎的事実を確認すると同時に、これに照らして1で整理した諸説の妥当性を改めて吟味し直す。最後に本章の論旨をまとめ、今後の研究課題を示唆する[3]。

---

2) *World Development* 誌の中小零細企業特集号にガマラの事例研究論文（Visser 1999）が掲載されているほか、邦語でもガマラに関する調査報告が著されている（武部1995）。

1 インフォーマル小零細企業をめぐる見解：1980年代まで

　ペルーではとりわけ1970年代から1980年代にかけて，いわゆるインフォーマル部門とも重なる先住民系の小零細企業が急増した。その全貌を正確につかめる公式統計は存在しないが，傍証となるいくつかの事実はある。

　たとえば産業・通商・観光・統合省（当時）に営業登録したフォーマル部門の工業企業について1971〜87年の期間における年平均増加率をみると，中企業と大企業はそれぞれ1.2％，3.2％であったが，小企業は8.9％であった。同じく各々の就業者の年平均増加率も中企業と大企業の0.7％，3.9％に対して小企業は7.8％と高い伸びを示している。同様の傾向は付加価値についてもみてとれる（中企業−0.8％，大企業1.9％，小企業5.3％。Villarán 1992：33-34）。一方，経済活動人口全体に占めるインフォーマル部門の比率は1975年の35.6％から1986年の44.6％へと上昇している（Chávez 1990：113, Cuadro 5）。またリマ首都圏の経済活動人口に占める都市インフォーマル部門の比率は1984年に37.9％であったが，1991年には46.3％にまで増えている（INEI 1997b："Ministerio de Trabajo y Promoción Social", Cuadro 19）。

　この現象の背景や性格およびとるべき政策をめぐって，いくつかの見方が提示されている。ここでは代表的なものを整理してみよう[4]。

　当初有力だった従属理論系の議論によれば，ペルーのように人口稠密な開発途上国が多国籍企業主導の資本集約的な従属的工業化を進めると，熟練労働者を除いて労働力の多数は構造的に過剰化せざるを得ない。第1に資本集約的技術は複雑であり，これに適合的な熟練労働者への需要は生じるが，そうした適

---

3) なお現時点ではペルーの小零細企業それ自体の研究蓄積はなお薄く，入手できる一次資料もとりわけ1990年代後半以降については著しく限られているため，本章の内容は類似の研究が盛んな国や地域の研究者からみれば初歩的とも思われる内容にならざるを得ない。この点，予め断っておきたい。

4) 以下ではCarbonetto et al. 1988：Capítulo 1／Chávez 1990／Grompone 1990／Adams y Valdivia 1994／Villarán 1998などの学説整理を参考にした。邦語では遅野井1995を参照。

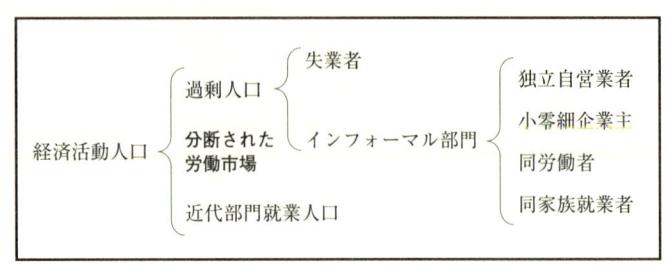

図 4-1　構造派におけるインフォーマル部門の位置づけ

```
                    ┌ 失業者
          ┌ 過剰人口 ┤                        ┌ 独立自営業者
          │         └ インフォーマル部門 ─────┤ 小零細企業主
経済活動人口┤ 分断された                       │ 同労働者
          │ 労働市場                         └ 同家族就業者
          └ 近代部門就業人口
```

【資料】Carbonetto et al. 1988 : 58, Gráfico 3 に加筆。

格労働力は少ない。第2に資本集約的技術は労働節約的でもある。農村人口が都市に移動しても近代的大企業に雇用されることはなく，露天商など雑多な小零細企業を営む（あるいはそこで雇用される）ことによって生き残りを図るしかない。しかし，この「周縁化」された構造的過剰人口は一般に不安定就業や不安定所得といった脆弱な状態にあるため，資本蓄積の可能性は乏しいと想定された（Quijano 1977：225）。

　構造派とも呼ばれる，国際労働機関（ILO）ラテン・アメリカ＝カリブ地域雇用プログラムを中心とする研究者集団もまた，先進国起源の資本集約的な技術にもとづく輸入代替工業化の過程で近代部門に吸収され得なかった構造的過剰人口に注目し，そこにインフォーマル部門の源泉を求めた。ただし従属理論にありがちだった抽象的な一般論にとどまらず一連の実態調査を積み重ね，この延長線上でペルーの同部門に関する包括的な研究成果を得た（Carbonetto et al. 1988）。そこでは過剰人口全体が失業者とインフォーマル部門とに明確に区分され（図4-1），後者の特徴が実態分析をつうじて詳細に解明されている。

　それによれば，近代部門企業に吸収されなかった構造的過剰人口の多くは失業する「余裕」さえなく，生き残りのために自営業を含む雑多な小零細企業に従事せざるを得ない。近代部門と比較したとき，その特徴は労働集約的な技術にあるが，これは低い労働生産性をもたらす要因でもある。それゆえインフォーマル小零細企業の発展性は概して乏しいが，その一部にはたしかに資本蓄積

能力がある（1980年代初頭におけるリマのインフォーマル部門の3割弱）。とすれば政策としては金融，職業訓練，経営診断指導，イノベーション支援などをつうじて彼らの資本蓄積を促進し，もって大企業や中企業との生産性格差を緩和すべきだということになる。ちなみに以上の見方からすれば，のちにとりあげる新自由主義派の法律論的アプローチは，あまりに狭く一面的なのである。

　分断された労働市場にインフォーマル小零細企業の起源を求める構造派の解釈は，後述のように技術・経済決定論になっているという限界はあるが，たしかに現実の構図を大掴みにとらえていたといえよう。上述のように小零細企業の多様性を繊細に見分けた点も高く評価できる。しかし，それではなぜそうした過剰人口がともかくも生き長らえてきたのか，その理由は十分には説明されないままであった。彼らが供給する財・サービスがなんらかの形で最低限の需要を見出せなければ，価格したがって生活水準を切り下げるだけで長期的に生き残っていくことはできないはずである。その需要はどこからやってくるのか。セルメーニョはこの点を独自のミクロ経済モデルによって明快に理論化した（Cermeño 1987）。

　強度の国家介入や社会的規制にもとづく開発パラダイムはペルーでは1960年代に始まるが，1970年代半ば以降それは制度疲労に陥り，この過程で実質賃金の低下や所得分配の悪化がみられるようになる（Jiménez 1991／Gonzales y Samamé 1994／Dancourt 1999）。ところがセルメーニョはここで次のような逆説的な事態が起こったとみた。すなわち上述の貧困化と裏腹に低中級品（劣等財）需要が増大し，まさにこの種の財の供給者である小零細企業が図らずも増殖することになった，というわけである[5]。これはいわば「貧困の中の繁栄」であり，イノ

5）この議論の基礎には新古典派の消費者選択理論に対するフィゲロアの批判がある（Figueroa 1996：Capítulo VI）。標準的な消費者選択理論では，個人は複数財から得られる総効用が等しくなる無差別の消費スケジュール（無差別曲線）をもち，その接線の勾配である限界代替率が財の相対価格と一致する点で消費財バスケットを決定すると想定する。しかしエンゲル係数を想起するとわかりやすいように，現実の人間の消費行動には一次的必要を優先する等の序列性が厳然としてあり，総効用が等しければ消費財の組み合わせは任意だと仮定するのは非現実的である。この消費序列の優先順位は所得水準によって左右され，またより高次の必要のあり方は個人が属する社会の文化的・歴史的背景によって影響を受ける。いま問題となっているケースでいえば貧困化が進むと一次的な必要を優先する傾向が強まり，このため正常財か

ベーションではなく負の環境変化にもとづいていたという意味では，退行的成長ともいえる現象である。

このときとるべき政策はどうなるか。1つの選択肢は大衆の実質所得を引き上げることで劣等財需要を増やし，「繁栄」を一時的に引き延ばすことである。しかしこれは長期的には持続可能ではない。そこでむしろマクロ経済の健全な発展と整合させるべく，劣等財の生産から正常財のそれへと転換できるように，小零細企業の製品・サービスの品質向上やイノベーションを支援すべきだということになる（Cermeño 1987：89）。

セルメーニョのこの需要アプローチは知的な刺激を呼び起こす。ただしその実証は管見の限り今日にいたるまで未完の課題となっている[6]。

以上の悲観論と全く対照的に，デ・ソトやブスタマンテら「自由・民主主義協会」（Instituto de Libertad y Democracia：略称ILD）の新自由主義派は楽観論を提示し，一時はフジモリ政権にも助言を行うなど政治的に大きな影響力をもった（Adams y Valdivia 1994：22／遅野井 1995：103／小倉 2000：211）。それによれば政府の庇護のもとに特権を得てきた大企業ほか「重商主義的」諸利害と異なり，小零細企業は熾烈な自由競争の中で成長してきた活力ある存在である。その多くが法律の枠外で営業しているという意味でインフォーマル層を成しているのは，政府が営業登録等の煩雑な規制を実施しているため要らざる取引費用がかかることによる。包括的な国家改革によりそうした規制が緩和・簡素化され，また取引費用を軽減できれば，所有権が確立され信用へのアクセスも容易になる。かくして効率的な自由市場が機能するようになり，小零細企業の潜在力も全面開花する（De Soto 1986／Bustamante 1990）。

この議論の「古典的な制度論」（De Soto 1986：XXXIX）それ自体は評価できる。たとえばブスタマンテは構造派の構造的過剰人口説について，①それが資本集約的な輸入代替工業化を「与件」として扱い，②その背後にある特権的な権力

ら劣等財への選択転換が起こると考えるわけである。フィゲロアのこの議論は興味深い。ただし，そこで経済主体の完全合理的行動が仮定されていることは疑問である。
6) インフォーマル部門は近代部門と広汎な取引関係を結んでいるため，後者が不況に陥れば前者への需要も減少するという見方もある（Carbonetto et al. 1988：431-432）。両部門の景気動向におけるこうした正の相関関係はセルメーニョのモデルでは扱われていない。

構造や利害関係に踏み込んでおらず，③したがって「経済主義的」説明だと切り捨てているが（Bustamante 1990：22），これなどはその通りだろう。また植民地時代以来の「重商主義的」制度に対する批判も妥当する面はあると思われる。

しかし，これに代わるべき制度設計の価値基準を自由市場の効率性のみに一元化するのは狭い見方である。自由市場のもとで実現するとされる効率性，すなわちパレート最適は，倫理的にも機能的にも限界を抱えている。たとえばそれが不平等な所得・資産分配と両立しうることは標準的な経済学教科書でも教えている。パレート原理はまた，その前提であるはずの個人の最低限の自由とも実は両立しない（セン 1989）。さらに自由市場における消費者の完全合理的な効用最大化行動は，非常に複雑な計算を要するため実際には不可能である（塩沢 1997：75-89）。それゆえパレート改善性は常に存在するといえる。とすれば，規制緩和によって仮に小零細企業のフォーマル化が進むとしても，それによって効率的かつ自由・平等な市場経済が自動的に実現するわけではない，ということになる。

最後に，1980年代末以降有力になったもう1つの楽観論がある。「第3イタリア」に代表される中小企業群の成功をポスト・フォーディズムないし「柔軟な専門化」（ピオーリ・セーブル 1993）の有力モデルととらえ，前述のガマラ衣料品産業集積をはじめとするペルーの小零細企業群にもそうした発展の可能性があることを強調する議論である（Villarán 1993）。それまでの諸説では小零細企業を暗黙のうちに個別の経済主体として扱う傾向にあったが，いまやその集積や協力関係から生まれる「集合的効率性」（Schmitz 1999／Schmitz and Nadvi 1999）[7]が重視されるようになった。これはペルーにおける小零細企業の成長要因の解明に斬新な視点——群としての小零細企業の進化的成長——を提供し，また新しい政策的示唆を与えた点で画期的といえた[8]。

---

7) この議論はクラスター論とも密接に関連するが，その新たな研究動向については田中 2004 を参照。
8) ラテン・アメリカの経済思想に大きな影響を及ぼしてきた国連ラテン・アメリカ＝カリブ経済委員会（CEPAL）の構造派は企業の活動空間を問題にする視点をもたず，1950 年代末に構築されたベイン流の静態的な産業組織論にとらわれていた。それゆえまた小企業の意義を過小評価していた（Távara 1994：55）。

しかし「柔軟な専門化」のミクロ調整機構とされる諸条件，すなわち①柔軟性プラス専門化，②コミュニティの福祉制度への参加制限，③イノベーションを促す競争の奨励，④低賃金・不安定雇用などイノベーションを妨げる競争の抑制（ピオーリ・セーブル 1993：343-347）のうち，とりわけ④は，先進諸国の中小企業群についてさえしばしば妥当しない。たとえば世界有数の洋食器産地であった日本の燕では伝統的にインフォーマルな雇用慣行が競争優位の主因であり，戦略的意義のあるイノベーションは必ずしも起きていない（伊賀 2000：第12章）。ペルーの小零細企業群についても「柔軟な専門化」や「集合的効率性」の理念型と類似した側面を摘出するだけでなく，さらに踏み込んでそれとの乖離をも解明すべきであった。

2 マクロ政治経済環境：ポピュリズムから新自由主義改革へ

前節では1980年代までの小零細企業ないしインフォーマル部門に関する諸説を検討した。改めて整理すれば従属理論は個別小零細企業の停滞的膨張を，構造派は同じく停滞的膨張と一部の個別小零細企業の進化的成長を，セルメーニョのミクロ経済モデルは個別小零細企業の退行的成長を，新自由主義派は個別小零細企業の進化的成長を，そして「柔軟な専門化」論は群としての小零細企業の進化的成長を，それぞれ展望していたといってよい。各々の長所と短所はすでに述べたとおりだが，ここで注意しておきたいのは，諸説がいずれもフジモリ政権による新自由主義改革以前の規制された閉鎖経済を（暗黙裡にせよ明示的にせよ）前提としていた，という点である。しかるに同改革以後の小零細企業のうごきは，グローバリゼーションの一環をなす自由な開放経済への大転換の文脈に位置づけて考察する必要がある。そこで本節では新自由主義改革前後のマクロ政治経済の構造変化について概括しておこう。

先に触れたようにペルーでは1960年代から国家主導型の開発パラダイムが導入され始め，多少の揺り戻しはあれ，基本的には1980年代末までこれが持続する。大量の公共投資等の国家介入，過高な為替レート，高率関税，輸入規制，金融規制，寡占的競争，組織的な雇用関係といった制度構造のもとで，従

来の一次産品輸出に一定の輸入代替工業化を接ぎ木した成長体制が形成され，1人当り実質所得も1970年代前半までは持続的に上昇した。

しかしこれ以降，以上の過程で深刻化してきた国際収支危機の自由主義的調整が相次ぎ，またこれに対するポピュリズム的反ス応や社会・政治的なコンフリクトが激化するなど，「振り子」型の政治経済循環が強まるようになった。この結果，資本家の期待利潤は不確実となり，投資率と経済成長率は振幅しながら傾向的に低下していく（Gonzales y Samamé 1994）。1980年代後半のガルシア政権期は上記の循環のポピュリズム局面に当るが，このときペルーは対外債務返済額に上限を設けたことで国際金融界から締め出され，同政権末期にはハイパー・インフレーションが暴発した。かくして前述のように1人当り実質所得は1970年代後半から急落し，所得分配も急速に悪化していったのである。かつてない危機の中でペルー社会が左右に両極分解していく傾向をみせたのは，以上のような背景のもとにおいてであった。

権力構造がこのように空洞化する中で当初フジモリは新興改革勢力として登場し，膨張しつつあったインフォーマル小零細企業層の支持も得て大統領に当選した。しかしハイパー・インフレーションの抑制および国際金融界への復帰という差し迫った課題を達成するには，なによりもIMF・世界銀行との協調が不可欠であり，一方，激化する左翼テロを鎮圧するには軍部との提携も必要であった。まさにこの政治力学をつうじてフジモリ＝IMF・世界銀行＝軍部の同盟関係が成立し（Gonzales 1998：22-23），外国資本および――より従属的な立場でではあるが――財界もまもなくこれに参入していった。

こうして生まれた新寡頭制（ネオ・オリガルキア）（Schuldt 1994：56-57, 62-64）のもとで，小零細企業利害への配慮は少なくとも当面のあいだ棚上げされることになる。1993年末まで営業登録の簡素化等の規制緩和以外にほとんどみるべき小零細企業政策が実施されなかったのは，前述したデ・ソトらの新自由主義イデオロギーの影響に加え，以上のような権力バランスが成立したことも関係していたとみてよい[9]。

---

9) 1991年末には国会の場で小零細企業の定義と各種の支援策を盛り込んだ法律705号が成立したが，後者の施行細則の制定にもとづく政策は実際には展開されておらず，同法は死文化している（遅野井 1995：105）。この事態は，同法をめぐる適切な合意が得られなかったこと，

この新寡頭制のもとでフジモリ政権は超緊縮政策——そしてしばらく後には過高為替レート——をアンカーとした安定化政策を実施し，これに引き続き貿易と金融の自由化，民営化，雇用の柔軟化（生産性の伸びを上回る賃上げを禁じた所得政策を伴う）など徹底した新自由主義改革を断行した（細野 1992：112-116）。このうち金融と為替レートのアンカーは，貿易自由化による輸入競争の激化や上記の所得政策とあいまってハイパー・インフレーションを徐々に収束させた（その速度が比較的緩やかだったのは当初の公共料金引き上げによる）。一方，新たな制度構造のもとで非貿易財部門の相対価格が好転し，また金融自由化に加えて 1980 年代に比べ国際金融市場へのアクセスが緩和され，短期資金も含め外国資金の取り入れが容易になった結果，建設業や商業などを中心に投機的なブームが発生した。改革自体のこうした効果のほか，国際一次産品需要の増加や良好な気候条件（水産物や農産物の安定輸出）など多少とも偶発的な要因（Jiménez 2000：16-17），さらに 1995 年選挙絡みの財政支出拡大による政治的景気循環要因（Dancourt 1999：67）も，それぞれ経済成長をあと押ししたとみられる。改革後，1991 年と 1993〜98 年に正の成長率が記録され，とりわけ 1993〜95 年と 97 年に高率成長が実現したのは，およそ以上のように説明できる。

　しかしこの反面，新自由主義改革後の成長体制は次のような難点を抱え込むことにもなった。第 1 に，大幅に引き下げられた輸入関税と過高な為替レート

➡ 本文 144 頁に続く

特に安定化政策と新自由主義改革の所管官庁である経済財務省の承認を得られなかったことを指し示しているという（Villarán y Chíncaro 1998：23）。

　なお，欧米諸国の技術援助機関の働きかけにより 1994 年から産業省内部に包括的な「小零細企業プログラム」が創設されたことを皮切りに，以後ペルー政府は明示的に小零細企業重視の諸政策を展開していくようになる。しかし各官庁・外国援助機関・国際機関などが実施している個々の諸施策を政府が統一的に調整することは，新自由主義イデオロギーの制約もあり少なくとも当初は十分ではなかった（ただし筆者が 2000 年 8 月に行った現地調査の時点ではすでに部門調整制度が機能していた）。

　ここで興味深いのは，経済財務省などが小零細企業政策に乗り出すようになったのは改革のトリックル・ダウン効果を促進するためであり，また貧困撲滅機関がそうしたのは従来型の扶助的アプローチの限界を感じていたからだという指摘である（Villarán y Chíncaro 1998：26）。つまり「これらすべては，失業や不完全就業が持続し，我が国の生産活動（特に小零細企業）の競争力がますます失われてきたという状況に向き合ったものなのである」（Ibid.）。

第 II 部　構造改革は何をもたらしたか

§ ラテン・アメリカのオランダ病～日本への示唆

　本章2でも触れているように，1990年代のペルーでは，金融自由化に伴う大量の資本流入により非貿易財部門の相対価格が上昇して為替レートが実質増価し，またこれと併行して輸入関税が引き下げられたため，貿易財部門の一部（一次産品加工型以外の製造業）が競争力を失い，産業構造の脱工業化あるいは一次経済化（Jiménez 2000）が進んだ。これは一種のオランダ病といえる現象であった（Schuldt 1994：Capítulo 2）。

　オランダ病とは本来，1950年代末における天然ガス田の発見とその後の輸出ブームのもとで，皮肉にも同国の製造業の競争力が殺がれ，時期尚早の脱工業化が進んだとされる事態を指す。それが本当に事実かどうかについては議論があるのだが，それはともかく，この逆説的現象は，イギリスの『エコノミスト』誌が1977年にそれをオランダ病と名づけた頃から経済学の一研究分野となり，一連の理論的考察を生み出してきた。またこれと併行して，世界各地の一次産品輸出ブームのマイナス効果もしばしばオランダ病に類比され，研究の対象となってきた。シュルトゥ・パシフィコ大学教授によれば，これらの先行研究は総じて，この経済病理が一次産品輸出の予期せぬ急増に伴う2つの効果，すなわち支出効果と資源配分効果に由来するものと考えている（Schuldt 1994：16-17）。

　一次産品輸出が突発的に急増し，所得（それゆえ支出）が増加したとしよう。このとき（貿易財部門の価格が国際価格によって決まり，非貿易財部門の供給が短期的に硬直的であると仮定すれば）非貿易財の相対価格は上昇し，為替レートが実質増価する。この結果，輸出ブームを享受している産業以外の貿易財部門，とりわけ製造業が競争力を失い，産業構造の脱工業化がもたらされる。これが支出効果である。

　一方，資源配分効果はそれ自体，2つの経路から生じる。第1に，輸出ブー

ムによって賃金が上昇すると，この費用増加を価格に転嫁しにくい貿易財産業の収益が悪化し，同産業の生産と雇用が減少する．余剰労働力はブームに沸いている一部の貿易財産業と非貿易財部門に移動する．第2に，貿易財部門において相対価格の低下や為替レートの実質増価により国際収支が悪化する一方で，輸出ブームによる所得の増加は非貿易財部門に波及し，そこでの生産と雇用を増やす．非貿易財部門には政府も含まれており，税収の増加を享受する．その分が支出に振り向けられれば，非貿易財部門の生産と雇用が改めて増加する．

ところで，いま問題を，為替レートの増価のために（望まれざる）脱工業化が促されるという効果のみに限定すれば，それ自体はなにも一次産品輸出ブームだけに起因するとは限らない．1990年代のペルーのように金融・投資の自由化を契機とした民間資本の大量流入や巨額の政府開発援助によって通貨が割高となり，これが当時の貿易自由化とあいまって，貿易財部門のうち比較的競争力の弱い製造業の成長を抑え，相対的な「一次経済化」を招くというケースもありうる．そうした事例をも広義のオランダ病の一種として認知し直せば，この経済病理は，たとえばシュルトゥ教授のように，本来の原型を第Ⅰ種，開発援助の逆説的効果を第Ⅱ種，そして民間資本の大量流入によるものを第Ⅲ種と分類することもできる（Schuldt 1994：18-19）．

ここで興味深いのは，こうした分類を提案した本人が，1994年の時点でペルー社会の将来を次のように見通していたことである（以下は Schuldt 1994 による．Schuldt 1996：78 も基本的に同じ見方をとっている）．すなわち1990年代に第Ⅲ種オランダ病を患った同国は，2000年前後以降，今度は第Ⅰ種のそれに襲われるようになる．そしてこの状況は，フジモリ政権によって導入された新自由主義の政策体制と共にそれなりに持続可能となり，長期的に維持されていくことになる．こう推察したのである．

その論拠を祖述しておこう．シュルトゥ教授の見立てによれば，1990年代に形成された第Ⅲ種オランダ病のマクロ経済体制は産業構造に歪み（製造業の退化）をもたらすだけでなく，対外的にも脆い面がある．そこでは貿易収支・経常収支の赤字が累積し，それが危険水準に達したと判断されれば，民間資本が流出して国際収支危機が発生しかねないからである．だがこれは事の一面にすぎない．

フジモリ政権は新自由主義改革の一環として外国投資の自由化も断行したが，

これにより1990年代半ば以降，鉱山開発（銅，亜鉛，鉄鉱石，金など）への投資ラッシュが起こった。その投資の懐妊期間を経て，2000年前後からは，鉱産物の生産と輸出が大量に行われるようになるだろう。そうなれば経常収支は好転し，対外不均衡は軽減されていくはずである。そして，その意味でペルー経済の循環は持続可能となる。

もっとも，これと同時に第Ⅰ種オランダ病が発症し始めるため，脱工業化の傾向は是正されない。そこに新自由主義改革特有の問題点（雇用の外的柔軟化や格差拡大など）が重なって，社会問題は深刻化しよう。しかし，ほかならぬ鉱産物輸出ブームにより，政府は一定の社会政策を展開するための財源をも得る。それゆえ，この再生産構造は政治的にも持続可能となる。かくして2000年前後にフジモリが政権の座に就いていようといまいと，彼の改革がもたらした政治経済体制それ自体はそれなり定着し，制度化していくだろう…。シュルトゥ教授は批判的かつ冷徹にこう予想したのである。

その後の現実と照らし合わせたとき，以上の予見の半分は的中したとみてよい。あとの半分は判断が留保される。次に説明しよう。

まず持続可能な経済循環の形成という予見について。周知のようにフジモリは2000年，日本を訪問中に政権を放棄したが，その後，臨時政権とトレド政権（2001～06年）を経て現ガルシア政権（2006年～）に至ってもなお，限定的な補整や微調整こそあれ基本的には新自由主義の政治経済体制が継続し（Gonzales 2007），それなりに持続可能な様相をみせている。この点で，前述した予想の前半は見事に的中したといえる。

たしかに1998年には国際収支危機が発生し，経済はマイナス成長に陥った。だがそれはアジア通貨危機の影響を受けたものであり，しかもまさにその前後から鉱産物輸出が激増し始め，対外不均衡は後景に退いていった。他方，鉱山事業は資本集約的な「飛び地」経済であるため，鉱業の独立最終需要の所得乗数や外貨乗数は高いものの雇用乗数は低く，相対的にわずかな雇用しか生み出さない（INEI 2001）。このことに象徴されるように，国民の多くは鉱産物輸出ブームの恩恵を実感できずにいる。シュルトゥ教授による近年の著作の題名がまさしく指し示す通り，今日のペルーでは「マクロ経済的ブームとミクロ経済的不安」（Schuldt 2003；Schuldt 2004）が奇妙に共存しているようにみえる。にもかかわらず，ブームのわずかなトリックル・ダウン効果や大衆の多様な生存維

持戦略，そして政府の一定の社会政策のゆえに，フジモリ政権が導入し，（本章注10で触れているように）日本政府も強力に支援した政治経済体制は，それなりに再生産されてきた。筆者流に表現すれば，ペルーはいわば「フジモリ化」してしまったのである。

これに対してシュルトゥ教授のもう1つの予見，つまり第Ⅰ種オランダ病の顕在化については判断がむずかしい。ペルー中央準備銀行の公式統計によれば，現地通貨ヌエボ・ソルの対ドル名目為替レート（1ドル＝xソルの現地通貨建てレート）は，世紀の変わり目以降，特にここ数年はインフレの進行にもかかわらず横ばいかやや低下気味であり，割高になっている。しかし実質実効為替レートでみるとソルはむしろ減価している（http://www.bcrp.gob.pe/bcr/dmdocuments/Estadistica/Graficos/index.php?I=20TCR）。また政府統計情報処理院（INEI）によれば，製造業のGDP比は1990年代にはほぼ一貫して低下したが，2000年前後には下げ止まり，その後は若干ながら上向いている（http://iinei.inei.gob.pe/iinei/siemweb/publico/aplic/grafico/grafico.asp）。さらに再び中央準備銀行によると，製造業の下位分類をみても，2000年代において，一次産品加工型とそれ以外の型との間に成長率の有意な差は認められない。

このように，近年のペルーに第Ⅰ種オランダ病を明瞭にみてとることは少なくともできない。しかしそのリスクは2008年前半までの数年にわたる世界的な一次産品ブームの中，むしろラテン・アメリカ一帯を覆うかにみえた（Schuldt y Acosta 2006）。

チャベス政権のもと，「21世紀型の社会主義」を目指す産油国ベネズエラは，原油の商業開発が始まった1910年代以降，断続的にオランダ病に類した事態に襲われ，農業をはじめ戦略的な貿易財部門の発展を抑えられてきたが，とりわけ2008年に至るまでの数年間は原油価格の高騰により同じ病の再発に苦慮している。2006年には非貿易財部門の成長は製造業など貿易財部門のそれ（このうち農業はマイナス成長）を大きく上回り（Grisanti 2007），通貨ボリーバルの実質実効為替レートは2006～07年に増価した（CEPAL 2007：100）。

政府も手をこまねいているわけではない。「敵国」アメリカの国務省も察知していることだが（http://ww.state.gov/r/pa/ei/bgn/35766.htm），2005年の新中央銀行法により，中央銀行の外貨準備の一部や国営石油会社の輸出収入の多くを国家開発基金（FONDEN）に繰り入れ，同基金を通じて鉄鋼等の基礎工業を振興

するなど，オランダ病の克服に躍起になっている。周知のように，1970年代，ノルウェーは北海油田の発見に際してやはり特別の基金を創設することにより石油輸出収入を不胎化し，慎重な財政・金融運営のもと，石油利得を賢く利用して均衡のとれた産業構造を築き上げた。「21世紀型の社会主義」の理念を掲げ，国家主導型の「内発的発展」（その問題点は**第5章「2008年のエピローグ」**を参照）を志向するベネズエラは，この教訓を生かすことができるのか。なお見極めが必要である。

　以上のほか，ある論者によればブラジルもまた1980年代以降，第Ⅰ種オランダ病に蝕まれてきた可能性があり（Bresser Pereira 2007b；Bresser Pereira 2007d），これとは対照的に2001年危機以降，「新開発主義」政策に大転換したアルゼンチンは，輸出税の再導入によってオランダ病を回避してきているのだという（Bresser Pereira 2007a）。今後実証的に検討すべき示唆的な仮説だと思われる。

　ラテン・アメリカのオランダ病をめぐる以上の一連の議論は，日本とは一見無関係にみえるかも知れない。たしかに第何種であれ，この経済病理それ自体は地球の裏側のこの地では全く問題にならない。しかし一部の産業ないし企業群による突出した輸出増加が通貨高をもたらし，これが貿易の自由化ともあいまって産業構造を不健全に歪めてきたという一点において，われわれもまたラテン・アメリカと「共通」の問題を抱えてきた可能性がある。

　2007年，円の実質実効為替レートが1980年代半ばのプラザ合意当時の水準に戻った，つまりその分円安に振れたことが話題になったことがある。2008年末にはこれとは正反対のこと（同年11月の実質実効為替レートが2005年2月以来3年9ヶ月ぶりの円高水準になったこと）がニュースになった。いずれにせよ，変動相場制に移行した1970年代初めからの長期をとれば，名目でも実質でも実効レートがともかくも以前より増価したことは間違いない。また話を対ドル・レートに限れば，名目・実質ともに円高は紛れもない事実である。その原因は，貿易財購買力平価（一物一価を実現させる為替レート）の考え方にしたがえば次のように説明される。すなわち金属機械産業の輸出大企業が生産性を持続的に向上させて価格が低下した結果，貿易財購買力平価が増価し，これがアンカーとなって――短中期のミスアラインメントこそあれ――現実の為替レートが増価したのである（吉川1999：第3章）。ここから次のような理解が導かれる。「円高の根本的な原因は日本国内にある。円高により苦し

なる鉄鋼産業は，実のところは日本の自動車産業や電気機械産業における生産性の上昇によって国際競争力を失いつつあるのである。これはかつて鉄鋼産業における生産性上昇により繊維産業が国際競争力を失ったのと同じことである。／円高はそうした産業構造の変遷を伴いつつ，長期的に貿易財購買力平価にそって変化してきた」（吉川 1999：105-106）。

購買力平価の理論については，一時それを信奉していたケインズ自身も後にその批判に転ずるなど，従来から幾多の疑問が寄せられてきた（田淵 2006：第2章，第7章）。だが，いま問題にしたいのはそのことではない。むしろ，仮に同理論にもとづいて円高と産業構造の変化を先のように理解したとしても，なお次のような2つの問いを発することができるし，それらをいま改めて再考してみるべきではないかということ，これである。

まず第1の問いはこうなる。「どこの国にも，強い産業，強い企業がある一方で，弱い産業，弱い企業があります。いうなれば，〈強者と弱者の多重構造〉になっているのがふつうです。強い方に合わせた為替レートが成立すれば，弱い方が苦しくなるということも，どこの国にも共通する問題です。／しかし日本のばあい，第一に，その強弱の差が極端に大きいという点が指摘できそうに思います。片やこの急激な円高の下でも十数パーセントも輸出量を伸ばせる自動車産業がある。片や，国際競争の風に当たれば，ひとたまりもない農業がある。そういう産業構造がある」（岸本 1989：84-85）。「多くの地場産業をはじめ，円高であえいでいる産業，企業は，強者ではないのに強者扱いされて苦しい目にあっていることになります」（岸本 1989：82）。

この第1の問いに関連して，現実の為替レートが購買力平価という長期均衡値に収束していく（とされる）過程では，短期的に次のような問題が累積したことも忘れてはならない。「八五年秋からの円高不況のさい，金属洋食器と金物の日本一の産地である三条・燕（新潟県）では，八七年一年間に九三人が合計で一五二本の指を失ったと報道されています。下請けの仕事をしている企業が，円高で下請け工賃が下げられたので，作業能率を上げて対応しようとして，プレス機械の安全装置をはずしたりしたため，事故が急増したのでした」（岸本 1994：6）。

さて，もう1つの問いとはなにか。「第二に指摘したいのは，自動車をはじめとする強い産業，企業の持つ強さとは，日本経済の中の弱さを踏み台にして

成り立っているものなのではないかということです。よって立つ基盤が弱いのだとしたら，一見強そうに見えるものも，ほんとうに強いのかという問いを発せざるをえないはずです」(岸本 1989：85)。「輸出で膨大な黒字をかせぎ出した企業は，その黒字の半分くらいは，労働者の賃上げや労働時間の短縮のかたちで還元すべきものと，私は思います。そのことを怠ってきたということは，労働者の弱さを利用してきたということにほかならないのではありませんか」(岸本 1989：86)。まさしくその通りであろう。

ところがその後にみられたのは，こうした労働者の弱さを是正するどころか，さらにいびつな形で輸出大企業を支援するような政策展開であった。その最も象徴的なものは，いまでは広く知られている巨額の輸出戻し税，つまり輸出大企業に対する政府からの補助金である。湖東京至・関東学院大学教授によれば，輸出上位 10 社の輸出戻し税は，2005 年時点で約 1 兆円に及んだとみられる(http://www.zenshoren.or.jp/zeikin/shouhi/061106/061106.html)。本来であればむしろこれとは逆に，大企業に対して輸出税を課し，その税収を適切な産業構造の維持のために活用すべきであっただろう。2004 年 9 月，筆者がシュルトゥ教授の研究室を訪ね，ペルーの「マクロ経済的ブームとミクロ経済的不安」を打開する方策について伺った折，返ってきた答えの 1 つもまさにこの通りであった。ちなみに日本で新自由主義政策の先鞭をつけた中曽根政権のもと，当時の貿易摩擦や財政危機を緩和しながら内需主導・生活重視型の成長への転換を進めるため，革新勢力が──「緊急かつ短期的政策として」ではあるが──提唱したのも，1 つには輸出課徴金であった(平和経済計画会議・経済白書委員会 1983)。

本書では新自由主義にもとづく構造改革を問題にしているが，ペルーでも日本でもこれと併行して通貨高に伴う産業構造の急激な転換が進んだ。このこともまた構造改革の一面である。政策論としてこの問題を改めてどうみるべきか。少なくとも日本については「私自身は円のさらなる上昇による構造改革を望ましいとは必ずしも考えていない。それがバランスある産業構造を崩すからである」(伊東 2006b：132) というのが，節度ある政策判断だろう。そしてこれは，人間社会の基礎となる食糧 (F)，エネルギー (E)，ケア (C) の 3 つの要素はできるかぎり消費地自体において調達されることが望ましいという，内橋克人の「FEC 自給圏」の構想とも密接に関連する論点なのである。✂

第 4 章 グローバリゼーションと小零細企業

のもとで輸入競争が過度に強まった結果，鉱業・農業・水産業など一部の高生産性部門を除き，貿易財部門は全般に「成長のエンジン」としての地位を奪われた。特に一次産品加工型以外の固有の製造業が相対的に伸び悩み，産業構造の脱工業化＝一次経済化が進んだことは注目に値する（Jiménez 2000）。過高な為替レートは当初を除けば主に金融自由化や民営化等に伴う大量の資本流入（二次的に開発援助資金の流入）に起因しており，これはペルー型の「オランダ病」ともいえる症状であった（Schuldt 1994）。

これと関連して第2に，上述の制度的枠組みのもとではまた，輸入の伸びに比して輸出のそれが相対的に抑制されるため，経常収支赤字が急速に膨張していった。当面はこの赤字の補填に必要とされる以上の資本が流入し続け（このこと自体がまた過高な為替レートをもたらし貿易財部門の退化や経常収支赤字を引き起こすことになる），それなりに均衡が取れていた。しかし1997年のアジア危機や翌年のロシア危機に伴い一次産品輸出と資本純流入が減少に転じてから，この経常収支赤字は持続不可能となる。対外準備が減少し，国内金融の逼迫と1990年代最悪の景気後退が引き起こされた。改革後の成長体制は対外的に脆弱なのである。

第3に，1980年代末に著しく悪化していた社会指標も改善されないか，むしろ一層悪化した。上述した一次経済化に伴い雇用吸収力は従来以上に弱まり，失業率の緩やかな上昇と不完全就業の増加がみられた。また雇用の柔軟化によって解雇が容易となり，短期の不安定雇用が増えている。経営者の給与を除く大衆の実質所得は低迷し続け，機能的所得分配はこれまでになく悪化した（Verdera 2000）。政府の公式統計では1985年から1996年にかけて貧困線以下人口比率は低下したことになっているが，その推計手法を批判して同比率がむしろ高まったことを主張する研究もある（Figueroa 1998）。この間，政府予算の多くの部分が貧困層に対象を特定した扶助的社会支出に振り向けられているが（1997年現在で約37％。Villarán y Chíncaro 1998：14-18），これは新自由主義改革の社会的債務を弁済する費用だったとみることもできる[10]。

---

10) 本章の主題からははずれるが，ペルーの新自由主義改革との関連で日本の政府開発援助のあり方を省みておくと，1991～98年に累計110億円に及ぶ「ノンプロジェクト無償」援助を

3 新自由主義改革後の小零細企業

　新自由主義改革により以上のようにマクロ政治経済環境が激変する中で、小零細企業は一体いかなる適応進化を遂げることになったのか。そしてまた1で整理した諸説は改革後の状況に照らしたとき、あらためてどう評価できるのか。現時点では判断材料が限られているため、以上の問題に決定的な解答を与えることはできない。ここでは今後の理論・実証研究への橋渡しとして、先行研究、公式統計ならびに現地非政府組織の内部資料などを組み合わせつつ、現在わかる限りの事実と論点を整理する。

3.1　過剰人口圧力の要因変化と小零細企業の全般的増加

　改革の後、失業率の上昇、不完全就業や短期雇用の増加、中間層の没落、そしておそらくは貧困線以下人口比率の増加など、過剰人口圧力が高まったことはすでにみた。ただし、それは従属理論や構造派の論者がかつて想定していたような、資本集約的工業化に伴う雇用吸収力の弱さのみが原因ではもはやない。むしろ前述した新自由主義改革に伴う一次経済化とその対外的脆弱性に起因する現象であり、これらはそれ自体また（ILDの制度論者ならそう主張すべきだろうが）すぐれて政治経済的な背景のもとで生じた現象であった。いずれにせよ、ここから推察されるのは小零細企業の増加である。この点を改革後のすべての時期について直接確認できる公式統計は得られないが、1995～98年に全国の小零細企業就業者数が全体として増加した事実はわかっている。その対前年増加率は1995～96年に4.5%、1996～97年に6.5%、そして1997～98年

実施していた事実が注目される（外務省経済協力局 1999：763-764）。この援助枠は「経済構造改革努力支援」を目的としたものであり、日本国民はペルーの新自由主義改革を支援するために巨額の資金を贈与していたことになる。政府開発援助への安直な批判は棄却されるべきだが（Murakami 1999：67-75）、改革に伴う社会問題の悪化を考慮したとき、フジモリ政権に対する援助のこの部分は再考の余地があった。この間の対ペルー政府開発援助は上下水道整備、教育・保健医療施設の改善、食糧増産など社会経済的に有意義な事業も可能にしているが、全体としてみると一貫性に欠けていたように思われる。

に 5.7% であり，いずれも就業人口全体の増加率を上回る伸びであった（INEI 2000b：32）。小零細企業数もまた増えたと推察して無理はないだろう。

3.2 「貧困の中の繁栄」？：地域・産業間の差異

それでは小零細企業のこの量的成長の性格はどう判断できるだろうか。この点に関してシュルトゥは，1でみたセルメーニョの退行的成長説が 1990 年代にも妥当することを示唆している（Schuldt 1994：67／Schuldt 1996：76）。前述のような雇用状況の悪化や貧困化といった背景を考慮すれば，この仮説には現実味があるかに思える。しかし次の問題がある。

第1に，ほかならぬ貧困化に伴う劣等財需要の増加という同説の核心的な因果関係は，先にも指摘したようにこれまで実証されていない。また仮に上記の因果関係が成り立っているとしても，開放経済のもとではそれが国内劣等財の需要増加に直結するとは限らない。輸入劣等財に需要が漏れることもありうる。その場合には小零細企業の増加は国内需要によって基礎づけられていないわけであり，同じ退行的成長でもセルメーニョ説ほどにさえ「楽観的」な事態ではない，ということになる。

第2に，これとも関連するが，地域・産業別に細分化すれば小零細企業の実態には差異がある。たとえば本章冒頭で触れたガマラ衣料品産業集積を擁するリマ・ビクトリア区では，小零細企業全体としてもまた衣料品小零細企業に限っても企業数と就業者数は増えている（表 4-1, 表 4-2）。この事例自体はセルメーニョ説と整合的であるといえなくもない。しかしペルー北部トゥルヒーヨの製靴産業小零細企業群の場合，1992～93 年に約 4,600 社を数えていた企業数は，密輸を含むアジアからの輸入品が激増した結果（Inés Carazo y Hurtado Erazo 1998：16），1997～98 年までには 1,641 社へと 64% も激減している（MINKA 1999：11, Cuadro 2）。リマ首都圏だけでみても製靴産業小零細企業数は 1993 年から 1996 年にかけて 265 社から 233 社に減少しており，同じく就業者数は 1,250 人から 1,190 人に減っている（INEI 1999：32, 36）。これはもはや退行的成長でさえなく，文字通りの退行にすぎない。こうしたやはり開放経済特有の事態は，閉鎖経済を前提としたセルメーニョのモデルでは説明できないはずである。

表 4-1 リマ・ビクトリア区の小零細企業と就業者：1993 年と 1996 年

	1993 年		1996 年	
企業数	6,352	8.7%	13,833	8.6%
就業者数	19,173	8.7%	34,859	9.1%

注：百分比はリマ首都圏の小零細企業と同就業者に占める比率。

【資料】INEI 1999：31, 35

表 4-2 リマ・ビクトリア区の衣料品小零細企業数：1993 年と 1996 年

1993 年	1996 年
621（44.9%）	1,422（54.8%）

注：（　）内の百分比はリマ中心部の衣料品小零細企業全体に占める比率。

【資料】INEI 1999：88 により作成。

3.3　新自由主義派の進化的成長説の限界

　ここで直ちに気づくように，上述した退行現象を含む地域・産業間の差異はまた ILD の進化的成長説に対する反証ともなっている。新自由主義改革の過程で小零細企業の営業登録手続きは簡素化・自動化されていき，公式登録された小零細企業の数は大幅に増えていった（INEI 2000a）。ここまではたしかに ILD の推論通りである。しかし規制緩和にもかかわらずインフォーマル小零細企業の存在感はなお大きい（遅野井 1995：103）。また前述のように，一連の自由化に伴い小零細企業が一律に躍動をみせたというわけではなく，それによって効率的な市場経済が実現したというわけでもない。たとえば破綻を免れた小零細企業にしても，その生産能力稼働率は概して低いのである（CIEPD-MINKA 1994：155／Inés Carazo y Hurtado Erazo 1998：15／ACONSUR 1997：44, Cuadro 24）[11]。

11）これはガマラの小零細企業，リマの他の衣料品小零細企業，トゥルヒーヨの製靴産業小零細企業などに共通してみられる現象である。ただし，そこには経済自由化の影響だけでなく小零細企業特有の行動様式も影響しているとみられる。すなわち小零細企業主が自社内でできる

3.4　群としての小零細企業：ガマラの進化的成長と退行的成長

　以上に加え，新自由主義改革後の小零細企業の実態は，「柔軟な専門化」論に触発された，群としての小零細企業の進化的成長という見方にもおさまりきらなくなっている。この点は上述したトゥルヒーヨの製靴産業集積の事例においてすでに明らかだが，実はガマラの衣料品産業集積についても同じ問題を指摘できる。以下でやや詳しくみておこう。

　なお，ここで改めて若干の予備知識を記せば，ガマラ衣料品産業集積は首都リマのビクトリア区内に所在し，1970〜80年代に急成長を遂げて国際的にも注目を集めた。その主な担い手はアンデス農村部からの国内移民やその後継者らが経営する小零細企業である。中低級衣料品を製造し，具体的な数字は得られないが主に国内市場向けに販売してきた[12]。衣料品の製造販売業者のほか，原材料・半製品の製造販売業者や雑多なサービス業者などが集積する。1993年現在で約6,800〜8,000社の企業が活動しており，作業場と販売店舗が入居したテナント・ビル数は60棟ほどに達する（Ponce 1994：100, 103）。国税庁は1992年現在でガマラ全体の年間売上高を8億ドルと推定しているが，これさえ過小評価だという見方もある（Visser 1999：1556）。ペルー随一の小零細企業群であり，ここで多少の紙幅を割くゆえんである。

3.4.1　ポンセの見解：群としての進化的成長　　さて，このガマラの小零細企業群

かぎり多くの作業をこなそうとして過大な設備投資を行うため，需要の変化や季節変動などにより生産能力が過剰化しやすいのである（産業省小零細企業プログラム全国調整官 I. ミフリン氏との面談による［2000年8月25日］）。Inés Carazo y Hurtado Erazo 1998：16, 18もまた，製靴産業小零細企業が過度に統合的な生産体制をとっていることを問題視している。
　このいわばジェネラリスト的行動はアンデス農民の間にもみられることに注意したい（Figueroa 1989／Adams y Valdivia 1994：44）。彼らは天候不順のリスクに備えて単一作物経営を避け，多角経営を合理的に選択してきたとされる。小零細企業主の第一世代がまさにこうした文化をもつ農村部の出身者であったという事実を考慮すると，以上は実に興味深い一致である。ただし都市部における小零細企業のジェネラリスト的投資行動は，稼働率の低さで判断する限り決して合理的とはいえない。

12）衣料品産業全体では1990年代前半に製品の9割弱が内需によって吸収されている（Aspilcueta 1999：21）。衣料品産業はリマに集中しており，またリマの中ではガマラを擁するビクトリア区に集中している事実を考慮すれば，ガマラでも同様の状態にあったと推察できる。

表 4-3　下請け零細企業集団：1995 年現在のガマラ

企業	労働者数	年間売上高($)	事業所数	保有機械台数	創業年
1	6	99,000	2	10	1989
2	7	120,000	1	9	1992
3	4	40,000	1	4	1994
4	6	223,555	3	12	1989
5	6	262,222	1	7	1994
6	3	100,672	1	3	1993
7	4	75,000	2	8	1970
8	4	80,357	1	5	1994
9	3	5,000	1	4	1994

注：大企業の下請け発注に共同で対応している零細企業集団。

【資料】Recursos S.A. の内部資料。

の新自由主義改革後における状況について、「柔軟な専門化」論を多少とも意識して行われた実証研究はポンセのものが最初である (Ponce 1994)。そこでは衣料品製造の優良小企業 45 社（平均就業者数 33 人；T シャツ，ニット，下着，ジーンズ，スーツ等の生産に従事）の聞き取り調査等にもとづき，1993 年前後における実態を明らかにしている。その要点を掲げれば次の通りである。

　第 1 に、まずガマラ全体として調査時点での企業数の増加ぶりは 1980 年代ほどではない。しかしテナント・ビルの売れ行きは良く、企業数は絶対的には引き続き増加している。

　第 2 に、調査対象企業はいずれも正の資本蓄積を実現しており、これも 1980 年代のブーム期ほどではないが固定投資も旺盛である（ただし生産能力の稼働率は平均 50％ 程度と低い）。調査対象企業はまた産業部門平均以上の労働生産性と資本生産性を実現している。

---

13) 表 4-3 の原資料は Ponce 1994 にはない。ポンセ氏が代表を務める経営コンサルタント会社 Recursos S.A. より直接提供を受けたものである。

第3に，調査対象企業間には競争と同時に下請けやグループ化など広汎で緊密な協力関係がみられ（表4-3[13]），集積の経済や技術情報の普及などの外部経済により，そうした企業の取引費用は節約されている。

第4に，このほか衣料品産業組合も各種の生産的役割を果たしている。同組合の会員の59％がビクトリア区に所在しているが，そのうち88％がガマラに属している。

みられるように，ここで提示されているのは，ガマラの小零細企業が一部は大企業との関係も取り混ぜながら密接な協力関係を武器に群として進化的成長を遂げている，という構図である。しかし，同じく「柔軟な専門化」論の流れを汲む「集合的効率性」論をより明示的に適用しつつ，1993～94年現在におけるガマラの小零細企業群を考察した他の2つの研究は，これとはまったく逆の像を描いている。

3.4.2　ビセルとタバラの批判：群としての退行的成長　「集合的効率性」論では，中小零細企業群がもちうる競争優位を外部経済と意図的な共同行動とに要因分解し，各々の時空間的差異やその組み合わせによって競争優位の高低が決まるとみる（Schmitz and Nadvi 1999）。このアプローチに依拠して1994年にガマラの実態調査を行ったビセルとタバラは，外部経済（および集積効果）の存在を認知する一方，ポンセとは反対に，企業間の意図的な共同行動は衣料品の仕上げ工程にかかわるそれをやや例外とすればほとんど未発展であると結論した（Visser y Távara 1995）。ビセルはその後も実態調査を継続し，次のような結果を得ている（Visser 1999）。

第1に，1993年現在におけるガマラの集積内小零細企業23社の就業者1人当り売上高は，ビクトリア区内外の分散的な小零細企業76社のそれを上回っていた。この競争優位は，直接的な観察を通じた市場情報の普及や集積自体による取引費用の削減といった，受動的な集合的効率性としての外部経済による。

しかし第2に，局地的に漏れ広がる情報は陳腐化しやすいなど，こうした外部経済には限界がある。しかも，集積内外にわたるより積極的な協力関係は生産・流通の両面においてなお微弱である。このため改革後の開放経済への適応能力は低くならざるを得なかった。1994年以降，ロス・アンジェルスの衣料

品産業集積の製品など輸入品が急増したが[14],同一企業を定点観測したところ,1993～94年にガマラの小零細企業の1人当り売上高は27％減少していた。競争は内外にわたって激化しており,ガマラの優位は溶解しつつある[15]。

3.4.3　1990年代後半のガマラに関する局所的な事実　以上のように,新自由主義改革後のガマラの小零細企業群に関する先行研究の評価は互いに全く異なっている。一方は企業間の協力関係にもとづく進化的成長という像を描き出し,他方は受動的な外部経済に甘んじた退行的成長ないし退行という構図を提示している。ただしガマラに関する上記の先行研究の対象時期は,いずれも1990年代半ばまでに限られている。筆者が知る限り,まさにこの時期以降のガマラに関する実証研究は存在せず,また関連する公式統計も不備であるため,1990年代後半の状況把握は困難となっている。なお興味深いことに,かつてペルーにおける「柔軟な専門化」の可能性を提唱していたビジャランは,その後,ガマラにおける輸入競争の激化や製造業小零細企業の全国的な成長停止を示唆するようになったが(Villarán 1998：124, 172-173),それも具体的なデータにもとづくものではなく,単なる印象論にすぎない。

　この空白を少しでも埋めるため,ガマラを中心に衣料品小零細企業への技術援助を実施している非政府組織PIRKA[16]から被援助企業の経営情報に関する内部資料を入手し,その一部を整理・加工することによって,ガマラに所在する小零細企業の年間売上高が1990年代後半にどう推移したかを把握してみた。**表4-4**にその結果を掲げてある。複数年度にわたって売上高を伸ばした企業が

---

14) 新自由主義改革当初の3～4年間は,高所得階層向けの輸入品が増加した。輸入業者,百貨店,スーパーマーケットが低所得階層向けの輸入品を扱うようになったのは,それが一巡してからであった(SASE-SERCAL 1997：27)。
15) 衣料品産業全体(従業員5人以上の企業)としても1992年から1994年にかけて収益性(営業利益÷総生産額)は0.77％から0.43％へと悪化している。その一因はアジア製の安価な輸入品の増加に求められるという(Aspilcueta 1999：20, 71)。
16) アメリカ合衆国政府国際開発庁(USAID)の援助によって衣料品小零細企業向けの技術支援を実施している現地非政府組織である。
17) ただし同じくPIRKAの内部資料(PIRKA s.d. a)では,1990年代後半の時期について企業間の協力関係の存在を示す情報が散見される。これはむしろポンセの見方を裏づけているといえなくもない。

表4-4 ビクトリア区（ガマラ）の衣料品小零細企業

企業名	援助開始時期	1996年 売上高（ソル）	就業者	1997年 売上高（ソル）	就業者	1998年 売上高（ソル）	就業者	1999年 売上高（ソル）	就業者
CONFECCIONES LIBOR'S	1996. 2	1,913,548	16	1,234,730	22	1,041,000	12	−	−
CONFECCIONES D Y Z	1996.10	169,233	7	268,350	5	−	−	−	−
PN ALICIA CUELLAR	1996. 2	−	−	594,699	18	299,422	14	−	−
PN MARGARITA GUARDIA	1997. 2	−	−	88,608	4	79,900	3	−	−
LOGGIA INTERNATIONAL S.A.	1997. 1	−	−	596,821	11	248,533	7	−	−
FA Y SOL	1997. 1	−	−	80,250 I,II	13 I,II	1,264,814	18	774,600	18
CONFECCIONES FRANKY	1997. 1	−	−	268,760	6	157,800	6	−	−
SCARMET SRL.	1997. 2	−	−	398,000	5	131,896	2	−	−
CREACIONES Y DISTRIBUCIONES 2001	1997. 3	−	−	690,526	11	543,142	8	−	−
SUÑE SARMIENTO	1997. 5	−	−	571,500	13	594,025	9	576,000	13
ROY（ROY FASHION）	1997. 6	−	−	232,000 I,II	9 I,II	744,800	10	580,500	8
JIMMY CLARK	1997. 8	−	−	−	−	450,091	7	339,830	9
D'GRAUSS（VICTOR GRAUSS）	1997.11	−	−	−	−	458,848	6	652,000	10
HACKS	1998. 2	−	−	−	−	830,000	5	469,000	5

注：ビクトリア区（ガマラ）の標本企業総数41社のうち複数連続年度にわたって年間売上高の推移を確認できる14社のみ掲載。就業者は年間平均。ハイフンはデータが得られないことを示す。ローマ数字は当該年の四半期を意味し，当該四半期についてのみデータが得られたことを示す。

【資料】PIRKA s.d. b により作成。

　皆無というわけではないが，その減少をみたものがほとんどであり，このかぎりではビセルらの退行的成長説が支持されるかにみえる[17]。もちろん，先行研

究の場合と同じく標本数はごくわずかであり，これだけで全体の傾向を判断することはできない。しかしまた逆に，前述の通り 1990 年代にその小零細企業数・雇用数が増えたにもかかわらず，ガマラを「群としての進化的成長」というかつての楽観的な構図で一色に染め上げることも，もはやできないはずである。それではガマラの小零細企業は群として退行的成長を遂げつつあるのか，それとも一律ではない多様な適応をみせているのか。実態把握は未完の課題であり続けている。

おわりに

　グローバリゼーションのもとで開発途上国の小零細企業はいかなる実態にあり，またその展望はどのようなものなのか。本章ではこの点を探る今後の理論・実証研究に向けた準備作業として，南米ペルーの事例をとりあげ，先行研究の整理を中心に予備的な考察を行った。1 では 1980 年代までの小零細企業ないしインフォーマル部門に関する代表的な見解を検討し，各々の状況認識と方法的な優劣を整理した。2 ではペルーをグローバリゼーションへと統合したフジモリ政権の新自由主義改革について概括した。以上を踏まえて 3 では，限られた資料によってではあるが同改革後の小零細企業の実態について基礎的事実を確認すると同時に，1 で検討した諸説の是非をこれに照らしつつ改めて評価し直した。1990 年代以降の現実を体系的に把握するにはいずれにも限界があることが示された。

　最後に今後の研究課題を示唆し，本章を締めくくりたい。第 1 に，なによりもまず 1990 年代以降の小零細企業の実態についてより多くの事実を掘り起こさなければならない。とりわけ資本蓄積動態の数量的把握が望まれるが，そのための公式統計は連続性や体系性を欠いている（BCRP-USAID 1992 ／ INEI 1997a）。ガマラなどに焦点を絞った独自の標本調査やデータ収集が必要である。

　第 2 に，1 や 2 での検討を踏まえ，1990 年代以降の現実を体系的に把握しうる代替的な分析枠組みが構築されねばならない。一案として，セルメーニョの需要側要因重視のミクロ経済モデル（Cermeño 1987）を（**注 6** に指摘した点も考慮しながら）開放経済の枠組みであらためて考察し直すとともに，賃金，投入財，金融等の費用にかかわる供給側の要因を「集合的効率性」に伴う外部経

済の論点とあわせ考慮し，需給両要因統合型の理論モデルとして定式化することが考えられる[18]。

第3に，本章ではほとんど議論しなかったが，これまで主に内需指向であった小零細企業の今後の発展方向として，グローバリゼーションへの守りの適応（輸入品との競争）だけでなくさらに攻めの適応（輸出）の可能性も念頭においた考察が進められてよい[19]。繊維・衣料品中小企業についてはすでにそうした方向での研究が開始されている（Aspilcueta 1999）。近年の「集合的効率性」論でも海外のバイヤーとの関係など「対外的リンケージ」の構築は重要な論点となっている（Schmitz and Nadvi 1999）。

第4に，他の国々との国際比較を行うことも一法である。とりわけ中小企業が経済発展を支えてきた日本や台湾など東アジアの経験（小池・川上 2003）と比較すれば，研究視点や政策的示唆の点で得るところが大きいと思われる。また他のラテン・アメリカ諸国との比較も，域内におけるペルーの小零細企業の相対的な特徴を把握する上で有効だと思われる。

2008年のエピローグ：その後の現地調査から

本章は佐野 2002a に若干補筆したものである。コラムは書き下ろしである。

本章の元となった論考を脱稿した後も 2004 年までの数回にわたり，筆者はペルーの小零細企業とこれに関連する論点について現地調査を行っている。ここではそこで得られた知見の一部を書き留めておこう。その内容はいずれもフジモリ政権後半ないし直後の時期に関連している。地球の裏

---

18) Wuyts 2001 はタンザニアのインフォーマル部門についての代表的見解を理論モデルの形に定式化しながら比較検討している。そこでは単位労働費用にかかわる供給側要因が重視されており，セルメーニョのモデルにおいて需要側要因が重視されているのと対照的である。ペルーの場合も供給側要因を取り込んで理論化することは重要であり，今後は両要因を統合した理論化が望まれる。

19) これはいわゆる非伝統的輸出の主題とも関係するが，ペルーに関するその背景知識として清水 1999 を参照。

側の新自由主義体験を再考するための追加材料として，少しでも役立てば幸いである。

第1に，本論の2で述べたようにフジモリ政権下では失業率が緩やかに上昇したが，実態は公式統計が示すよりもずっと深刻であった。**図4-1**にも示されている通り，ペルーでは，近代部門に吸収されなかった過剰人口はフォーマルな雇用を求めて失業している「余裕」はなく，学者たちが「生存維持戦略」と呼ぶ多様な自活の道を選択していくことになる。そして統計上は失業人口から消えていく。通常の都市部失業率はこうした状態を与件として次のように計算される。

通常の都市部失業率＝都市部失業人口÷都市部経済活動人口全体×100

しかしペルーのように，上述したような経緯でインフォーマルな自営業者や小零細企業の家族従業員になる人々が経済活動人口の半分にも達する国の場合，この通常の計算方法では彼らがフォーマルな雇用を求めようとするとき実際に受ける過剰人口圧力を適切に測れず，実質的な失業率が過小評価されることになってしまう。そうした国では，都市部失業率の分母はむしろ自営業や家族従業員を除いた都市部被雇用経済活動人口に限定する方が実態に近くなる。

代替的な都市部失業率＝都市部失業人口÷都市部被雇用経済活動人口×100

ベルデーラ（Verdera 2003）は以上のように考え，この代替的な失業率をペルーについて推計し，通常のそれと比較している。その結果のみを**表Ⅳ-1**として以下に引用した。推計値はすべて都市部を対象としたものである。時期はやや古いが，フジモリ政権（1990〜2000年）のもとで新自由主義改革が推進された期間とほぼ重なっており，その点では今日の眼からみてもなお示唆的であろう。

これでわかるように，代替的な失業率は通常の失業率のほぼ2倍になる。フジモリ政権の末期には20％近くにも達していたことに注目したい。公式の失業率ではみえてこない現実が，ここに照らし出されている。

第2に，本論の主題であった小零細企業に関連する知見としては，まず

表IV-1 ペルーの2つの失業率

年	通常の失業率	代替的な失業率
1991	5.9	11.0
1993	9.9	19.4
1995	7.1	13.6
1997	9.0	18.7
1999	9.4	19.5
2000	7.8	17.2
2001	8.8	19.7

【資料】Verdera 2003：33 の表より抜粋。

は1990年代半ばから同年代末にかけてリマ大都市圏の小零細企業とそれに準じた自営業の過剰人口吸収力に逓減傾向がみられたことを指摘できる。**表IV-2**によれば，小零細企業就業者数は1990年代前半に引き続いて増加してはいるが，その増加率は鋭く低下している。また専門職・技術者以外の自営業者数の増加率は横ばいであった。なお，以上のデータは本論3.1で述べた全国的傾向と整合しないように思える。追考が必要である。

第3に，小零細企業についてはまた，政府の支援を受けながら存続した多くの企業群があったことを指摘できる。フジモリ政権下，主に推進されたのは新自由主義経済政策であるが，本論の注9でも述べたように，1994年以降は貧困緩和を目的に小零細企業を支援する各種の補整政策が実施されていく。その一環として，農家用の鍬や貧困家庭学童向けの革靴・制服・机など，小零細企業が製造する財を対象とした政府購入が断続的に行われた。この補整政策は生産能力の稼働率を最低50％にまで引き上げることを意図していたが，これにより雇用は一時的にせよ増加している

20）この政府内部資料は巻末に生産能力稼働率ほか支援対象企業の個別データが掲載されており，当時の実態の一部を知るのに役立つ。

表Ⅳ-2　リマ大都市圏の就業構造：1984～2000年

	就業者数に占める比率（％）				年増加率（％）			
年	1984	1990	1995	2000	1984-90	1990-95	1995-2000	1984-2000
公共部門	14.7	11.3	9.2	8.6	−0.7	−0.2	1.4	0.1
零細企業	25.5	31.5	35.1	33.3	7.4	6.3	1.7	5.3
2–4人	18.4	24.0	26.1	26.5	8.4	5.8	3.1	5.9
5–9人	7.1	7.5	9.0	6.8	4.7	7.9	−2.9	3.2
小企業	11.3	12.1	11.2	10.0	4.9	2.3	0.6	2.7
10–19人	5.1	5.5	5.6	5.2	5.2	4.4	1.2	3.7
20–49人	6.3	6.6	5.6	4.8	4.7	0.5	0.0	1.9
中・大企業	21.0	18.0	16.4	14.9	1.1	2.1	0.9	1.3
自営業	19.2	21.7	23.2	27.4	5.8	5.4	6.3	5.8
専門職・技術者	0.8	1.5	1.7	3.1	15.9	6.1	16.1	12.8
上記以外	18.4	20.2	21.5	24.3	5.3	5.4	5.3	5.3
その他	8.3	5.3	4.9	5.8	−3.6	2.4	6.2	1.3
計	100.0	100.0	100.0	100.0	3.7	4.0	2.8	3.5

【資料】MTPS 2002：Cuadro 1

(Charpentier 1998[20])。

　第4に，以上とは対照的に，本文でも触れた非政府組織 PIRKA の経営診断・指導を受けつつ組織革新を実現することで，シュンペタリアン型の進化を遂げた小零細企業群もあった。PIRKA から提供された内部資料にもとづき，3社の事例を紹介しておこう。

　1つはガマラで婦人服の製造販売を手がけるレナタ・コレクション社である。同社は1998年8月から PIRKA の経営診断・指導を受け，作業の不適切な配分を是正した。その結果，表Ⅳ-3の通り生産性が飛躍的に向上し，不良品率も顕著に低下した。損益分岐点も下がっている。他方で人件費は抑制されたため，利益は大幅に増えた。この最後の側面はマルクシアン的といえるかもしれない。

　次の事例はイサゲ社である。ウアヌコ地区で1995年に創業し，調査時

表Ⅳ-3　組織革新の成果：レナタ・コレクション社

項目	診断・指導以前	診断・指導以後	変化率
価値生産性（従業員1人当り生産額：ソル）	5,833	9,444	+62%
平均週賃金率（報奨金を含む；ソル）	130	150	+15%
営業利益（粗利益－営業支出）	14,000	30,000	+114%
不良品率	13%	6%	−54%
損益分岐点（1ヶ月当りソル）	15,000	13,940	−7%
雇用	9	9	0%

【資料】PIRKA の内部資料。

点当時はガマラで営業していた。PIRKA の経営診断・指導により作業を標準化し，「直線的生産システム」（テイラー主義的な科学的管理法を意味するという）と製造工程内品質管理を導入した。これにより生産性が向上し，不良品率が低下する一方で，賃金は抑制され，利益が大幅に増えている。この事例でもシュンペタリアン的側面とマルクシアン的側面が組み合わされているのがわかる（表Ⅳ-4）。

　最後の事例は 1997 年に創業したスタローネ社である。リマ市内サン・フアン・デ・ルリガンチョ地区で下着を製造し，それをガマラの販売店舗で売り捌いている。家族と親族からなる小規模の同族企業であるが，原材料とする半製品はセルビシオ（Servicio）と呼ばれる調達網から供給されている。以前は単一品目の製造で過大なロット数や高い不良品率などの問題を抱えていたが，1998 年，複数品目の製造を開始するにあたり，半年間にわたって PIRKA の経営診断・指導を受け，「トヨタ方式」を導入した。その結果，表Ⅳ-5 のような成果を得た。

　このスタローネ社には 2003 年 11 月，筆者も訪れ，女性社主に対して聞き取り調査を行った。それによると，PIRKA の内部資料にある「トヨタ方式」とは，実際には図Ⅳ-1 のような生産編成を意味するのだという。まず作業場内には 2 つの生産単位（Ⅰ，Ⅱ）がある。各図形はミシンや裁断機など機械の配列を，矢印は作業工程の流れを示す。使用する機械の組み

表Ⅳ-4　組織革新の成果：イサゲ社

項目	診断・指導以前	診断・指導以後	変化率
物的生産性（1人1日当り製品量）	24.82	28.46	+14.66%
価値生産性（従業員1人当り生産額；ソル）	4,125	5,147	+24.77%
平均週賃金率（ソル）	155	170	+9.00%
営業利益（粗利益−営業支出）	12,375	26,250	+112.12%
不良品率	5%	2%	−60.00%

【資料】PIRKA の内部資料。

表Ⅳ-5　組織革新の成果：スタローネ社

項目	診断・指導以前	診断・指導以後	変化率
週当り生産量	2,200	2,500	+13.60%
雇用	8	8	0.00%
不良品率	15%	8%	−46.60%
月間固定費用	10,743	12,000	+11.70%
営業利益	999	1,346.4	+34.77%

【資料】PIRKA の内部資料。

合わせは製造品目に応じて変更される。ほぼ全員が女性である作業工は複数の作業をこなすことができ，製造品目に応じて作業の仕方を変える。かくして「多能工」に基礎をおく「トヨタ生産方式」が展開されている，ということであった。

　以上3社の事例では，いずれもプロセス・イノベーションにより供給体制が改善された。また少なくとも最初の2社の事例では，賃金の引き上げは比例以下に抑制されている。いずれにせよ単位賃金費用は低下したと考えてよく，他の費用やマーク・アップ率を一定とすれば3社の価格競争力は強化されたといえる。本文でも述べたように，1990年代にペルーは開放経済へと大転換しており，低中級品においても輸入品との競争が激化していった。3社はこの環境変化に対して実際的な適応進化を試みた事例だ

第4章　グローバリゼーションと小零細企業

図Ⅳ-1 スタローネ社の「トヨタ生産方式」

【資料】筆者作成。

と解釈できる。ただし向上したのは実は価格競争力だけではなかった。この点に関して，スタローネ社の社主から聴取した次の言葉は参考になる。

「わが社ではピマと呼ばれる高級原料綿を使用し，相対的に高品質の〈高級〉品を製造しています。もちろん文字通りの高級品ではありません。ペルー社会の階層構成ABCDのうち，上から2番目のB階層や，とりわけ3番目のC階層向けの商品にすぎません。ですが，ガマラ地区の下着製造・販売の世界では〈スタローネ〉はすでに〈ブランド〉になっています。このため，輸入品との競争が厳しくなったとはいえ，なんとか価格を高めに維持できているのです」。

低中級品市場の内部においてではあれ[21]，品質向上によって製品差別化（一種のプロダクト・イノベーション）を図り，非価格競争力と需要を獲得したという事実に注目しておきたい。後述するように，これは次の点とも関連する。

第5に，ペルーの都市インフォーマル部門の行動様式にはチェンバリンの

---

21) このことも本論で触れたセルメーニョのモデルを想起させ，示唆的である。

独占的競争の理論が妥当するという，シドロウスキの仮説（Schydlowsky 1996：32-34）も書き留めておこう。シドロウスキ自身はチェンバリンの理論を専らインフォーマルな露天商に当てはまるものと考えているのだが，シュルトゥは同理論がインフォーマルであると否とを問わず小零細企業全般に妥当すると主張している（Schuldt 1996：73）。筆者も同意見である。そうした留保は必要だが，シドロウスキの見方は本論を執筆する際には把握していなかった卓見であり，ここで紹介しておくに値する[22]。

　完全競争市場においてと同様，独占的競争市場にあっても企業は自由に参入・退出する。しかし財それ自体や販売方法などに関して細かな差別化を図り，顧客との相対取引を通じて一種の独占的立場を享受する。この点を解明したハーバード大学教授チェンバリンの古典的著作『独占的競争の理論』（初版1933年）を，シドロウスキはペルーのインフォーマルな露天商を主に念頭に置きつつ次のように再読してみせる。

　第1に「チェンバリン教授は，この組織形態においては，参加者は過剰となり，市場に存在するすべての企業は過剰能力を抱えるため，そこでの価格設定は平均費用にもとづいて行われると言明している。より現代的に言いかえれば，チェンバリン教授は不完全就業を予見していたのであり，価格も完全競争の場合のように限界費用にもとづいて決まるのではなく，すべての参加者の平均費用を踏まえて設定されることを見通していたのである」（Schydlowsky 1996：33）。

　第2に「チェンバリン教授はまた，イノベーションこそは製品差別化の過程を持続させるものであると述べていたが，それは都市インフォーマル部門でも観察される」（Schydlowsky 1996：33）。

　第3に「都市インフォーマル部門とは，定数項のように固定された販売高から得られる収入をより多くの参加者に分配するため，市場を分かち合う形態なのである。製品の差別化によって市場が分断され，ずっと多くの

22）以下，シドロウスキの仮説に関連する本文の文章のうち「インフォーマル」云々とある部分は，すべて小零細企業全般と読み替えてほしい。なお，この点のほか，シュルトゥによるシドロウスキの議論の建設的な批判（Schuldt 1996：71-75）はいくつかの点で参考になるが，ここでは割愛する。

労働者が市場に残ることができるものの，各人は不完全就業状態におかれる。これは本質的には，誰も完全には就業できないが，それでも社会の全員がいくらかの収入は得られるような分配手段なのだといえよう」(Schydlowsky 1996：34)。

　シドロウスキの現代的な古典解釈は総じて非常に示唆的であり，それはまた筆者自身が知り得たペルーの小零細企業の現実ともいくつかの点で整合する。たとえば小零細企業の生産能力の稼働率が低いことについては，本論3.3とその注11，同3.4.1や本エピローグ（第3の論点）でも指摘したが，先に紹介したスタローネ社の場合も，社主によれば，ミシンを主体とする生産能力の稼働率は60～70％程度であるという。また同社の製品差別化も，この分析枠組みにそくして解釈したとき，適切に意味づけることができるように思われる。

　なおシドロウスキのこうした考えにしたがえば，都市インフォーマル部門に関するデ・ソトらILDの法制度論的＝新自由主義的な見方は次のように批判されることになる。このことも付け加えておこう。「法的枠組みは，インフォーマル事業がフォーマル化できるかどうかの程度を副次的に制約することにはなるが，この市場組織形態の存在を説明するものではない。ましてや，工業部門のフォーマルな雇用の創出が事実上麻痺してきているという状況にあって，インフォーマル事業が急激に成長してきたことを法的枠組みのあり方によって説明するのはさらに困難である」(Schydlowsky 1996：34)。

　さて，このエピローグの最後にもう1点，小零細企業の再生産のあり方は，それを対象とした金融機関を通じても窺い知ることができたことを付記しておこう。2001年12月の現地調査に際して，筆者はマイクロ・ファイナンスに従事する3つの非政府組織EDYFICAR, PROEMPRESA, FOVIDAから30弱の小零細企業の貸借対照表を入手した。いずれも融資審査を経て債務返済能力ありと認められた「優良」企業であり，貸借対照表に記載されている収益性指標はたしかに良好にみえた。

　ところが上記の金融機関の融資担当者に対する聞き取り調査によると，たとえばPROEMPRESA（セルカード・リマ地区）の例では，融資審査を

実際に受けることができる 10 社のうち，審査に通るのは 3 社にすぎない。これは逆に言えば 7 割ほどが非優良企業，つまり債務返済困難な生存維持型または単純再生産型企業だということを示唆している。これ以外に融資審査さえ受けられず，門前払いされる企業もある。また審査を通った企業でも第 1 回目返済の延滞率は 10％，1ヶ月目からの延滞率は 4％である。EDYFICAR のコーノ・スール地区支店でも延滞率は上昇傾向にあるということであった。

第Ⅲ部

新自由主義の理論
批判と対案

¿Qué es el neoliberalismo? — Críticas y alternativas

第 5 章

開発パラダイムの比較分析
ポピュリズム，新自由主義，「社会自由主義」

はじめに

　新自由主義が主導したグローバリゼーションの過程で，かつての国家主義的な開発パラダイムやその変種は世界各地において広く掘り崩されてきた。しかし現状では，これに代わるべき持続可能な開発パラダイムは，なお確立していない。

　事実，新自由主義の福音は一時世界を席巻したが，その結果は度重なる通貨・金融危機やその前後における社会経済問題の悪化であった。一方，中道左派政権下のチリやブラジル，そして金大中政権以降の韓国など，国家主義とも新自由主義とも異なる「第3の道」を志向した進歩派の試みもまた，必ずしも満足できる成果をあげていない。より望ましい開発パラダイムに向けた構想が，いま改めて求められている。

　いうまでもなく，そのためには，これまでの開発パラダイムの問題点に関する本質的な理解が不可欠である。その予備作業として本章では，ラテン・アメリカの中進工業諸国に従来みられた開発パラダイムを暫定的に比較分析してみる。

　第2次大戦後のラテン・アメリカにおいては，国家主義の開発パラダイムがまず支配的となり，そこでは往々にして，ポピュリズムと呼ばれる大衆宥和型の社会経済政策が採用された。これに対する「反革命」として，1970年代以降は南米チリを先駆けに新自由主義が台頭したが，実はすでにそれ以前から，IMFがこの地域の経済政策形成に繰り返し介入していたという経緯がある（第

6章)．さらに 1990 年以降は主要諸国において中道左派政権が相次いで成立し，チリのキリスト教民主党＝社会党連合政権（1990 年〜）は「第 3 の道」（Foxley 1997：106）を，またブラジルのカルドーゾ政権（1995〜2002 年）は「社会自由主義」（Bresser Pereira 1998a／Cardoso y Soares 2000）を模索するようになった。

念のために断っておけば，ここで考察対象とする複数の開発パラダイムはラテン・アメリカ固有の政治経済的文脈から生まれたものであり，それらの比較分析はアジアなど他の開発途上地域に直接転用できるものではない。とはいえ，そこには IMF の政策介入や「第 3 の道」の模索など，他地域では遅れて顕在化した問題群の先駆的形態をみてとることができる。ラテン・アメリカは近代的な開発の歴史が長いため，開発途上地域のなかでは相対的に「先進的」なのである。本章の比較分析は，その意味で，他地域における代替的な開発パラダイムの構想にも間接的な示唆を与えるだろう。

比較分析の手段としては，ブラジルのバシャの手になる中進工業経済の概念的な開放マクロ・モデル（Bacha 1991：Cap.2, Cap.3, Cap.4, Cap.11, Cap.12, Cap.13）を，本章の目的に沿うよう適宜加工して援用する。これはポスト・ケインジアン（カレツキアン）の国内不均衡分析にラテン・アメリカ構造派の対外不均衡分析を組み合わせた，異端派総合の性格をもつ[1]。念のため，次の 2 点を予め断っておきたい。

第 1 に，ここでの比較分析は短期を想定している。開発パラダイムという，すぐれて長期の事柄を分析するには，これは不適当とも思われよう。しかし一次的な接近としては短期分析も有効である。なぜならレギュラシオン・アプローチをはじめ現代の制度派経済学が示唆しているように，マクロ経済の中長期の再生産を制御する制度構造がいったん確立すると，それに応じて短期的な調整にも特有のレジームが認められるようになるからである。

---

1) 異端派総合の必要性とその規範的方向性については，佐野 1998：終章および岡本 2000：第 1 章を参照。ただし総合に値する異端の潮流はポスト・ケインジアンやラテン・アメリカ構造派に限定されない。なお異端派総合の方法論に関してはハーシュマンの政治経済学にみられる非決定論的または反原理主義的な構え，つまりポシビリズム（矢野 2004）が 1 つの導きの糸になりそうである。

§ 社会自由主義国家

　社会自由主義国家とは，ブラジルの著名な経済学者であり，カルドーゾ政権下で初代の行政改革大臣を務めたブレッセル・ペレイラが，1920年代のイタリアで活躍した社会民主主義者ロセッリから借用し，今日のラテン・アメリカに改作適用した概念である。カルドーゾ自身もこの考えを共有している（Cardoso y Soares 2000：57）。ブレッセル・ペレイラ 1998 によれば，それは概要以下のような背景と内容をもつ。

　まずラテン・アメリカで「失われた10年」と呼ばれた1980年代の深刻な経済危機は，すぐれて国家の危機，すなわち国家が経済・社会へといかに介入すべきかをめぐる危機であり，さらには行政を司る官僚制の危機であった。他方では今日，経済の新自由主義的なグローバリゼーションによって，不完備情報や情報の非対称性などにもとづく従来型の「市場の失敗」とは次元を異にする，新たな「失敗」が，広汎に顕在化している。

　このような状況において，ラテン・アメリカに求められる新たな国家の姿とはいかなるものか。ブレッセル・ペレイラによれば，それはまず，新自由主義思想において理想化されている，19世紀の自由放任型の夜警国家ではありえない。これは時代錯誤にすぎず，サッチャー政権時代のイギリスのように単に規制を緩和し，社会的役割を放棄しようとする国家は，現代においては立ち行かなくなる。しかしまた同時に，新たな国家は，経済発展や福祉を一手に担うような20世紀型の福祉国家（その開発途上国版が開発主義国家）でもありえない。危機に陥ったのは，まさにそうした巨大国家だからである。そうではなく，社会的（Social）でありかつ自由主義的（Liberal）でもある社会自由主義国家（Estado social-liberal），これこそ新たに目指すべき国家像となる。

第5章　開発パラダイムの比較分析

なぜ社会的なのか。それは，社会自由主義国家が教育・保健衛生・福祉など国民の社会的権利を保護する責任を引き続き負うからである。なぜ自由主義的なのか。それは，新たな国家が福祉や教育の意思決定を国家官僚に独占させず，民間への委託などをも活用して公共サービスをより競争的・効率的に提供するからである。社会自由主義国家は生産ではなく資金供給，そして市場の規制に従事する。また対外的には，国内市場の保護よりもむしろ国際競争力を強化しようとする。社会自由主義国家は，以上の意味において市場と補完しあう関係に立つ。

ラテン・アメリカにおいてこの社会自由主義国家を構築していくには多くの困難がある。一方では，社会に根強く残る縁故主義やポピュリズム的な政治文化などが障害になっている。他方，ラテン・アメリカには不平等な所得分配という大問題が厳存するため，国家再生の2つの柱，すなわち統治とその能力とが恒常的に危機にさらされている。

ブレッセル・ペレイラの以上の議論は，ブラジルを超えて広くラテン・アメリカ全域に妥当する面がある。ただし，国家主義的傾向が近隣諸国よりも比較的長く続いたブラジルの風土を反映してか，1980年代の「失われた10年」を「国家の危機」論によって一元的に解釈しているなど，他の国々でもたしかにみられた新自由主義の問題性を過小評価しているきらいがある。

第2に，主流派の基本的なマクロ経済モデル（IS－LMモデル，総需要・総供給モデル，マンデル＝フレミング・モデル，テイラー・ルールを組み込んだ総需要・インフレーション調整モデル[2]）に対抗しうるような簡便かつ操作性の高いそれは，異端派の陣営においてはほとんど見当たらないが，それは開発理論の分野でも同様である[3]。これに対して，本章で提示されるモデルは初学者でも十分に理解可能であり，操作性もよく，かつ異端の芳香を漂わせている。ここではその概念的な説明を図解によって行う。

　予め議論の見通しを与えておこう。まず1においては中進工業経済の基本モデルを図解する。次に2と3では，これを応用しつつ，国家主義的開発パラダイムの下におけるポピュリズム型のマクロ経済調整レジームと，新自由主義の調整レジーム（IMFの標準的な安定化政策，マネタリー・アプローチの「自動的調整メカニズム」）を考察する。4ではブラジルのカルドーゾ政権下で当初みられたマクロ経済調整レジーム（1995〜98年）を定型化し，「社会自由主義」の持続可能性について批判的に検討する。最後に，以上の各調整レジー

---

[2] 理解しやすいものとしては Frank, Bernanke, Osberg, Cross and MacLean 2005：Chapter 15 を参照。この初級経済学教科書はフランクとバーナンキ（アメリカ連邦準備制度理事会現議長）が執筆したオリジナルのアメリカ版を，筆者も知るカナダの進歩派経済学者たちが大幅に書き換えたものである。主流派経済学が圧倒的に支配的な状況下での，一種の加入戦術の産物である。
[3] 異端のマクロ開発経済モデルのコレクションとしては，ラテン・アメリカ構造派の記述的な議論をポスト・ケインジアンの理論モデルの枠組みに沿って「翻訳」した，テイラーの構造派マクロ経済学が体系的である（Taylor 1983／Taylor 1991a）。そしてそこでも冒頭では比較的単純な一部門モデルが展開されている。しかしその後に続くモデル展開は次第に複雑化し，特に初学者には理解困難なものとなる。
　一方，主流派経済学の基本モデルは簡便であり，イデオロギー的な理由ともあいまって，これらがいまなお教育現場で多用されている。その結果，わかりやすいが，世界の多数派を占める開発途上諸国の時空間的な多様性を無視したモデルが，初学者のナイーブな頭脳に摺りこまれることになっている。
　バシャのモデルはこれら両者の間を行くように思える。すなわち，あくまで異端のアプローチに立つが，主流派のモデルと同程度かそれ以上に簡便である。しかも後述するように国内不均衡と対外不均衡を同時に扱えるという点で操作性が高い。
　このほか，比較的簡便かつ計量モデルとしても利用可能な異端派開発経済モデルとしては，1980年代のペルーに援用されたテイラーのモデルや，メキシコの対外債務危機を背景としたCIDEのモデルなどがある（Schuldt 1987／Alarco, Lora y Orellana 1990：435-448）。しかしそれらは時代遅れとなっており，今日ではいくつかの修正が必要である。

ムの機能とその制度的な枠組みとの関連を簡単にまとめ，今後の課題に触れよう。

1 中進工業経済の概念的なマクロ・モデル

　この節では，バシャによる中進工業経済の短期開放モデルを，本章の分析目的に合わせて適宜加工しつつ提示する。その経験的基礎はラテン・アメリカの主要諸国の現代経済史，特に第2次大戦以後1970年代前半までのそれに求められる。そこでのマクロ経済調整の主要な傾向を最も単純な形で理解するため，次のような状況を想定する。

　第1に，この中進工業経済では国内の労働力と輸入生産財を用いて内需および外需向けの生産を行う。第2に，国内で生産される財と競合する財の輸入も行われている。第3に，所得集団としては資本家と労働者の2階級が存在する[4]。第4に，生産能力は完全稼動していない（国内不均衡）。第5に，貿易赤字が発生している（対外不均衡）。

　なお本節において提示する基本モデルでは，金融市場ならびに貿易収支以外の対外部門は捨象されている。それらは次節以降，分析目的に必要な限りで考慮されることになる。以下，図5-1にそくしてモデルの構成部分を順次説明していこう[5]。

1.1　生産能力：YK曲線

　産出水準Yを横軸にとり，生産される財の価格Pを縦軸にとる。潜在的に可能な産出水準すなわち生産能力をY_kであらわすと，ある時点におけるY_kは垂線YKとして描ける。

---

[4] この仮定は恣意的に思われるかもしれない。農民や都市インフォーマル・セクターに代表される中間的な諸階層は特に当時のラテン・アメリカでは厚みがあり，それ自体としては無視できなかったからである。しかし資本家と労働者からなる工業部門がマクロ経済調整のあり方を主導していたことはたしかであり，一次的接近としては許されよう。
[5] 以下，図5-1から図5-5まではBacha 1991で用いられている図解を参考にしている。

第Ⅲ部　新自由主義の理論

図 5-1　中進工業経済の短期開放モデル

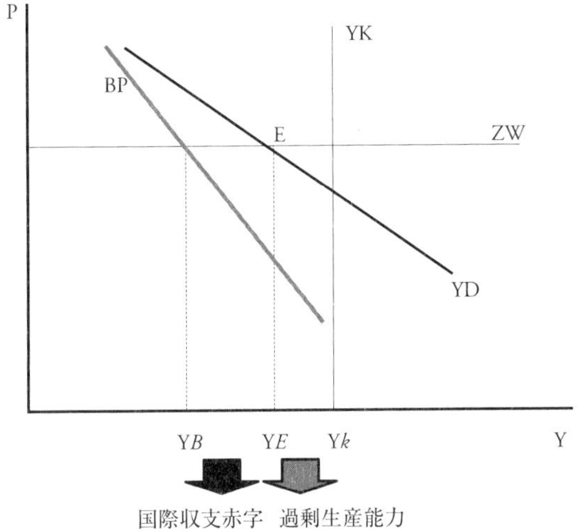
P
YK
BP
E
ZW
YD
YB
YE
Yk
Y
国際収支赤字
過剰生産能力

1.2 価格決定：ZW 曲線

P は費用決定型である。すなわち P は財 1 単位当りの賃金費用（平均賃金×労働係数）と輸入生産財費用（為替レート×生産財輸入関税率×生産財国際価格×生産財係数）の合計に一定のマーク・アップ率を上乗せして決まる。労働係数（またその逆数である労働生産性）と輸入生産財係数は一定であり，平均賃金とマーク・アップ率はそれぞれ多少とも組織された政労使関係と企業間の寡占的競争（その結果としての独占度）によって制度的に決まると考える。このとき為替レート，輸入関税率，生産財国際価格を所与とすれば，Y が Y*k* 未満の水準にあるかぎり，P は一定水準に設定される[6)]。**図 5-1** の ZW 曲線は，このような供給価格スケジュールを示している。

6) ブラジルの製造業企業における費用決定型価格の経験的根拠（企業への質問表調査と計量分析の結果）については Bacha 1991：52-55 を参照。先進国については 1930 年代のオックスフォード経済調査が有名である。**第 7 章「2008 年のエピローグ」**ではペルーの事例も紹介している。そこでは他の関連する論点にも触れている。ぜひ参照されたい。

1.3　産出水準の決定：YD 曲線

　YD 曲線は，財市場において総需要と総供給を均衡させるような，物価 P と産出 Y のすべての組み合わせを示している。それは図 5-1 のように右下がりに描かれる。つまり物価 P の上昇によって産出水準は低下する，あるいは P と総供給の間には負の相関関係がある。その理由の概略を知るには，手順としてまず閉鎖経済の場合を考えてみるとよい。

　閉鎖経済において需給が均衡しているとする。ここで資本家が財の価格 P をなんらかの理由で引き上げたとしよう。このとき実質賃金は低下し，労働分配率も低落する。労働者の消費性向は資本家の消費性向よりも大きいと考えられるから，全体としての消費需要は減少するだろう。

　一方，投資需要に対する P の上昇の効果は，純理論的には正負いずれでもありうる。たとえば実質賃金の低下により利潤が増加すれば，投資は供給面から誘発されるかもしれない。しかし資本家が P の上昇を一時的と予想したり，あるいはそれを事前に織り込みずみで行動したりすれば，投資は増えないかもしれない。また，上述した消費需要の減少も投資を抑制する可能性がある。このように相反する力が同時に作用する結果，結局のところ投資水準は変化しないと考えるのが適当だろう[7]。

　以上を総合すれば，P が上昇したとき総需要は減少すると想定できる。総需要が減少すれば，産出水準もそれに応じて減少する。かくして，P と Y は負の相関関係にあるといえるのである。

　次に開放経済においては，Y は賃金所得，利潤所得および輸入生産財の（国内で生産される財の価格で測った）実質支払い額として分配され，総需要は労働者の消費，資本家の消費，投資および輸出の合計である。この場合にも，閉鎖経済においてみられた《物価→所得分配→総需要→総供給》の調整回路は同様に作動する。すなわち，P と Y の間には負の相関関係が存在する。ただし，開放経済に特有の付随的な効果もみられる。すぐ次にみるように P の上昇は

---

[7] バシャ自身は退けているが，P の上昇とそれに伴う所得分配の悪化の下で，投資が消費需要の減少よりも利潤分配率の増加に対して感応的であるケースを思考実験してみる価値はある。この点についてはマーグリン・バドゥリ 1993 を参照できる。そこでは賃金・消費主導型の「停滞論的」成長レジームと利潤・投資主導型の「高揚論的」成長レジームを比較分析している。

輸出額を減少させるのである。このため総需要，したがって産出水準の減少幅は，閉鎖経済の場合よりも大きくなる。図5-1におけるYD曲線の形状が右下がりであるのは以上の理由による。

1.4　国際収支：BP曲線

図5-1におけるBP曲線は，国際収支（先に仮定したように，ここで明示的に扱うのは貿易収支）を均衡させるPとYの組み合わせを示す。この曲線が右下がりに描かれる理由は，次のように理解すればよい。いまなんらかの原因でPが上昇したとしよう。このとき為替レートに変更がなく，かつ通常そうであるように輸出需要の価格弾力性が1より大きければ，輸出額は減少し国際収支も悪化する。国際収支の均衡を回復するには輸入額を減少させねばならず，その場合には産出水準も低下することになる。このようにPとYの間には負の相関関係が存在するとみるのである。

1.5　短期的調整の例解：国内不均衡と対外不均衡

以上で基本モデルの構成要素はすべて導入された。いまやYK，ZW，YD，BPの相互関係によって，ラテン・アメリカ型の中進工業経済の短期的な調整レジームを簡単に分析することができる。その応用は2以降で行うこととし，ここでは基本的な点だけを説明しておこう。

第1に，YD曲線とZW曲線の交点Eによって与えられる産出水準YEが，現実の均衡産出水準である。それが垂線YK上にあれば生産能力は完全稼動していることになる。しかし図5-1において，YD曲線は垂線YKの左側でZW曲線と交わっている。仮定により，現実の均衡産出水準YEは正常産出水準Ykを下回っており，過剰生産能力が存在するからである（国内不均衡）。

第2に，BP曲線とZW曲線の交点によって与えられる産出水準YBが，国際収支を均衡させる産出水準である。ところが図5-1では現実の産出水準はYBの右側のYEにある。現実の産出水準を支えるのに必要な輸入が行われており，このとき国際収支は赤字を計上している（対外不均衡）。

第3に，図5-1に描いたような国内不均衡と対外不均衡が併存する状況は，ラテン・アメリカ型の中進工業経済ではしばしばみられた。このとき国内均衡

を優先しようとすれば，YD曲線の右への移動によって対外不均衡が拡大する恐れがあり，逆にYD曲線を左に移動させることにより対外均衡の実現を優先しようとすると，産出水準は低下してしまうことになる。

2　ポピュリズムの調整レジーム

　本節では，1で提示した基本モデルを応用することによって，国家主義的開発パラダイムの下におけるポピュリズム型の調整レジームを説明する[8]。ただし，このレジームをとりまく典型的な制度構造に対応するよう，次のような補助的仮定をおく。

　第1に，競合的輸入に対して高率の関税が課されている。このためカニトローの意味における「過剰保護」が存在し（現地通貨建て為替レート×競合的輸入品の関税率×競合的輸入品の国際市場価格＞国内市場価格）[9]，国内の価格決定はかなりの自由度をもつ。第2に，名目賃金の大幅な引き上げを可能にするような権力バランスや，国家コーポラティズム型の組織された政労使関係が存在する。第3に，銀行国有化など，賃上げに対応した資金調達を容易にするような，ゆるい金融制度が存在する。第4に，以上にも反映されているように，社会経済全般に対する比較的強い国家介入が行われている。ポピュリズムは，すぐれて国家主義的な制度構造と不可分なのである。

　これら一連の諸制度と，基本モデルに内蔵されている諸制度（寡占的競争下の独占度と費用によって決まる価格，賃金の多少とも組織的な決定，再生産構造の未統合性＝生産財の外国依存，労使の消費・貯蓄行動の差異など）とが相互補完的に作用するとき，一体いかなるマクロ経済調整レジームが誘導される

---

8) バシャ自身はこの問題を閉鎖経済の想定の下に議論しているが（Bacha 1991：Capítulo 3, Gráfico 4），本節ではこれを開放モデルの枠組みにそくして考察しなおす。なお，ポピュリズムのマクロ経済調整レジームに関する理論的考察としては，このほかにもアルゼンチンの事例にもとづくカニトローの先駆的業績などがある（Canitrot 1975）。主流派によるのちの「経済的ポピュリズム」の議論は，二番煎じにすぎない。
9) 詳しくはCanitrot 1980を参照。

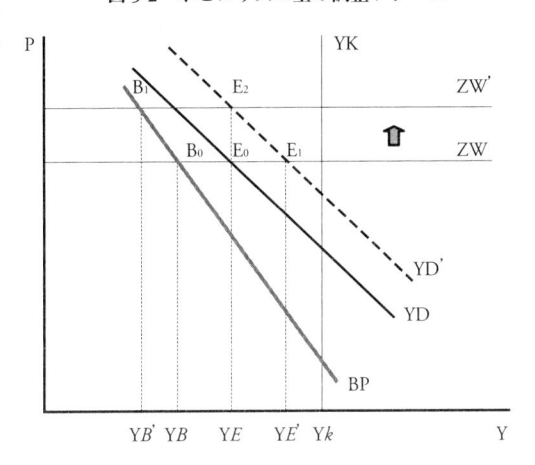

図 5-2 ポピュリズム型の調整レジーム

のか。これが本節で問われる問題である。

ポピュリズムの社会経済政策の核心は，大衆宥和を目的とした名目賃金の引き上げによる所得再分配である。それはマクロ経済にも正の効果をもつとして，次のように正当化される。すなわち，名目賃金が上昇し労働分配率が増加すると，労働者の消費性向は資本家のそれを上回るため，総消費は増加する。これによって投資も誘発されうる。もっとも利潤分配率は低下するから，この面では投資が抑制される可能性もある。それゆえ投資に関しては確実なことはいえない。しかし総消費は増えるのだから，少なくともそのかぎりでは総需要が増加し，したがって産出や雇用の水準も上向くだろう（Bacha 1991 : 49）。

以上の主張はもっともに思える。しかし実は必ずしも正しくない。そのことは図 5-2 のように図示できる。初期状態において YD 曲線と BP 曲線が ZW 曲線とそれぞれ E_0, B_0 で交差し，$Yk-YE$ の過剰生産能力と $YE-YB$ の国際収支赤字があるとしよう。ここでポピュリズム型の権力バランスを背景として名目賃金が引き上げられ，総需要が増加すると，YD 曲線は右に移動して YD' 曲線となり，ZW 曲線との交点も E_1 に移動して産出水準は YE' に増加するようにみえる。

第 5 章　開発パラダイムの比較分析

しかし，このとき政労使合意にもとづく所得政策が十分でなければ，賃上げを補塡するゆるい金融制度の存在にもかかわらず，資本家はPを引き上げることによって利潤を即席に維持しようとするかもしれない。競合的輸入に課される関税が高率であり，国内の価格決定に対して国際競争の規律がはたらきにくいため，このいわば利潤抵抗は容易に実現する。このときZW曲線は上に移動するため物価は上昇し，その結果，実質賃金は低下する。総需要は減少に転じ（E_2），産出水準もYEに復帰する。結果はインフレーションが昂進するだけで，産出も雇用も増えないことになる。

それだけではない。名目賃金の一方的な引き上げには対外面でも副作用がある。産出水準がYEからYE'へと一時的に増加する間に，国際収支赤字はまず$YB-YE'$へと拡大し，最終的には$YB'-YE$となって，いずれにせよ当初よりも増加する可能性がある。

このように，国家主義的な開発パラダイムの下でのポピュリズムは必ずしも持続可能とはいえないのである。

3 新自由主義の調整レジーム

この節では，新自由主義のマクロ経済調整レジームについて応用分析を行う。具体的には，IMFの標準的な安定化政策と新古典派のマネタリー・アプローチをとりあげる。

3.1　IMFの安定化政策

IMFの安定化政策は，対外不均衡の解消を主な目標とする。通常そこには緊縮金融・財政，通貨切り下げ，実質賃金の引き下げ，貿易・金融の自由化などが盛り込まれる[10]。そのうちここでは，IMF型安定化政策の代名詞ともいえる緊縮政策と通貨切り下げ政策がラテン・アメリカ型の中進工業経済に与える効果を，1で提示したモデルの枠組みにそくして考察する。

---

10) その理論的根拠については**第6章**を参照。

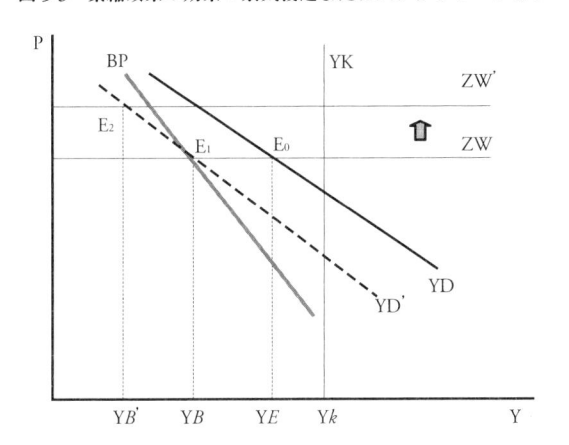

図 5-3 緊縮政策の効果：景気後退またはスタグフレーション

最初に緊縮的な金融・財政政策の効果を考察する。それは図 5-3 によって容易に理解できる。図 5-1 と同様の初期条件にあるとき，金融および（または）財政の引き締めをつうじて対外不均衡を解消しようとすれば，YD 曲線は左に移動し（YD' 曲線），BP 曲線と ZW 曲線の交点 E_1 に達しなければならない。その結果は国内不均衡の拡大である。対外均衡はたしかに実現されるが，それは生産財輸入，したがって産出の削減を媒介とする。

なお金融引き締め政策が金利の引き上げをつうじて実施され，さらに企業が運転資本の多くを借り入れに依存しているケースでは，企業は金融費用の増加を製品価格に転嫁しつつ同時に数量調整を進める可能性がある。このとき ZW 曲線は上に移動し（ZW' 曲線），YD 曲線も左に移動する（YD' 曲線）。結果は景気後退下のインフレーション，つまりスタグフレーションである。

次は IMF が赤字国に勧告してきた，しばしば大幅な通貨切り下げの効果である。それは図 5-4 に示されている。通貨切り下げにともない，まずは輸入生産財の現地通貨建て価格が上昇する。企業はこの追加費用を製品価格に転嫁しようとするため，ZW 曲線は上に移動する（ZW' 曲線）。インフレーションにより，実質賃金，したがって消費需要が減少し，産出水準は低落する。かくし

第 5 章　開発パラダイムの比較分析

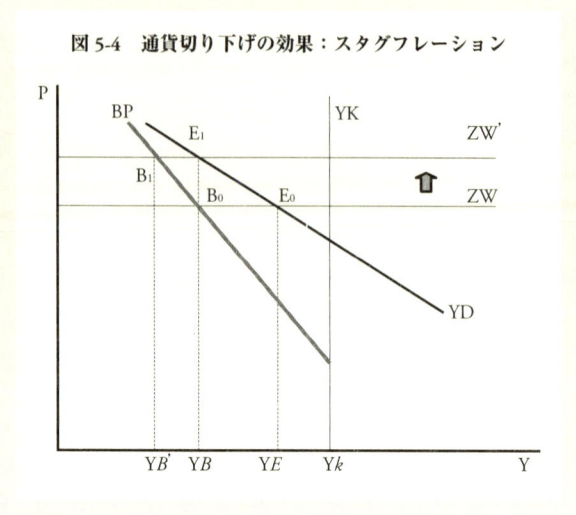

図 5-4　通貨切り下げの効果：スタグフレーション

て，この場合もスタグフレーションが発生する。このように国内不均衡が拡大する一方で，対外不均衡はやや是正されるかもしれない。しかし，それは主に産出つまり生産財輸入の減少によるものであり，IMFが想定するような強い代替効果にもとづく輸出の増加が主因ではない。

3.2　マネタリー・アプローチ

　1970年代以降，新自由主義の政策思考のコレクションには新たなアイテムが加わった。それまでになく新古典派原理主義的な国際収支理論，マネタリー・アプローチである。ここでは，そこに想定されている「自動調整メカニズム」の含意を考察してみよう[11]。

　いま図5-1に描かれたような初期状態にあるとする。生産能力は過剰であり，国際収支は赤字を計上している。このとき新自由主義の信奉者たちは，（とりわけ金融自由化により）資本が十分に流入すれば，こうした状況は少なくとも

---

11) 以下はバシャの整理 (Bacha 1991：184-188) にほぼしたがっている。なおマネタリー・アプローチの批判的解説として佐野2003aも参照。

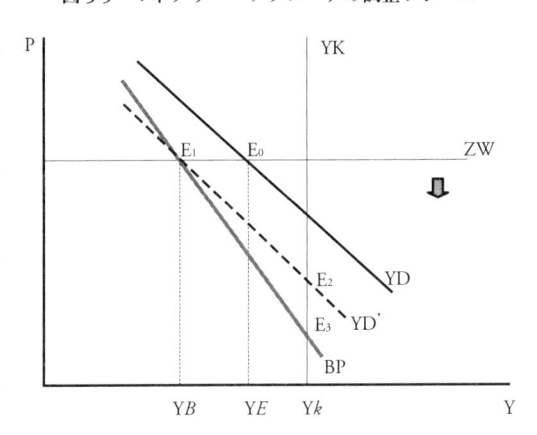

図5-5 マネタリー・アプローチの調整レジーム

対外的には持続可能だと楽観しがちである。しかし一方ではまた，仮に十分な資本流入がない場合でも，対外準備に応じた自由放任型の金融政策をとれば，対外不均衡はおのずと解消するはずだとも考える。実際，国際収支のマネタリー・アプローチによれば，固定相場制下で裁量的な金融政策を放棄するならば，内外両面にわたる不均衡は自動的に解消されていくという。この思考法を理解するため，ここでは同アプローチにそくしてモデルの仮定を次のように変更する。

第1に，政府はある一定の為替レートを維持しており，これを前提として民間の外貨需給に無制限に応じる。初期状態において国際収支は赤字であるため，外貨への超過需要が発生している。外貨準備を取り崩してこれに対処すると，マネタリー・ベースは減少する。第2に，このとき中央銀行は公開市場操作（この場合は買いオペ）や国内信用などの不胎化政策によってこれを補整することもできるが，ここではそうした裁量的な金融政策を一切とらないものとする。第3に，市場は全般に競争的であり，価格は伸縮的である。

さて，第1の仮定によりマネタリー・ベースが減少したとき，これを受け身に放任しておくと流動性危機が発生する。すると投資需要を中心として総需

が減少する。このとき YD 曲線は図5-5のように左に移動し，YD' 曲線となる。それは BP 曲線と E_1 で交差しており，このとき産出水準は低下しているが国際収支赤字は解消している。したがってもはや流動性危機はみられず，総需要それゆえ総供給も下げ止まっている。

しかし過剰生産能力はずっと大きくなっているため，伸縮的価格の仮定により ZW 曲線は徐々に下降していく。物価が下落すると同時に生産能力の稼働率が高まって新たな均衡 E_2 が実現する。ところが，そこでは再び国際収支赤字が発生している。すると《流動性危機→総需要の減少→産出水準の低下…》という，上述した自動調整メカニズムが再起動し，最終的には BP 曲線と垂線 YK の交点 E_3 で均衡する。そこでは生産能力は完全稼動しており，国際収支赤字もみられない。政府が裁量的な政策をとらず自由市場に任せれば万事うまくいく，というわけである。

新自由主義の理論的土台である新古典派経済学と距離をおく経済学者は，このような不均衡是正策を「不必要に痛ましい」ものと考える（Bacha 1991：188）[12]。以上のような調整レジームが起動することが仮にあるとしても，それは瞬時にして完全雇用均衡を実現するわけではなく，断続的にせよ不完全雇用の状態が顕在化すると推察されるからである[13]。

以上の考察から明らかなように，新自由主義の調整レジームにはいくつかの無視できない問題点がある。しかし2で確認したように，ポピュリズム型の調整レジームも持続困難である。とすれば，ポピュリズムと新自由主義のいずれをも乗り超える，開発への「第3の道」が模索されねばならないことになる。1990年以降，南米において相次いで成立した中道左派政権は，幾多の限界こ

---

[12] 新自由主義型の調整への代替案として，バシャ自身は輸出促進政策と輸入代替政策をとりあげ，比較検討している。通貨切り下げ政策についても論じているが，そのインフレーション効果に注意を促している（Bacha 1991：188-191）。

[13] この種の政策はたとえば1981年後半〜82年前半のチリにおいて教条的に実施されている。その結果をみると，《外貨準備の減少→実質貨幣残高の減少→国内支出の減少→輸入の減少》という回路はたしかに作動し，これと並行してインフレーション率も低下したが，それは物価の下方伸縮性と呼べるほど顕著な変化ではなかった（Meller 1996：216）。このほかマネタリー・アプローチが教条的に採用された代表例としては，1970年代末〜1980年代初めおよび1990年代のアルゼンチンをあげることができる。前者については佐野 1998：第4章，後者については本書第3章および佐野 2003a を参照。1990年代のアルゼンチンは大量失業に直面している。

そあれ，基本的にはそうした方向で試行錯誤してきた（あるいは，少なくとも当初はそのように志向していた）。次節ではこの問題を考察してみよう。

4 「社会自由主義」の調整レジーム

「第3の道」を模索してきたのはブラジルだけではない。チリの中道左派政権も基本的には同じ課題に取り組んでいる[14]。しかし歴史的初期条件その他が異なるため，それぞれに個性的な適応進化を遂げてきている。ここでは1995～98年におけるブラジルのマクロ経済調整レジームを，当時の政権の自己規定にしたがって「社会自由主義」型と呼び，その初期条件と制度構造を基本モデルの枠組みに照らして次のように定型化する[15]。

第1に，1990年代初めを想定した初期条件として，年率4桁にも達するハイパー・インフレーション，過剰生産能力の存在，膨大な対外債務の返済を可能にするための強制的な貿易黒字（これは1980年代初めにおける債務危機の発生以降1990年代初めまで，ブラジル以外のラテン・アメリカ主要諸国でも広くみられた）を考える。このときYD曲線とBP曲線の位置関係は図5-6のようになる。また，「社会自由主義」を志向する新政権が登場する前の段階で，先行政権が新自由主義改革を開始していたものとする。貿易と金融の自由化が推進された結果，輸入関税率は大幅に低下しており（表5-1），短期資本も含めて資本移動は比較的容易になっている。

第2に，以上のような背景の下で，新政権がインフレーション抑制と社会経済改革を目的とした政策を断行し，マクロ経済の制度的枠組みがさらに一新される。ここでは分析目的との関連で，為替アンカーとも呼ばれる事実上の固定相場制（目標相場圏制）[16]，輸入関税率の維持ないし小幅引き上げ（表5-1），

14）「新たな道」を目指して1999年に発足したアルゼンチンのアリアンサ中道左派連合政権（第3章「おわりに」参照）は，先行政権が築いた新自由主義の制度構造をほとんど払拭できないまま，2001年末に中途崩壊した。
15）以下の定型化はBaumann y Mussi 1999／Neri and Márcio Camargo 1999／Sáinz y Calcagno 1999／Penha Cysne 2000にもとづいている。関連して西島・トノオカ2002も参照されたい。

図 5-6 「社会自由主義」型の調整レジーム

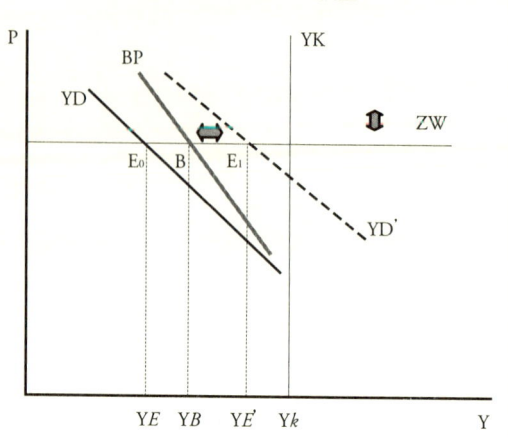

表 5-1 ブラジルの名目輸入関税率

(単位：％)

時期	単純平均	加重平均
1988 年 7 月	38.50	34.70
1993 年 7 月	13.20	11.40
1998 年 1～4 月	14.29	15.96

【資料】Penha Cysne 2000：14, Tabela 4 より抜粋。

16) 1994 年 7 月に安定化政策ヘアル計画が実施された当初は変動相場制が採用されていたが，その間，資本流入の増加により通貨は過大評価される傾向にあった。これに対して 1994 年末以降はメキシコ通貨危機のあおりをうけて資本逃避がみられ，1995 年 3 月に目標相場圏制が敷かれた。そこには，通貨切り下げならびに為替アンカーによる物価の安定化という，2 重の政策意図が込められていた。本文でいう事実上の固定相場制とは，この目標相場圏制を指している。

17) 実際にはこのほかにも財政赤字の削減や，構造インフレーション抑制のための農地再分配も試みられた。しかし，とりわけ前者は不十分であり，財政赤字はむしろ増加している。

表 5-2　ブラジルの資本流入課徴金

(単位：%)

種別	以前	1995年3月9日	1995年8月10日	1996年2月28日	1996年10月30日	1997年4月24日
融資	7	0	5	5	3	0
債券	9	5	7	7	7	2
民営化	1	0	0	5	5	0

【資料】Penha Cysne 2000：18, Tabela 5a

　課徴金制度を中心とした短期資本移動規制 (表5-2)，最低賃金の実質引き上げを考える[17]。いうまでもなく，この制度改革を支える権力バランスが成立している。

　第3に，デリバティブ取引の急速な広がりなど金融市場の複雑化のため，資本移動規制は必ずしも十分有効ではなく (Carneiro 1997：86／Penha Cysne 2000：18)，国際金融ショックに起因する流動性危機が断続的に発生する。これに対しては，金利の引き上げや資本移動規制の弾力的な運用 (課徴金の改廃や最低償還期限の短縮化など) によって対応する。

　以上のような初期条件と制度構造の下では，次のようなマクロ経済調整レジームが観察されることになる (図5-6)。第1に，物価の急速な安定化と消費主導型の経済成長である。低い輸入関税率と為替アンカーの組み合わせにより競合的輸入が増加し，インフレーションはごく低い水準に収束する。このこと自体による繰り延べ需要の顕在化や賃金購買力の増加に加え，最低賃金の実質引き上げにより貧困問題が大幅に緩和されるため[18]，消費需要が増大する。このとき YD 曲線は右に移動し，たとえば YD' 曲線の位置に達する。

　ここで注意すべきなのは，以上の過程で機能的所得分配が改善し供給面での

---

18) 貧困世帯率の顕著な低下の事実は広く認知されている。なお，所得分配が改善したか否かについては，測定方法や対象時期にもよるが，賛否両論がある。製造業の機能的所得分配は Amadeo 1999 によれば改善している。階層別所得分配は Neri and Camargo 1999 によれば改善しているが，Baumann y Mussi 1999 は逆にその悪化を示唆している。

利潤圧縮が生じても（Amadeo 1999），ポピュリズム型の調整レジームと異なり利潤抵抗は直接的には実現されにくい，ということである。低い輸入関税率と為替アンカーにより国際競争の規律効果が格段に強まっているため，企業は賃金費用の増加を製品価格に転嫁することが困難になっているからである[19]。図5-6のZW曲線に上下両方向の矢印が付されているのは，この点を示している。

この結果，第2に，利潤抵抗はより間接的な形態をとることになる。輸入関税率の低下により輸入生産財の相対価格が低下していることとあいまって，労働力と資本設備の代替が進展する。それは積極的な増設投資ではなく，国際競争に適応するための防衛的な近代化投資を反映したものにすぎないが，いずれにせよ正規雇用は大幅に削減され，失業や非正規雇用が絶対的にも相対的にも増加する。雇用の劣化はこの調整レジームの弱点である。

第3に，債務危機以前型の対外不均衡が再現し，かつ拡大する（$YB-YE'$）。当面の間，これは外国資本の流入によって補塡されうる。しかし，いったん国際金融ショックが起こると，それは困難になる。ほかならぬ対外不均衡が厳存しているため通貨切り下げ期待が高まり，資本流出による流動性危機が発生する。金利引き上げによってこれに対応すると，投資需要を中心に総需要は減少する。資本移動規制の緩和によって資本が再び流入すれば景気は一時的に回復するが，また別の国際金融ショックが起これば同様の過程が繰り返される（YD'の左右への循環移動）。結果は，先行政権期よりは良好だがそれ自体としては月並みな経済成長である。

さらに，より大規模な資本流出，すなわち通貨危機が起これば，この調整レジームを枠づける制度構造それ自体が抜本的な再検討をよぎなくされるだろう（事実上の固定相場制の放棄と変動相場制への移行）。「社会自由主義」の開発パラダイムのもう1つの弱点は，まさにこうした対外的脆弱性にある。そしてそれはまさに1998年末から翌年初めにかけて現実に顕在化したのである。

---

19) ブラジル政府はヘアル計画を実施した際，「国際競争こそは市場経済における経済権力の濫用を防ぐ最も有効な手段である」という認識の下に，インフレーション抑制のために輸入自由化を活用しようとした。そうした政策意図は，当事者の手になるCardoso y Soares 2000：23-24およびBrasil. Presidente 2002：251に窺える。

§ プレビッシュと「社会自由主義」

　ラテン・アメリカ構造派の創始者プレビッシュ（1901～86年）は，アルゼンチン北部の町トゥクマンで生まれた。17歳でブエノス・アイレス大学経済学部に進学したものの低水準の教授陣に幻滅し，2年次からは図書館にこもってほとんど独学するようになったという。そのせいであろうか，経済学の理論としては正統・新古典派のそれを基本的に受けいれたものの，パレートの『一般社会学』，マルクスの『資本論』，レーニンやトロツキーなど社会主義関連の文献，さらに古典文学，アナトール・フランス，バルザック等からも影響を受けるなど，純粋経済学にとらわれない，独自の豊かな知性を培うことになった。大学時代にはまた学生運動を指導したほか，アルゼンチン社会党の党首フスト（1865～1928年）の熱烈な支持者となり，その講演会には欠かさず足を運ぶなど，社会民主主義思想に強く傾倒するようになる（Magariños 1991：40-41, 64）。

　フストは医師から政治家に転じた人物であり，スペイン語版『資本論』の訳者でもあった。ただしベルンシュタイン率いるドイツ社会民主党修正主義派の影響下にあり，マルクスに多くを学びながらもその誤りを批判する闊達さがあった。事実，その代表作『歴史の理論と実際』でも，『資本論』の理論的基礎である労働価値説や労働力商品化論を俎上にのせている（Justo 1915：211-215／Portantiero 1999：31-32）。後述するように，プレビッシュもマルクスに対しては両義的な評価を与えているが，そこにはフストのこうした姿勢も影響しているかも知れない。

　さてプレビッシュは大学卒業後，弱冠24歳の「経済動学」主任教授として教壇に立つ一方，大蔵大臣の依頼によりオーストラリアとニュー・ジーランドで地代税の調査を実施し，また当時最高のエスタブリッシュメント組織であったアルゼンチン農牧協会や国立ナシオン銀行で調査研究も手がけるなど，実務家としてのキャリアも磨いていった。さらに1930年代には，若くして大蔵省

次官，農業省顧問，中央銀行総支配人等を歴任したほか，1933年の世界経済会議や対イギリス貿易交渉にも参加するなど，経済政策の第一線でも華々しく活躍するようになる（関連文献として佐藤2008を参照）。とはいえ，学生時代からのひそかな政治信条はこの間もまったく変わりなかったという（Magariños 1991：60）。

しかし経済理論の面では，1930年代の大不況を眼前にして資本主義経済の不安定性をそれまでになく強く意識し，静学的な均衡を問題にするだけの新古典派経済学に対して深い疑念を抱くようになった。穀物最低価格制度の導入や公共事業の拡大など各種の国家介入を梃子とした「全国経済行動計画」（1933年）の起草にかかわったことや，ケインズ『雇用・利子および貨幣に関する一般理論』への，数多くの版を重ねた入門書（1947年初版；Prebicsh 1987）を執筆したことは，この間の知的変遷を端的に物語っている。

ただし第6章本文末尾でも述べたように，「中心部」の経済学の「誤った普遍感覚」を批判したプレビッシュにあっては，新古典派に異議を申し立てたケインズ（そして古典派を攻撃したマルクス）もまた相対化されることになる。1943年，プレビッシュはペロンら右派将校団の軍事クーデターにより中央銀行から追放されたのち，一時ブエノス・アイレス大学に戻り研究と教育に従事しているが，このときの講義ノートではおよそ次のように論じている（Prebisch 1991：496-506）。

すなわち，古典派以来の主流派経済学は19世紀以来，2つの危機に直面してきた。このうち「第1の危機」は，マルクスが『資本論』によって資本主義経済の不安定性と所得分配の悪化傾向を鋭く指摘したことに遡ることができる。しかし『資本論』は，まさしくその批判対象たる古典派（リカード）の労働価値説に依拠しており，それゆえまた，その論理的欠陥（プレビッシュ自身はそうした表現は使っていないが，これはいわゆる「転形問題」のことを指すと思われる）をも継承することになってしまった。新古典派以降の主流派経済学は，まさにそうした弱点を批判することによって自己を正当化し，生きながらえたのである。

主流派経済学の「第2の危機」は，ケインズ『一般理論』の公刊とともに到来した。これ以降，若い世代の経済学者の多くはケインジアンとなっていく。ところが，ケインズの考え方は有効需要の不足による不完全雇用均衡の可能性

を論証した点で画期的だったとはいえ，実は依然として従来からの均衡論的な思考法にとらわれており，資本主義経済の動態的な現実に迫るには不十分であった。その意味で，ケインズが新古典派理論を真に超克したとは到底いえない。プレビッシュのいう「経済学の2つの危機」とは，およそ以上のようなものであった。

歴史の時計の針をもう一度元に戻そう。プレビッシュは1930～40年代の世界的な激動期にこうして思索を深めながら，先進国と開発途上国の社会経済構造の差異を明確に踏まえた，反新古典派の開発理論（一次産品輸出に特化した「周辺部」の商品交易条件の長期的悪化仮説［ECLA 1951］など）を編み出すことに成功した。そして国連ラテン・アメリカ経済委員会（当時；CEPAL）に参加すべく1948年にアルゼンチンを離れた後，ラテン・アメリカ諸国の若い同僚の協力を得ながら，それをさらに発展させていった（その当時のCEPALの知的雰囲気はFurtado 1991において叙情的に描かれている）。プレビッシュの国際的な活躍はその後も続き，1964年には国連貿易開発会議（UNCTAD）の初代事務総長に就任する。それ以来，彼独自の開発理論は，開発途上地域の利害を広く代弁する役割を果たすようになった。今日でもUNCTADが商品交易条件推計を逐次公表しているのは，そうした経緯を背景としている。

プレビッシュに関しては最後にもう1つ，青年時代に敬愛したフストとのその後の知的訣別についても触れておこう。フスト率いる社会党は，20世紀初めには，首都を基盤とする小党ながら着実に勢力を拡大しつつあった。ところが1930年代以降になると党勢は頭打ちとなり，ペロンの登場後は決定的に没落していくことになる。ペロンによる左派の弾圧など，その要因はいくつかあるが，同党の自由貿易政策はそのうち無視できないものの1つであった。

19世紀末から20世紀初めにかけてのアルゼンチンにおいては，全般的にみれば自由主義の経済思想が支配的であったが，こと貿易面に関するかぎり，当時の国際水準からすれば比較的高い輸入関税がかけられていた。その背後の複雑な利害関係は省略するが，注目すべきことに，社会党はこれに強く反対した。自由貿易のもとでこそ効率的な経済発展が可能となるのであり，資本主義が発達して労使対立が激化すれば社会変革の条件が整うことになる。また輸入関税を引き下げれば実質賃金が上がり，労働者の生活水準が向上することにもなる。貿易紛争も避けられ，世界平和にも寄与する。このような理由で自由貿易を支

持したのである (Portantiero 1999 : 41-43)。ところが, 一種の「社会自由主義」とも呼べるこのフストの経済思想は, 第1次大戦後から徐々に限界に突きあたるようになる。

　1920年代後半の世界農業不況や1930年代前半の大不況のもとで, 農牧産品輸出にもとづく経済開発は構造的な危機をむかえ, 客観的にみて工業化を進めざるをえない状況が訪れていた (佐野1986)。そしてそれは政府の保護を当面必要とし, 自由貿易に反するものとなるはずであった。大衆もまた, 消費者であるよりまずは生産者として雇用されねば生活できない状況に追い込まれつつあった。フストも晩年の1926年には「産業主義」を容認するようになったとはいえ, その後も社会党の経済政策の根本は大きく変化せず, 大衆の要求と徐々に離齬をきたしていったのである (Portantiero 1999)。

　前にも述べたように, 若きプレビッシュはこの間もひそかに社会党を支持しており, 大不況の前までは揺るぎなき自由貿易主義者であった。しかしひとたび深刻な危機に直面し, 正統派流の対応 (緊縮政策) が無効だとわかってからは, 国の経済政策を預かる第一線の経済官僚として空疎な教条に固執しているわけにはいかず, 現実に経済を復興させうる政策を果敢に実行することが必要になった。具体的には, 前述した1933年の「全国経済行動計画」のほか, 中央銀行や不良債権処理機構の創設など金融危機の収拾にも奔走している。さらにCEPALの場では, 輸入代替と輸出促進を組み合わせた計画的な工業化を提唱していった。これらはいずれも, フスト流の「社会自由主義」との訣別を意味していたのである。

　以上のようにみてくると, それからほぼ半世紀後の1990年代以降, かつてほかならぬプレビッシュの薫陶を受けたブラジルやチリの構造派の知識人 (カルドーゾ, ブレッセル・ペレイラ, フォクスレイ…) たちが, 新しい「社会自由主義」の実験を試みるようになったのは意味深長である。プレビッシュなら, こうした取り組みをどう評価しただろうか。✕

表 5-3 開発パラダイムの比較：相互補完的な制度構造と短期調整レジーム

パラダイム	国際参入	企業間競争	雇用関係	金融制度	国家	調整レジーム
国家主義下のポピュリズム	過剰保護（禁止的な高率輸入関税と数量規制）；過高気味の為替レート；強度の資本移動規制	寡占的競争と費用決定型の価格決定；過剰保護により国内価格決定に大幅な自由度	労働力利用と賃金・雇用に対する強度の保護的規制；しばしば労働生産性を上回る大幅な賃上げ	賃上げを補填する裁量的な貨幣供給；金利規制；「金融抑圧」	強度介入国家；コーポラティズム型福祉国家	アド・ホックな所得再分配と消費主導型の成長；結局はインフレーションと対外不均衡の拡大
新自由主義（マネタリー・アプローチ）	固定相場制；自由な貿易制度；自由な資本移動	理念的には完全競争と価格調整；現実は寡占的競争と数量調整の優位	賃金と雇用の外的・数量的な柔軟性	自由な金融制度；外貨準備と連動した受け身ないし放任型の金融政策	自由放任国家または市場機能補完型国家	理論上は内外不均衡の解消；現実は不均衡の存続
「社会自由主義」	比較的自由な貿易制度；機動的な為替アンカー政策（目標相場圏制）；短期資本移動規制の柔軟な運用	寡占的競争；ただし国内価格決定に対する国際競争の強化をつうじた規律づけ	労働力利用の柔軟化；最低賃金と年金の実質引き上げ；職業訓練など攻めの雇用政策	相対的に抑制的な金融政策（不胎化政策；金利の高目誘導）	必要な機能だけを残したリーン国家；経営規制等を伴う民営化；分権化；非政府組織の活用；目的かつ手段としての福祉増進	貧困緩和と物価安定による消費主導の成長；労働・資本代替と正規雇用の削減；貿易赤字の再現；資本移動依存型の調整

注：「社会自由主義」の欄は，実現されていない理念や方向性も含む。
【資料】筆者作成。

おわりに

以上から明らかなように，中進工業経済の短期調整レジームは，それをとりまく制度構造に依存して多様な振る舞いをみせてきている。本章では論じなかったがラテン・アメリカ経済の専門家には常識の関連事項も織り込みつつ，この点を一覧表にすれば，表5-3のようになる。

なお本章では，開発パラダイムの「第3の道」への試行錯誤例として，ブラジル・カルドーゾ政権の一時期の経験を定型化した「社会自由主義」型の調整レジームを検討したにすぎない。1999年初めの通貨危機以降のブラジルはもとより，チリにおける「第3の道」への取り組みもまた，これとは異なった進化経路をたどっている。「生産的福祉社会」を志向した金大中政権以降の韓国経済もまた然りであった。そうした貴重な実験の批判的な比較分析を通じて，より進歩的かつ持続可能な開発パラダイムを構想していくこと，そしてそのためにも，本章で提示された概念的な異端派総合モデルをさらに練り上げていくこと。これが次の課題となる。

2008年のエピローグ：「21世紀型の社会主義」か社会ポピュリズムか

本章は佐野2003cに若干の加筆修正を施したものである。2つのコラムのうち「社会自由主義国家」は佐野2005bにもとづく。また「プレビッシュと〈社会自由主義〉」は本書のために書き下ろしたものである。

本章ではラテン・アメリカの現代経済史を念頭におきながら，そこにみられた代表的な開発パラダイムをポピュリズム，新自由主義，「社会自由主義」の3つに定式化して論じている。ただしポピュリズムの前には19世紀から20世紀初めにかけて支配的となった自由主義のパラダイムが先行しており，また現代についてはブラジルの一時期の「社会自由主義」のほか新自由主義に代わるべき方向性がいくつか模索されつつある。そして後者の一連の潮流は近年，「ラテン・アメリカの左傾化」として内外の注目を集めている。ここでは，その急先鋒ともいえるベネズエラのチャベス政権（1999年～）が目指す開発パラダイムについて，ベネズエラ中央大学教授ベーラの見解（Vera 2006）を紹介しておこう[20]。

チャベス政権が「21世紀型の社会主義」を志向していることはよく知

---

20) ベネズエラと並んで「ラテン・アメリカの左傾化」の急先鋒とされるボリビアのモラーレス政権について邦語では毛利2007／舟木2008を参照できる。

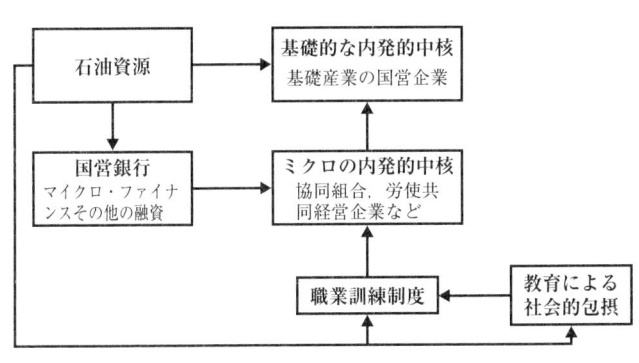

図V-1　チャベス政権の開発パラダイム:「内発的発展」

```
石油資源 ──→ 基礎的な内発的中核
  │           基礎産業の国営企業
  ↓              ↑
国営銀行 ──→ ミクロの内発的中核
マイクロ・ファイナ   協同組合，労使共
ンスその他の融資   同経営企業など
                ↓
           職業訓練制度 ←── 教育による
                              社会的包摂
```

【資料】Vera 2006；Figura 1 を参考に筆者作成。

られているが，その基軸となるのは「内発的発展」(*desarrollo endógeno*)[21] の開発パラダイムである。これまでの政策実践や政策文書などから窺える政府自身の思考法を，客観的なマクロ経済構図のうちに位置づければ，その内容は図V-1のように要約できる。

　この開発パラダイムにおいては，石油の輸出から得られる富がすべての大前提となる。その富はまず，基礎産業の国営企業の振興に向けられる。この領域は「基礎的な内発的中核」(*núcleo endógeno básico*)と呼ばれる[22]。石油由来の富はまた，国営銀行を介してマイクロ・ファイナンス等の融資

---

21) スペイン語の *desarrollo endógeno* を英語に直訳すれば *endogenous development* となるが，1970年代以降国際的に普及したこの表現には従来「内発的発展」という訳語が当てられている（西川 2000：第1章）。他方，同じ *endogenous* を用いていても新古典派の現代の経済成長理論において問題にされる *endogenous growth* は，通常「内生的成長」と訳されている。チャベス政権のいう *desarrollo endógeno* が内容的にも *endogenous development* を意味するかどうかは議論の余地があるが，それは少なくとも新古典派の「内生的成長」理論を基礎とするものではない。そこでここでは *desarrollo endógeno* を暫定的に「内発的発展」と訳すことにする。
22) 本来「内発的中核」は学術用語であり，技術進歩を創発する組織や制度を意味する。ネオ・シュンペタリアンのいう「国民的イノベーション・システム」に相当し，ラテン・アメリカの新構造派もよく用いる術語である。チャベス政権の用語法はこれを流用したものであるが，すぐ後述するように，ベーラは両者を似て非なるものと考えている。

に利用される。この融資の対象となるのは協同組合や労使共同経営企業などである。これを「ミクロの内発的中核」（*núcleo endógeno micro*）といい，それは「基礎的な内発的中核」やその他の公的組織，さらにまた地域社会の需要に応じて多様な財・サービスの供給を行う。政府はとりわけ協同組合の育成に力を注いでおり，2003年に3万5,000ほどであったその公式登録数は2006年には10万近くに達した。協同組合や労使共同経営企業に従事する人々は事前に職業訓練を施されるが，彼らの多くは失業者かまたは不完全就業者である。これと併行して識字教育が推進され，学校教育を受ける機会が拡充される。そしてこうした職業訓練や就学支援もまた，石油から得られる富が財源となるのである。

　チャベス大統領自身の発言や政府文書によれば，この「内発的発展」のパラダイムは，1990年代，スンケルらラテン・アメリカの新構造派の経済学者が新自由主義に対抗して提起した開発戦略，「内側からの発展」（*desarrollo desde dentro*）に着想を得たものだという。しかしそこには次のような問題がある。

　第1に，チャベス政権のいう「内発的発展」と「内側からの発展」とはいくつかの点で決定的に異なる。新構造派の考える「内側からの発展」とは，近代的な技術進歩の利益（それは一次産品輸出に特化した周辺部では対外的に流出してしまう）を内部吸収するには工業化による構造変化が必要であるという，プレビッシュら旧構造派が設定した課題を継承し，かつそれをより高い次元で達成しようとするものである[23]。具体的には，かつての輸入代替工業化の時代にみられた過度の国家主義を廃し，より選択的かつ間接的な政府介入，内生的な技術革新と資本蓄積，動学的比較優位の獲得といった回路を通じて輸出指向型工業化を目指す[24]。これに対してチャベス政権の「内発的発展」は，政府が企業活動を直接担う（基礎的な内発的中核）という点で時代錯誤であり，また後述のように技術集約度が低くイノベーション能力を欠いた生産組織（ミクロの内発的中核）を抱え込

23）構造派および新構造派の考え方については，本書**第6章**のほか佐野1999a，佐野1999bおよびカイ2002を参照してほしい。

第Ⅲ部　新自由主義の理論

んでいるという点で長期的には持続困難なのである。

　第2に,「内発的発展」の開発パラダイムにおいて戦略的な役割を果たすものと期待されている協同組合それ自体にも問題がある。まずそれが生み出す財・サービスの発注先は国営企業やその他の公的組織が主であり,これは近年［筆者注：2006年現在］の石油ブームから派生したバブル的な需要に依存していることを意味する。ベネズエラの新興協同組合はまた,免税されている上に政府系金融機関から緩い条件で融資を受けている[25]。そこには情実や政治的利得の授受の入り込む余地が少なからずあり,「内側からの発展」に不可欠なイノベーションと生産性の向上を促しにくい仕組みになっている。さらに経営の実態としても,小零細の営利企業が協同組合を偽装している事例が多い。協同組合には本来,組合員への収益の平等分配,所有と経営の一体性,雇用関係の不在などの基本原則がある。ところが現状では頭数が5人そろえばわずか数日間の手続きで協同組合を創設することが可能であり,雇用関係,下請け関係,所有にもとづく利益配分といった事態も横行している。協同組合は市場と政府のいずれもが「失敗」するニッチにおいてこそ真価を発揮するのであり,チャベス政権はその実力を過大評価しているきらいがある。

24）ベーラも引用しているが,ほかならぬベネズエラの首都カラカスで行われたスンケルへの雑誌インタビュー（Sunkel 2005）において,この新構造派（かつ古参の旧構造派）の経済学者は「…輸出か死か,これは昔も今もわれわれに課せられた苦行なのです」と述べている。このインタビューでスンケルは,自身が1967年に執筆した論文のある節の題名が「輸出か死か」であったことを改めて強調しているほか,プレビッシュの死後そのバイブル的論考（ECLA 1951）を再読した際に,「内側からの発展」につながる用語法や着想を再発見したことを明らかにしている。それは旧構造派の代名詞ともなった「内向きの発展」,つまり輸入代替需要にもとづく工業化という単なるケインジアン的な発想ではなく,成長・発展を「内側から」起動させるという供給側の視点を感じさせるものであるという（Sunkel 2005）。ちなみにスンケルはそのようには述べてはいないが,プレビッシュのこうした構えは供給側の革新と需要の創発を結びつけるシュンペタリアンの視点を連想させる。事実,新旧を問わず構造派は技術進歩を重視した接近法を特徴とするが,特に新構造派の議論はネオ・シュンペタリアンの進化経済学に近いのである（Hounie, Pittaluga, Porcile y Scatolin 1999）。ただしプレビッシュ以来,構造派の立論には需要重視の側面があることもまた確かであり,それはポスト・ケインジアンの成長理論（サールウォール法則）と共鳴しあう（サールウォール 2003：62）。

25）無利子・無担保の融資を,一定の据え置き期間の後に長期返済するものであり（新藤 2006：139, 140, 144）,政府の資金援助ともいえる性格を有する。

第5章　開発パラダイムの比較分析

以上から察する限り，ベーラはチャベス政権の「内発的発展」やそれにもとづく「21世紀型社会主義」を一種の「社会ポピュリズム」だとみなしているように思われる。ベネズエラの内情に疎い筆者には，いまこの批判的解釈の是非を正面切って語る用意はない。ここでは若干の感想を記すにとどめよう。

　第1に，チャベス政権の「内発的発展」が「内側からの発展」とは別物かも知れないことそれ自体は，必ずしも批判するには当たらない。前者が後者のいわばオリジナルなコピーとなり，ベネズエラ社会の問題を創造的に解決できていくのなら，それはそれで結構なことだからである。そしてチャベス政権自身も実はそのように考えている（新藤2006：131-132）。他方，**第4章のコラム**でも指摘した通り，同政権は近年のオランダ病のリスクを多少とも意識し，余剰外貨を基礎産業の振興に役立てようともしている。「基礎的な内発的中核」はそうしたマクロ経済政策の産物でもあり，それなりに有益な側面もあるだろう。

　しかし同じく**第4章のコラム**において触れたように，「一次産品の呪い」は工業部門を現に衰退させつつあり，国家主義的傾向が目立つ割には産業政策が不十分であることは否めないように思える。そしてこの点で，チャベス政権が拠り所とするスンケル自身がベネズエラの状況について次のように述べているのは示唆的である。つまり石油資源を持つという優位性は「現在のブームが，多様で，ダイナミックで，革新的で，したがってまた競争力のある生産構造の創出に向けて活用されないならば，現実に呪いにもなりうる」のである（Sunkel 2005）。このほか，ベーラのみならず内外の多くの論者が指摘する石油への依存の危険性も，月並みではあるがやはり重要な論点だろう。ベネズエラが品質の劣る超重質油への依存を加速度的に強めており，設備の老朽化もあって収穫逓減が作用していることを考えれば，なおさらそうである（坂口2007）。そしてこのようにみてくれば，新構造派が「内側からの発展」によって本来提起した政策課題は，ベネズエラの政治経済的文脈においてもまた，いま一度真正面から受け止めるべきものとなるだろう。

　第2に，ベネズエラの協同組合の現状に対するベーラの批判はまことに

手厳しい。しかしこれは孤立した極論というわけではない。事実，現政権に好意的な日本のある論者もまた，「内発的発展の中核」のモデル・ケースとされる2つの協同組合を訪ねた後，次のように懸念を漏らしている。「こうしたすばらしい計画であるが，組合員がそのすばらしさをどこまで理解しているのかな，汚職，横流し，特権意識，政府援助依存意識などがはびこらないかな，そういえば，マルクスは，『ゴータ綱領批判』で，「権利というものは，社会の経済的な形態，およびそれによって条件づけられている社会の文化的発展よりも決して高度ではありえないのである」といっていたが，ベネズエラ市民のあるいはラテンアメリカ市民の文化的発展水準からすれば，どういう問題があるのだろうか，などと考えながら，薄暗くなったグラモベン地区を去った」（新藤 2006：143）。

　いうまでもないが，協同組合，あるいはより一般的にいって連帯経済，社会的経済，共生経済（内橋克人）などと呼ばれる各種の非営利民間経済組織それ自体に難があるわけではない。むしろそれらは19世紀以来今日に至るまで，営利企業や政府とは異なる原理にもとづいて多様な経済活動と社会的役割を担い，内外にわたる資本主義的統合への対抗概念としての内発的発展をメゾ・レベルで支えてきた重要な存在である（西川 2000：第1章）。とはいえベネズエラの例は連帯経済も時として濫用ないし過大評価されることがありうることを，おそらくは示唆している。ちなみにラテン・アメリカの連帯経済といえば，一時期，アルゼンチンの地域通貨運動も国内外で大いに注目を浴びたが，**第3章**のコラムでは，その実態を相対化している。翻ってみれば農協，漁協，生協など私たちの足元の共生経済もまた従来から幾多の課題を抱えてきたが，同時に新たな試みも胎動し始めている（内橋 2005）。連帯，自立，共生の経済空間をどう進化させるか。もう1つの宿題であろう。

　なお，ベーラは別の論考（Vera 2007）でもチャベス政権の「21世紀型社会主義」を「21世紀の魔法の社会主義」と呼び，次のように批判している。同政権が2期目を迎え，大統領就任の宣誓式が行われた当日，チャベスはカトリック教会の司祭たちに，マルクスを読めば自らの社会主義的な政策に疑念を抱くことはなくなると述べたという。周知のようにマルクス自身

は社会主義社会について具体的なことはほとんど語っていないが，初期社会主義者たちの「空想的社会主義」と自らの「科学的社会主義」とを峻別して，前者を厳しく批判した。その初期社会主義者の1人にフーリエがおり，彼はファランジュ（*Phalanges*）という名の理想協同社会を提唱したことで知られる。チャベスの言説は実はこのファランジュ論に酷似しているところがあり，その意味でフーリエの社会主義はいまや南米の熱帯の地に蘇ったともいえる。もっとも19世紀半ばの北米で行われたフーリエ主義者のファランジュ建設の試みは10年間も続かず，その後跡形もなくなったのであるが…。

　実に痛烈な批判である。ちなみにファランジュはスペイン語ではファランヘ（*falange*）となる。あのスペイン内戦後，長期の権威主義体制を敷いたフランコ将軍の政権与党は奇しくもファランヘ党であった。そしてチャベス大統領はフランコと同じく軍人出身で，政治手法の権威主義的性格がなにかと取りざたされる。筆者の深読みかもしれないが，ベーラは両者を重ね合わせているのかも知れない。

　以上，チャベス政権の開発パラダイムに関する同胞人ベーラの批判的見解を紹介しつつ，筆者の考えを若干述べた。ちなみに同教授は，構造派とポスト・ケインジアンの統合を志向する異端のマクロ経済学者である（Vera 2000）。

第 6 章

IMF モデルの原理的批判

はじめに：IMF 病の伝染——ラテン・アメリカからアジアへ

1997〜98 年におけるアジア通貨危機の際，IMF が救済融資の条件としてコンディショナリティーとよばれる安定化政策を課し，それがむしろ危機を悪化させたことはよく知られている。歴史的な文脈は異なるが，これと似た構図は以前にも繰り返しみられた。たとえば 1980 年代の債務危機のもとで IMF の融資を受けた開発途上諸国は，やはり一定の安定化政策の実施を求められた。だがスタグフレーションや所得分配の悪化など，その社会経済的な効果は概して否定的なものであった。

それゆえ世に IMF 批判の言説は数多い。とりわけ日本では，進歩派から開発経済学本流——それは新古典派原理主義に批判的であるという意味では「異端派」的だが，同時に「新古典派総合」的でもある（佐野 1998：終章）——にいたるまで，そうした言説が広く定着している。しかし，その多くはコンディショナリティーの負の効果それ自体を指弾するだけの外在的な批判に終始するか，あるいは IMF の安定化政策の理論的基礎を問題にしながらもそれが不適切または不徹底に終わっているか，そのいずれかである。このため日本では，コンディショナリティーの思考法の内在的な理解に立ちながら，これを真に批判する成熟した議論が欠如したままとなっている。

このもどかしい状況を少しでも払拭するには，すぐれた先行研究に学ぶことがまずは有益である。筆者らは，開発問題への反主流派的アプローチを各々の比較優位にしたがって総動員する「異端派総合アプローチ」を提唱してきたが

（佐野1998／岡本2000）。こと IMF 批判に関しては，ラテン・アメリカに起源を有しいまや世界的広がりをもつ，広義の構造派経済学の成果を吸収することから始めるべきだと考えている。

日本ではあまり知られていない事実だが，ラテン・アメリカ諸国においては実は1950年代末以来，国際収支と物価の安定化に際して IMF が繰り返し政策介入してきたという歴史的経緯がある。事実1952～79年の期間をとると，IMF からの融資（正確には通貨引き出し権の行使）総数430件のうち実に282件，つまり約66％までがラテン・アメリカ諸国向けのものであり（Villarreal 1986: 213），それらは常にコンディショナリティーの実施を要件としてきた。ラテン・アメリカは長年にわたって IMF モデルの主要な実験室となってきたのである。

標準的なコンディショナリティーには緊縮的な金融・財政政策，通貨切り下げ，実質賃金の引き下げ（いわゆる非対称的な所得政策），物価統制の撤廃や貿易・為替規制の自由化（さらに近年では雇用の柔軟化）などが盛り込まれている。このうち通貨切り下げの社会経済効果を1960年代後半～1970年代前半のラテン・アメリカについて分析したものが表6-1である[1]。景気後退（実質 GDP の減少，それにともなう輸入の減少），需要の国外漏出（現地通貨建ての貿易赤字の増加），所得分配の悪化など負の効果が明白であるほか，度重なる通貨切り下げそれ自体と実質賃金の低下（通貨切り下げ後のインフレーションの昂進による）は，安定化政策の目標である国際収支の改善とインフレーションの抑制が必ずしも達成されなかったことを示している[2]。

ほかならぬそのラテン・アメリカにおいて IMF 批判が比較的早くから湧き起こってきたことは，それゆえ当然である。別の機会に論じたように（佐野1999a／佐野1999b），国連ラテン・アメリカ＝カリブ経済委員会（CEPAL）を主

---

[1] 正確にはクルーグマンとテイラーが作成したケインズ＝カレツキ型の理論モデル（Krugman and Taylor 1978）を用いて，通貨切り下げの所得効果を推計したものである（Villarreal 1986: 217）。
[2] 傍点で強調したように，輸入が減少したのは，あとでみる IMF モデルに想定された強い代替効果の結果というよりは，単に景気後退に由来する面が大きい。典型的には，通貨切り下げ後数年すると再び貿易収支が悪化し，またもや安定化政策をよぎなくされるというパターンが繰り返された。

表6-1 ラテン・アメリカにおける通貨切り下げの効果：1966～74年

(実質値での変化率：％)

国名	年	GDP	輸入	貿易赤字 (現地通貨建て)	貿易赤字 (ドル建て)	賃金 所得	非賃金 所得
アルゼンチン	1966,67,70,71	-5.045	-5.045	22.075	-5.083	-4.970	0.006
チリ	1966,67,68,69,70,72,73,74	-4.288	-1.430	162.889	-4.339	-4.152	-0.851
ウルグアイ	1966,67,68,71,72,73,74	-3.559	-3.559	53.971	-3.630	-3.415	-1.052
トリニダード・トバゴ	1967,72,73	-1.426	-1.426	5.017	-2.552	-0.805	0.804
エクアドル	1970	-3.110	-3.110	32.200	-3.290	-2.620	30.300
ジャマイカ	1971	-1.920	-1.920	5.780	-1.920	-1.820	1.700
ボリビア	1972	-5.610	-5.610	57.300	-5.760	-4.870	50.300
コスタリカ	1974	-2.150	-2.150	25.500	-2.180	-1.380	29.100
ペルー	1967	-2.070	-2.070	39.600	-2.120	-1.930	36.600
算術平均		-3.242	-2.924	44.926	-3.430	-2.885	16.323

注：通貨切り下げを複数回実施した国々はそれらの算術平均。

【資料】Villarreal 1986：218-219, cuadro VIII.2 により作成。

な拠点としてこの批判を展開してきた経済学者の集団は，構造派とよばれる。彼らの批判はたんにコンディショナリティーの内容の是非それ自体にとどまらず，より広くIMFの組織運営やさらに国際金融体制のあり方全般にもおよび，次第に他の地域の経済学者にも影響を与えていくようになった。現在はアメリカほか一部の国々において構造派の直観とポスト・ケインジアンの分析手法をブレンドした構造派マクロ経済学が展開され，ここに本来の構造派の新世代である新構造派も合流しつつある。これらは全体として構造派経済学と総称できる知的潮流を生み出している[3]。

以下，この章では，彼らの研究成果にしたがってIMFのコンディショナリ

---

[3] 新古典派と構造派の対立を軸としたラテン・アメリカ経済学の学説史としては，取り急ぎ佐野1999bを参照。概説にすぎないが，一般には必ずしも知られていない事実も紹介している。関連して，ラテン・アメリカの政治・経済・社会思想をより広く知るには今井2004が有益である。

ティーの理論的基礎を内在的かつ批判的に理解できるように努め，これをふまえて代替的な理論や政策の方向性を示唆しておきたい。なお，**第8章**では20世紀末通貨危機をめぐるポスト・ケインジアンや構造派マクロ経済学の議論を紹介・検討しているが，そこでも IMF 批判が1つの重要な論点になっている。それもあわせて参考にしてほしい。

1 IMF モデル：開発における新古典派総合？

　IMF の安定化政策の理論的基礎は，1950年代後半までにはほぼ確立されていた。いまではよく知られているように，その土台となったのは，当時 IMF の調査副部長であったポラクの理論モデルである（Polak 1957-58）。折衷的なところもあるが基本的に新古典派マネタリズムに依拠したこのモデルと，それにもとづくコンディショナリティーとは，以後，開発途上諸国を中心として多くの国々と人々に広く影響をおよぼしてきた。「ポラクの仕事はケインズ以来もっとも重要なマクロ経済学の作品」だと揶揄されるゆえんである（Taylor 1987: 33／Taylor 1991b：154）。

　もっとも 1950 年代半ばまでの IMF スタッフ論文集をあらためて繙くと，通貨切り下げの国際収支改善効果を部分均衡論的に主張する弾力性アプローチ[4]や，経常収支赤字の原因を超過需要に求め緊縮的な金融・財政政策を正当化するアブソープション・アプローチ（Alexander 1951-52）など，安定化政策のための提案がすでに複数行われていたことがわかる（Villarreal 1986：245-249）。正確なことは今後の学説史的研究を待たねばならないが，おそらくこれらと新古典派マネタリズムの思考法とが折衷されて，ポラク・モデルを土台とする IMF の標準的な理論と安定化政策が形作られていったのではないかと考えられる。

　ちなみに H.G. ジョンソンや J. フレンケルらシカゴ学派が編み出した，より純粋な新古典派マネタリズムの立場からの国際収支理論はマネタリー・アプローチとよばれる（Frenkel and Johnson 1976／Johnson 1977）[5]。そこでは上記の弾力

---

4) 主要諸国が 1930 年代に実施した通貨切り下げ競争の経験を下敷きにしたものとされる。

性アプローチとは逆に通貨切り下げは否定的にとらえられており，貨幣供給の引き締めを欠いた通貨切り下げは無効であると理解されている。むしろ固定相場制を前提として外貨準備に応じた規律ある金融政策をとる——あるいは裁量的な金融政策を放棄する——ことこそ，対外均衡を保証する唯一の選択肢だということになる。IMFは実際にはこの新古典派原理主義的なアプローチを採用した国々をも支援してきているが（1990年代のアルゼンチンなど），議論が複雑になるので，ここではこの点には立ち入らない。

　理論・政策面におけるIMFのある種とらえどころのなさは，このほかにも伺える。たとえば1980年代には，カーンやモンティエルら内部のエコノミストが，世界銀行の従来の開発モデルとの総合を意図した成長指向の安定化政策を検討するようになった（Khan and Montiel 1989）[6]。さらに，やはり1980年代半ばのアルゼンチン（アウストラル・プラン）やブラジル（クルザード・プラン）のように，開発途上国内外の地政学的背景や権力バランスしだいでは，物価・賃金の凍結を盛り込むなどコンディショナリティーが異端派的な内容をもつことさえあった。

　このようにIMFの理論と実践は，厳密にいえば必ずしも一貫した体系を備えていたわけではない。しかし以上の留保はつくにせよ，IMFの標準的な理論モデルやそれにもとづく安定化政策の思考法が，多少とも折衷的とはいえ，新古典派マネタリズムという強力な理論的磁場に絶えず引き寄せられてきたことは間違いない。この意味において，IMFモデルは開発理論における一種の新古典派総合とみることができる。佐野1999bで解説したように，戦後の開発理論において当初どちらかといえば傍流であった新古典派がめざましく復権しはじめたのは，一般的には1970年代以降であると整理できる。だが以上から

---

5) IMFの理論モデルもマネタリー・アプローチと呼ばれることがあるが，シカゴ学派流のそれの方がマネタリズムにより忠実である。後者はいわば硬派のマネタリー・アプローチだといえる。
6) ただし，そこでは供給要因によってすべてが事前に決定されるという，新古典派的な完全雇用の仮定が維持されている。このため，従来の安定化政策のデフレーション効果や構造インフレーション現象を率直に認めるなどIMFスタッフとしては率直な議論を行っているにもかかわらず，基本的なところでポイントをはずしている（Taylor 1991b：154, note 2）。興味深いことに，ポラクはカーンらのこの試みに対してさえ鋭い批判を行っている（Polak 1990）。

第6章　IMFモデルの原理的批判

明らかなように，IMF内部にかぎってみれば，新古典派マネタリズムの「反革命」は，ポラク・モデルを契機としてすでに1950年代後半から開始されていたとも考えられるのである。

2　標準的なIMFモデル

　以上の予備知識を念頭におきながら，今度はIMFによって「通常適用されているモデル」(Taylor 1991b：154) を定式化し，それとコンディショナリティーの関係を内在的に理解してみることにしよう。これをふまえて3ではIMFモデルの問題点を洗い出し，望ましい改革の方向性について示唆してみたい。なお以下の定式化は，特に断りのないかぎり構造派マクロ経済学の先駆者テイラーに負うが (Taylor 1987／Taylor 1991b：Chapter 5)[7]，筆者の判断で適宜変更を加えている。記述を簡単にするため記号を用いるが，その一覧は次のとおりである。

A：国内アブソープション	Ms：貨幣供給
B：国内銀行信用	P：物価水準
Bg：対政府国内銀行信用	Q：産出量
F：資本流入	R：対外準備
Ge：政府支出	T：経常収支
Gr：政府収入	V：貨幣の流通速度
i：運転資本調達コスト	(現行価格での産出フロー額÷貨幣ストック)
M：貨幣ストック	W：賃金
Md：貨幣需要	Π：利潤
Mi：輸入中間財コスト	

2.1　基本理論：緊縮的な金融・財政政策による国際収支の改善

　IMFの安定化政策の主な目標は国際収支の改善にある。これに取り組む標準的なIMFモデルの基本体系は，次の①〜⑥式からなる。いま開放経済を想定すると，まず銀行システムのバランス・シート（借方＝貸方）から，貨幣供

---

7) ブラジルの新構造派カレツキアンであるバシャの定式化 (Bacha 1987) も参考になる。

給関数を次のように書ける。

$$Ms = R + B \quad \cdots\cdots ①$$

また貨幣数量説の交換方程式 $MV = PQ$（これ自体は同義反復）より，貨幣需要関数は次式のようになる。

$$Md = \frac{PQ}{V} \quad \cdots\cdots ②$$

最も単純な新古典派理論にあっては，開放経済下の P は一物一価の法則により事前に決定され，Q も供給側要因により事前に完全雇用水準において決定される[8]。V も短期においては一定と仮定される。このとき②式の右辺は一定となる。ここで貨幣市場の均衡を仮定すると（①=②），B が拡大したとき R は減少せざるをえない。したがって対外均衡を維持するには，金融緊縮政策が必要だということになる。

これと同じことは国際収支の面からもいえる。まず経常収支 T を名目国内支出 A に対する名目所得 PQ の超過分として表現すれば，その定義式は以下のとおりである。

$$T = PQ - A \quad \cdots\cdots ③$$

総合国際収支から次式が導かれる。

$$T = \delta R - F \quad \cdots\cdots ④$$

ここで F は一定と仮定される。δ は時間に関する微分（dR/dt）を示す。

---

[8] Q が供給側の要因により事前に完全雇用水準において決定されることについてはシャーマン・エバンズ 1989：71～73（「付論4A　古典派理論の完全なモデル」）を参照。最も単純かつ教条的な新古典派の産出決定理論はこのように理解しておいてよいが，バシャによれば，実際にはIMFも緊縮金融政策によって産出量が低下する可能性があることを認めており，この効果を相殺するため，コンディショナリティーには通貨切り下げが同時に盛り込まれることになっているという。通貨切り下げによって需要転換（輸入の減少と輸出の増加）が起これば，その分産出が増加する（また国際収支も健全に保たれる）と想定されているのである（Bacha 1987: 1463）。ちなみに，この通貨切り下げ政策は，本章1で触れた弾力性アプローチを取り込んだものと考えてよいだろう。

以上の①〜④式より，次式がしたがう。

$$A - PQ = \delta B - \delta Md + F \quad \cdots\cdots ⑤$$

δMdは②式により決定されており，Fは一定だから，AがPQを超過する場合はδB，つまり国内信用が拡大している。このとき経常収支は赤字となるが，これを是正するにはまたもや金融緊縮政策しかない，ということになる。⑤式は，コンディショナリティーに必ず盛り込まれる国内信用削減目標値を計算するのに用いられている。

　政府財政を考慮に入れると，この国内信用削減の問題はさらに詳細に分析できる。いま政府が対外借款を行い，銀行のほかに国内には債務を負う相手がない，という仮定をおけば，財政赤字は次式のようにあらわせる。

$$Ge - Gr = F + \delta Bg \quad \cdots\cdots ⑥$$

　ここでFを一定とすると，左辺の財政赤字を減らしたときδBg（対政府信用の必要性＝政府の信用需要）も減り，⑤式にしたがって緊縮政策が実施されても，民間部門のクラウディング・アウトを回避できることになる。かくして，緊縮金融政策と同時に財政緊縮政策もコンディショナリティーに組み込まれるのである。

2.2　補助理論

　IMFの標準的モデルの基本理論は以上のとおりである。しかしIMFの実際の安定化政策にはインフレーション抑制，通貨切り下げ，非対称的な所得政策，物価・貿易・金融等の自由化などが盛り込まれている。その考え方は次のとおりである。

2.2.1　貨幣供給の引き締めによるインフレーション抑制と国際収支の改善　国際収支の改善とならんで，インフレーション抑制はIMFの安定化政策の主要な目標である。インフレーション抑制策は次の⑦〜⑨式によって導かれる。まず①式と②式から次式がしたがう。

$$P = \frac{MsV}{Q} \quad \cdots\cdots ⑦$$

Vを一定として⑦を変化率の形に変形する。

$$\delta P = \delta Ms - \delta Q \quad \cdots\cdots ⑧$$

つまりδMsを減らせばδPを抑制できることになる[9]。

なお，この分析枠組は，国際収支の改善策を考察するためにも使うことができる。再び⑦式に戻ると，Msを制限することによりPは全般的に低下する。ところで一物一価の法則が妥当するとした場合，貿易財価格は一定だから，P全般が低下するには非貿易財価格が低下しなければならない。すると貿易財の相対価格または実質為替レート（貿易財価格÷非貿易財価格）が上昇し，輸出の収益性が増す。逆に輸入は割高となる。代替効果がはたらくことにより，輸出が増加し輸入が減少する。こうして国際収支が改善するのである。

2.2.2 通貨切り下げによる国際収支の改善　国際収支の改善は，通貨を名目的に切り下げて（つまり現地通貨建ての為替レートを名目的に上昇させて）貿易財価格を直接に引き上げるという方法でも達成可能だと考えられている。ここではさらに強い代替効果が仮定されている。なお1で述べたように，純粋なマネタリー・アプローチでは通貨切り下げは不適切な金融政策の徴候とみなされるが，IMFの通常の安定化政策には通貨切り下げが盛り込まれることが多い[10]。ひとしく新古典派理論を基礎としながらも，この点にかぎっては両者の立場は異なっている（Villarreal 1986：208）。

2.2.3 非対称的な所得政策　IMFは，ラテン・アメリカで「非対称的な所得政策」とよばれる政策をコンディショナリティーに挿入する傾向がある。その

---

9) ⑦式と⑧式は②式において仮定された一物一価の法則と矛盾しているようにみえるだろう。これでは物価水準が貨幣供給と貿易関係によって同時に決定されることになってしまうからである。しかしすぐ次に述べるように，この問題は貿易財と非貿易財を区別することで一応は「解消」する（Taylor 1991b：157）。
10) その理由についてのバシャの解釈は**注8**を参照。

理由は，名目所得を費用項目に分解した次の式によって明らかとなる。

$$PQ = \Pi + W + Mi + i \quad \cdots\cdots ⑨$$

　前項のように通貨切り下げが実施されると Mi は上昇する。また次項でみるようにIMFの安定化政策では i も引き上げられる。このとき中期的に経済成長を確保し，かつ目標インフレーション率を達成するには，Π を優先しつつ W の物価スライドを抑制することが必要となる。

　ちなみに1997～98年の韓国の通貨・金融危機の際には，整理解雇制の導入がコンディショナリティーに盛り込まれたが，これに対してはIMFの越権行為であるとの批判があった。しかし雇用関係の外的な柔軟化は，IMFの思考法とはそもそも親和的なのである。

2.2.4　物価・貿易・金融等の自由化，金利の引き上げ　コンディショナリティーに含まれることが多い一連の自由化・規制緩和政策は，これまで特定化してきたIMFモデルの論理的な帰結というよりも，自由な完全競争市場においてこそ最大限の効率性が実現されるという信念を表明しているものといえる。いうまでもなく，その理論的基礎となっているのは新古典派ミクロ理論である。近年では資本移動規制の撤廃などのほか，前項でも触れたように，雇用関係の外的な柔軟化という形で労働市場の規制緩和もコンディショナリティーの対象となっている。一方，金利の引き上げは前述した緊縮政策を補うほか，貯蓄の増加および通貨危機の抑制にも有効であると位置づけられている。

3　IMFモデルの批判と改革の方向性

3.1　IMFの医療過誤

　これまでの説明でIMFの標準的なコンディショナリティーの理論的基礎については了解できただろう。国際通貨体制を司るブレトンウッズ機関は，以上のような思考法にもとづいて，国際収支の改善やインフレーションの抑制といった安定化政策の目標を実現できると考えてきたのである。

ところで冒頭でも指摘したように，このコンディショナリティーは概してスタグフレーション，雇用の減少，所得分配の悪化など負の社会経済効果をもたらす傾向にあった[11]。国際収支の改善もしばしば一時的なものにすぎず，中期的には対外不均衡が再現しがちであった。このため，IMF は開発途上国への融資と政策介入を繰り返しよぎなくされてきたのである（図6-1）。

この過程で，ブラジルでは1983年4月に「IMF暴動」が発生し（ハニーウェル 1987：21-22, 43），1998年の韓国では「IMF危機」という流行語が生まれた。同年，事実上の「IMF暴動」がインドネシアでも火を噴き，長期政権の崩壊をまねいたことは記憶に新しい。そうした政治経済現象の基底にあったマクロ経済的因果連関は，国別・時期別にもちろん異なる。とはいえ，そこには図6-1に描いたいくつかの典型的な調整パターンや，それらの組み合せが作用したものと考えられる。

3.2　熱帯病に投与された温帯向けの薬

以上のような「IMF の医療過誤」（Villarreal 1986：212）の原因は，先進国についてさえ妥当しない仮定や信念に立つ新古典派モデルが，それらから一層乖離している開発途上国の現実へと安易に適用されてしまったことにある。実際，たとえば②式や⑦〜⑧式において，供給側要因のみによって事前に完全雇用水準に決定される産出，一定の貨幣流通速度，一物一価の法則，強い代替効果といった仮定がおかれているのは，いかにも常識に反している。現実には，産出に対する需要要因の影響はかなり重要であり，貨幣の流通速度は短期的にも変化し，一物一価の法則は必ずしも妥当せず，代替効果は短期的にはそれほど強くない。

また，これは20世紀末通貨・金融危機に関連してよく指摘されたことだが，資本流入を一定と仮定したのでは急激な資本移動に起因する対外不均衡への対応を誤るし，通貨危機を抑えるのに金利を引き上げれば，国内信用収縮を介して金融危機や景気後退を一層増幅させることになってしまう（多くの開発途上

---

11) 1997〜98年におけるアジア危機の際にもこの傾向は顕著だったが，それ以前のラテン・アメリカの事例は，ハニーウェル 1987／SELA 1986／Taylor 1991b：Chapter 4 などを参照。

図 6-1 IMFの医療過誤：意図せざるマクロ経済調整

【調整1】
財政赤字の削減⇔信用圧縮 → 総需要の減少 → 景気後退 → 輸入の減少 → 経常収支の一時的改善

※金融の緊縮は物価だけに影響を与えると想定されている。だが現実には需要の減少をつうじて産出を低下させる。経常収支が改善するのは中間財輸入の減少によってである。

【調整2】
信用圧縮⇔金利引き上げ → 金融費用の上昇 → 物価上昇＋生産調整 → 経常収支の一時的改善

※運転資本の借り入れが広く行われている場合、緊縮的な金融政策による信用圧縮や高金利はスタグフレーションを引き起こす（特に通貨危機の場合）。この場合も経常収支が改善するのは景気後退と中間財輸入の減少によってである。

【調整3】
通貨切り下げ → 中間財輸入価格の上昇 → インフレーション → 実質賃金の低下 → 所得分配の悪化 → 消費需要の減少 → 景気後退 → 経常収支の一時的改善

※通貨切り下げのインフレーション効果に対する賃金低抗が弱い場合、消費需要の減少により景気後退が起こる。ここでも経常収支は輸入の減少によって改善する。通貨切り下げの迅速な代替効果によるものではない。

【調整4】
通貨切り下げ → 輸出所得の増加＜輸入物価の上昇による所得減少 → 購買力の全般的な減少 → 景気後退 → 経常収支の一時的改善

※通貨切り下げの代替効果は短期的にはかさく、この場合も経常収支の改善は景気後退によってもたらされる。

［資料］Taylor 1987 : 38-40 を参考に筆者作成。

第Ⅲ部　新自由主義の理論

国企業は運転資本を借り入れに頼っている)。さらに上述した危機の前後に勧告された金融その他の自由化・規制緩和は，第1章でとりあげた日本の事例も示すように，そもそも先進国においてさえ首尾よく機能するとはかぎらないものである。

このほか，コスト要因によるインフレーション(⑨式でいえば右辺の項の自律的な変動)，階級別の消費・貯蓄行動の差異，それにもとづく所得分配変化のマクロ経済効果(図6-1の調整3)，そして貨幣供給の内生性などが無視されていることも，かねてより指摘されてきた(Dutt 1997)。これも重大な過失である。

図6-1に例示された負のマクロ経済調整は，まさにこうした理論と現実のずれに起因している。そしてその現実は，開発途上経済をとりまく時空間的に多様な制度構造によって規定されているのである。

とはいえ，以上はIMF＝新古典派モデルに対するなお一次的な批判にすぎない。IMFの「医療過誤」のより根本的な原因は，この国際金融機関に次のような歴史的・進化論的な認識が決定的に欠けていることにある。それはすなわち，開発途上国は先進国とは異質の経済進化の経路や局面にあり，そこに特有の制度構造から長期的な性格の不均衡が生み出されがちだ，というものである。新古典派流の非歴史的・均衡論的な発想にとらわれているかぎり，こうした見方にはまず立てない。

これに対して，ラテン・アメリカの旧構造派の創生期以来，構造派経済学は国際収支の悪化やインフレーションを基本的には開発途上国特有の構造的ないし制度的な要因に起因するものと理解してきた。そのある部分については佐野1999bでも触れたが，たとえば貿易赤字の基底には，「中心部」と「周辺部」の社会経済構造の差異に由来する交易条件の悪化傾向のほか，工業化に際する生産財輸入への依存傾向——ネオ・シュンペタリアン風にいいかえれば国民的イノベーション・システムの脆弱性——などがある。また，かつてラテン・アメリカでよくみられた持続的な高率インフレーションは，上述した貿易収支の悪化傾向それ自体(外貨不足による通貨価値下落と輸入インフレーション)，大土地所有制度ほか硬直的な農業組織による食料供給の低弾力性，および物価の変動に大きな自由度を与える国内産業の「過剰保護」[12]などと関連づけられ

た。いわゆる構造インフレーションである。

　もちろん短期的要因も重要である。実際，超過需要に起因する IMF タイプの対外不均衡が成長を制約する，つまり貯蓄制約がバインドすることも場合によってはありうるだろう（Weisskopf 1972）。新世代の構造派ともなると，対外不均衡のレジームをモデル分析によって分類し，構造的赤字のケースを相対化してさえいる（Bacha 1986a : Capítulo 17）。インフレーションについても，新古典派マネタリズムが妥当するケースはまったく考えられないというわけではない[13]。とはいえ，すでに旧構造派もインフレーションの短期的な「拡散メカニズム」については論じていたし，新構造派は過去のインフレーションへのインデクセーション制度が物価を悪循環的に騰貴させる事態を「慣性インフレーション」として重視した。だがそれでもなお，各種の構造的不均衡は現実の広い範囲でみられる。開発途上国の多様な経済進化の現実を前にしたとき，IMF モデルはやはり限定的な特殊ケースにしか映らないのである。

　構造派経済学のこのような思考法にしたがえば，IMF が所期の効果を十分あげられないまま繰り返し政策介入し，その過程でむしろ思わざる負の効果をまねくことになりやすかったのは当然である。IMF は，いわば病原をたたかずに対症療法を行ってきたにすぎない（Villarreal 1986 : 215）。

3.3　　代替案の方向性：不均衡を生み出す制度構造を改革する

　それではひるがえって，IMF モデルに対する構造派経済学の積極的な代替案とはどのようなものとなるだろうか。残念ながら，それはまだ必ずしも体系化されているわけではない。だが，対案の核心はおよそ次のように素描できる（**表 6-2**）。あらゆる論点を網羅しているわけではないが，IMF の立場との相違

---

12) 国際市場価格を輸入関税率と為替レートを考慮して国内価格に換算したとき，その水準が現実の国内価格を上回る場合，「過剰保護」が存在する。現実の国内価格がその理論値に達するまで国際競争が作用しないため，その範囲内で物価は自由に変動しうることになる。それゆえこの制度はインフレーションの一因となる（Canitrot 1980）。
13) カレツキは，ハイパー・インフレーションはマネタリズムが妥当する唯一のケースであると述べている（Kalecki 1962）。ただし，カレツキが想定したハイパー・インフレーションは，ラテン・アメリカ諸国が経験したそれとは異なる因果関係によって生じたものかも知れず，だとすれば後者についてマネタリズムが妥当するかどうかは先験的には判断できない。

は明らかなはずである。
- 対外不均衡とインフレーションの原因：開発途上経済の進化の経路と局面に特有の，長期的かつ多様な制度構造が主因である。超過需要など短期的な要因はこれを増幅するものである。
- 政策方針：IMFの表面的な安定化政策では問題が再発する。中・長期の構造改革と発展に力点をおくと同時に，短期的な要因にも適切に配慮する。またIMFの融資制度を改革し，外貨準備などドル建ての諸変数については達成目標を設けるが，財政・金融など現地通貨建ての諸変数の実績には大きな自由度をもたせる。これにより機動的で多様な政策選択が可能になる[14]。
- 国際収支赤字：原因を識別したうえで繊細に対処する。構造的不均衡の場合は輸入代替工業化と輸出促進で対応する。そのための制度改革（攻めのイノベーション・システム等）と選別的な金融・財政支援が必要である。むやみな緊縮政策はスタグフレーションを招く。仮に超過需要赤字の場合であっても，金融・財政の合理化は雇用・所得分配・福祉に配慮しながら選択的に実施し，景気後退に陥らないようにする。
- 為替レート：大幅な通貨切り下げにはスタグフレーション効果があるため，差し控える。基本的には，安定した実質為替レートを維持するクローリング・ペッグが望ましい。
- 物価：費用決定型（マーク・アップ型）の価格形成と需要決定型のそれを組み合わせてインフレーションの原因を識別する。不完全雇用の一般的ケースでは構造インフレーションを想定し，その制度的要因を除去する構造改革と拡散メカニズムの抑制が必要である。超過需要インフレーションの場合は，雇用・所得分配・福祉に配慮しながら金融・財政を選択的に合理

---

14) この論点は Bacha 1986b および Bacha 1987 による。なお，バシャは IMF のとるべき方向として，この「放任型」の選択肢のほかにもう1つ，「干渉型」の選択肢も提示している。ただし，その場合，IMF による「干渉」の内容は異なってくる。経済成長指向の安定化政策を実施するのに必要な融資額を代替的な理論モデルを追加して算出することにより，債権銀行や債権国にも達成基準を課すのである。これは「互酬的なコンディショナリティー」の戦略である。

表 6-2 IMF と構造派経済学：思考法の比較

	IMF	構造派経済学
国際収支赤字とインフレーションの原因	いかなる場合でも短期的な超過需要と過大な貨幣供給が主因。構造的な不均衡は二次的要因。	開発途上経済の発展局面に特有の長期的かつ多様な制度構造が主因。超過需要など短期的な要因はこれを増幅。
政策方針	主に短期の安定化と自由化志向の構造調整。かりに景気後退を伴うことがあっても、調整ずみやかに安定成長が実現。1950年代以来標準化された安定化政策を普遍的に要求。	IMFの表面的な安定化政策では問題が再発。中・長期の構造改革と発展に力点をおくと同時に、短期的な要因にも適切に配慮。またIMFの融資制度を改革。ドル建ての諸変数については達成目標を設けるが、現地通貨建ての諸変数の操作には大きな自由度をもたせる。これにより機動的で多様な政策選択が可能。
安定化政策とその代替案	緊縮的な金融・財政政策：超過需要の除去をつうじて国際収支を改善。金利引き上げは資本逃避の抑制も意図。	国際収支悪化の原因を繊細に識別したうえで対処。構造的不均衡の場合は輸入代替工業化と輸出促進で対応。そのための制度改革（攻めのイノベーション・システム等）と選別的な金融・財政支援が必要。ゆるやかな緊縮財政策はスタグフレーションを招く。超過需要赤字の場合でも、金融・財政の合理化は雇用・所得分配・福祉に配慮しながら選択的に実施し、景気後退を回避。
	しばしば大幅な通貨切り下げ。その代替効果によって国際収支を改善。シカゴ学派流のハードなマネタリー・アプローチを適用した場合は固定為替レートを堅持。	大幅な通貨切り下げにはスタグフレーション効果があるため、これは回避。安定した実質為替レートを維持するクローリング・ペッグが望ましい。

（次頁に続く）

(続き)

安定化政策とその代替案	インフレーション抑制：貨幣数量方程式にもとづき、貨幣供給の引き締めによって超過需要を除去。	費用決定型（マーク・アップ型）の価格形成を識別。不完全雇用の一般的ケースでは構わせてインフレーションの原因を合造インフレーションを想定し、その制度的要因を除去する構造改革と拡散メカニズムの抑制が必要。超過需要インフレーションの場合は、雇用・所得分配・福祉に配慮しながら金融・財政を選択的に合理化し、景気後退を回避。近年ではデフレーション対策も必要。
	所得政策：利潤率を維持したままインフレーションを抑制すべく実質賃金を引き下げる。	社会賃金も含め全体として大衆の実質所得を維持（短期）または改善（中・長期）。必要な調整の負担は労使など社会各層が平等に負担。
安定化政策とその代替案	物価・貿易・金融等の自由化：自由な完全競争市場によって実現される効率性を信頼。貿易面では静学的な比較優位を重視。金融自由化のリスクについては主に健全性規制で対処。	必要な場合は選択的な価格規制を実施。「過剰保護」は漸進的に是正し、時限つきの適正保護を実施しながら、動態的な比較優位を獲得。資本取引規制と健全性規制を柔軟に組み合わせて適度の金融規制を維持し、生産的投資を促進。国際的にも、黒字国の外貨プールを利用して為替市場への組織的介入を実施。
国際金融体制	従来の体制の維持。ただし 1990 年代の一連の通貨危機以降は主要加盟国の間でも改革気運が強まる。	開発途上経済をはじめとする赤字国だけに調整負担を負わせてきた従来体制を批判。黒字国の調整を要求。IMF の理論・政策・組織の抜本的改革を要求。

【資料】Villarreal 1986 : 278-281, Cuadro Resumen ／ Bacha 1986b ／ Bacha 1987 ／ Canitrot 1980 ／ CEPAL 1990 ／ Taylor 1991b などを参考に筆者作成。

第 6 章　IMF モデルの原理的批判

化し，景気後退を回避する。近年ではデフレーション対策も必要である。
- 所得政策：社会賃金も含め全体として大衆の実質所得を維持するか（短期），または改善する（中・長期）。必要な調整の負担は労使など社会各層が平等に負担する。
- 選択的かつ合理的な規制：選択的な価格規制を行う。「過剰保護」を漸進的に是正し，時限つきの適正保護を実施しながら，動態的な比較優位を形成する。資本取引規制と健全性規制を柔軟に組み合わせるなど適度の金融規制を維持し，生産的投資を促す。国際的にも，黒字国の外貨を利用して為替市場への組織的介入を行う。
- 国際通貨・金融体制：開発途上経済をはじめとする赤字国だけに調整負担を負わせてきた従来の体制を是正する。黒字国の調整も必要である。IMFの理論・政策・組織の抜本的改革を実施する。

要するに，基本的な方向性は，先進国とは異なる開発途上経済の多様な発展局面や進化経路を重視し，短期および中・長期双方の視点を組み合わせた統合的な開発理論を構築すること，そしてそれにもとづく持続可能な安定化政策と開発戦略を柔軟に提起すること，これにある。後者については短期のマクロ経済運営に細心の注意を払いつつも，それと同時に，不均衡を再生産しがちな内外の制度構造を改革していくことが最大の要点となる。この章では詳論できなかったが，後者にはIMFの組織改革や国際通貨・金融体制の再編成も当然含まれるはずである（ハニーウェル 1987 ／イートウェル・テイラー 2001）。

おわりに：「正しい特殊感覚」の復権に向けて

ラテン・アメリカ構造派の始祖であるプレビッシュは，かつて先進国の主流派経済学が「誤った普遍感覚」（Prebisch 1949）に陥っているとしてその独善的性格を批判し，開発途上地域の現実にそくした経済学を構築すべきだと訴えた。しかし，南米からのこの傾聴すべき異議申し立ては，ワシントン D.C. にあっては半世紀以上にもわたって黙殺され続けてきた。構造派経済学の IMF 批判に内蔵されている「正しい特殊感覚」をいまあらためて復権させ，これを他の反主流派の成果とブレンドしつつ，批判的かつ創造的に引き継いでいかねばならない。

§ トービン税は有効か

本章3.3で紹介したように，構造派は，生産的な投資を促すために国際資本移動を必要に応じて規制すべきであると考えている．同じ考え方は**第8章**で検討する異端派の議論（インドのポスト・ケインジアンであるバドゥリ，本章でも取り上げた構造派マクロ経済学者テイラー）にもみられるが，そこでは国際通貨・金融体制を安定化させる政策の一環としてトービン税の導入を推奨している．

1970年代初め，第2次大戦後の世界経済を支えた（調整可能な）固定相場制が崩れ，主要先進諸国は変動相場制へと移行し始めた．折しもコンピュータを用いた国際金融取引が始まり，将来それが急増するだろうと予想されるようになっていた．これらをうけて1978年，イェール大学のトービンは，ケインズが『雇用・利子および貨幣の一般理論』(1936年) において株式取引の安定化のための課税を示唆していたことに鑑み，投機目的の短期的な国際資本移動に対して低率ながら課税することにより，為替レートの安定化を図ることを提案するに至った．これがのちにトービン税と呼ばれるようになったのである．

この考え方には構造派やポスト・ケインジアンなど反主流の経済学者のほか，ニュー・ケインジアンのスティグリッツらも賛同している．西欧やラテン・アメリカの一部の国々では政府・議会レベルでもトービン税に同調する動きがみられるほか，パリに本部を置く非政府組織「市民を支援するために金融取引への課税を求めるアソシエーション」（略称ATTAC）は同税の導入に加え，その税収を社会開発援助に回すことも主張している．さらに国連開発計画（UNDP）も1994年版の『人間開発報告』にトービン自身の寄稿を掲載し，国際金融取引税の導入とその税収の有効活用の必要性を訴えている（UNDP 1994：70）．

これに対して主流派経済学の世界や政財界の本流，特に金融業界では，トービン税はほとんど黙殺されてきた．規制を嫌う思考法と金融自由化で潤った既

得権益のいずれもが，それを許さないのである。他方，これとは全く異なる理由から同税に異論を唱える経済学者がいる。同じく新大陸の地にありながら，トービンら新古典派総合のアメリカ・ケインジアンとは一線を画し，ケインズにより忠実であることを自認してきたポスト・ケインジアン，デヴィッドソンである。彼によれば，トービン税は外国為替市場を安定化させるものでは必ずしもなく，その理論的根拠にも問題があるという。この考え方の概要は次の通りである (Davidson 1998)。

　周知のように，本来の新古典派にあっては，経済が外的ショックによって均衡から乖離しても，それはあくまで一時的な現象にすぎない。長期的には，経済主体の合理的期待にもとづく最適化行動の結果，常に効率的な資源配分が実現する。一国の経済の実力を意味する「ファンダメンタルズ」という表現にも，実はそうした理論的含みがある。

　ところで数理経済学では，長期的に元の状態に戻る性質があることを $ergordic$ と表現する。これにならえば，原理主義的な新古典派は $ergordic$ な世界を理論場として想定しているということができる。しかし日常生活を素直に眺めてみればわかるように，現実とは取り返しのつかない過去と不確実な将来が織りなす非可逆的な進化過程にほかならず，これは明らかに $ergordic$ とはいえない。新古典派の経済観はいかにも非現実的なのである。

　一方，トービンなどかつてのアメリカ・ケインジアンに限らず，サマーズやスティグリッツといったニュー・ケインジアンもまた，彼らの（本来の）新古典派に対する批判から受ける印象とは異なり，実は根本のところで $ergordic$ な経済観を受け容れている。それゆえ彼らは，長期的にみれば財市場では効率的な資源配分が実現すると考える。ところが金融市場では現実問題としてしばしば投機がみられることを認めざるを得ないため，資本取引に課税することによってこれを抑制し，為替レートを安定化させるべきだと主張する。そしてこの場合，投機の原因として彼らがあげるのは，「ファンダメンタルズ」とかけ離れた不合理な期待のもとに投機的利得を得ようとするノイズ・メーカーたち（そして彼らが繰り返し現れること）である。こうした考え方は一見もっともに思える。

　しかし，よく考えてみると以上の議論の立て方はいわば統合失調症的であり，

論理矛盾を犯している。なぜなら，一方では経済主体が合理的に行動する *ergordic* な世界を想定しておきながら，他方ではその同じ合理的な経済主体の中に不合理な投機家が存在する，という論法になっているからである。

事実問題としても，1970年代にアメリカで金融取引税が導入された後，為替市場の浮動性はむしろ増したという実証研究があり，これはトービン税を肯定する先の議論と整合しない。デヴィッドソンによれば，そもそも *ergordic* ではない現実世界においては各経済主体の将来期待はさまざまに異なるが，ここで取引費用を高めたことにより市場参加者の数が減ってしまうと，そうした多様な期待がいわば中和されにくくなる。このため経済主体の期待と行動が一方向に大きく振れやすくなり，市場の浮動性はむしろ高まってしまうのである。

ちなみにトービン税の着想はケインズに帰されているが，このイギリスの大経済学者自身は金融取引税の効果について実は両義的な判断を下していた。これは，彼がアメリカの俗流ケインジアンとは違って，現実世界をむしろ全面的に *non-ergordic* だと考えていたためなのである。

もちろん，なんらの規制も行われない金融市場，たとえば完全な変動相場制は非常に浮動的であり，これはしかるべく制御しなければならない。ところで，現状では赤字国が為替レートの安定化を一方的に強いられる形になっているが，赤字国はまさに外貨不足であるため，安定化のための介入政策の原資にこと欠いている。したがって，そうした政府介入は当然有効ではない。ではどうすればよいか。次のような代替案が考えられる。すなわち，貿易黒字国が保有する豊富な外貨を，国際的な市場組織化機関が為替変動緩衝ファンドとして活用することにより，為替レートをある目標水準で安定させるというルールを確立し，投機筋の思惑を事前に断ち切ってしまうのである。

以上がトービン税に対するデヴィッドソンの批判の骨子である。これに対して，同じくポスト・ケインジアンの陣営に属するイートウェルと構造派マクロ経済学者のテイラーは，その共著（イートウェル・テイラー2001）において，同税が国際金融の安定化に一定の効果を果たすだろうことは一応認めている。ただし，それで問題が解決するわけでは決してないとも明言しており，彼らの提案する「世界金融機関」を通じて，より包括的な金融規制ネットワークを整備していくべきだと訴えている。また日本においても吾郷2003：第7章はデヴ

ィッドソンの主張を踏まえつつ，トービン税は為替レートの乱高下の抑制には一定の効果が期待できるが，それによって一国が金融政策の自律性を確保するのは難しく，この点ではやはり直接的な資本規制が欠かせないと主張している。

なおトービン本人は 2001 年，ドイツのシュピーゲル誌のインタビューに応じ (Reiermann und Schießl 2001)，一連の注目すべき発言を行っているが，本章との関連では特に次のようなものが問題となるだろう（以下は筆者による要約であり，字句通りの引用ではない）。

- 私は多くの経済学者と同じく自由貿易に賛成の立場であり，IMF，世界銀行，WTO といった国際機関にも好意的である。
- そうした機関を敵視して反グローバリゼーション活動を展開する ATTAC が「トービン税」を持ち上げるのは心外である。マンデルやドーンブッシュといった有力な経済学者が国際金融取引税に批判的なのは，ATTAC のそれような，意図は良いが誤った主張を想定してのことだろうと信じる。
- IMF が過去に多くの過ちを犯してきたのは確かだが，国際金融取引税を効果的に実施できるのはほとんどの国が加盟している同機関をおいて他になく，今後もその権能は拡大されねばならない。

以上のほか ATTAC のパリ集会への誘いも断ったことまで明言しているのだが，トービンのこうした姿勢は多くの読者には意外に思われるかも知れない。しかしデヴィッドソンが指摘するように新旧のアメリカ流ケインジアンが根本において *ergordic* な経済観に立っているのだとすれば，これは全く当然のことなのである。✂

2008年のエピローグ：IMF再論

　本章は佐野 2000b に若干補筆したものである。コラムは書き下ろしである。

　社会科学は「怒る学問」だといわれる。批判すべき相手があり，問題にすべき事柄があるとき，知性が刺激され，学問が進化する。それゆえ，なんらかの事情でそうした状況が一変し，事態が好転すると，それ自体は社会にとってよいことなのだが，学問する側は肩透かしを食らうことが出てくる。本章の元となった論考を発表した後，21 世紀に入って IMF の周辺に起こった出来事は，社会科学のそうした躁鬱的な性格を改めて想起させるものであった。

　世紀の変わり目以降，はじめは「怒る」べきことの中でも最大級の事態が発生した。2001 年末，本書でもたびたび取り上げてきているアルゼンチンにおいて，それまで IMF の支援により辛うじて維持されていた「兌換法体制」が，多くの社会的費用を支払いながら最終的に崩壊したのである。ところがまさにこのことを１つの契機として，その後このブレトンウッズ機関は，一時ほとんど機能麻痺に近い状態へと追いやられていくようになる[15]。

　その第１の要因は，IMF の理論と政策に対する本章でも論じたような批判が従来になく強まり，知的レベルにおいて同機関の正統性が侵食されたことである。メキシコ，東・東南アジア諸国，ロシア，ブラジルにおける一連の世紀末通貨・金融危機の前後にも，IMF の行動は改めて広く疑問視されるようになっていたが，アルゼンチン危機は最後の一撃となった。また理論的立場こそ本書のそれとは異なるが，ノーベル経済学賞受賞者で世界銀行副総裁も務めたスティグリッツが，世界的ベスト・セラーとなった書物（スティグリッツ 2002）の中で IMF の市場原理主義を痛罵したことも響いたといえよう。

　第２の要因は，IMF の意思決定を左右する先進諸国，特にアメリカに

---

15) 以下の議論の骨格は Frenkel 2007 を参考にしている。

おいて，同機関に対する保守派からの批判が湧き起こったことである。その論拠は，公的な国際機関である IMF が通貨・金融危機を収拾するために介入し，救済融資を行うと，投資家の自己責任が不問に付されてしまいモラル・ハザードを引き起こす，ということにある。公的機関の介入が市場経済を歪めるとみる，こうした新自由主義的な立場からの IMF 批判は，1997～98 年のアジア危機の際にも噴出したが，それは 2001 年のアルゼンチン危機の前後に最高潮に達した。しかも当時のアメリカはすでにブッシュ共和党政権の下にあり，IMF の活動に懐疑的な姿勢を明確にとるようになっていた。近年，同機関は増資に際してアジア諸国の実力を反映させるよう加盟国の出資比率（それは最高意思決定組織である理事会での投票権を左右する）を変更してきているが，それでもアメリカは 2008 年現在で 17.67％と最高の出資比率を維持しており，なお1国で拒否権を行使できる立場にある（同比率が 15％以上の国だけがこの権利を有するが，これに該当する国は他にない）[16]。こうした中，IMF は積極的な業務を行いにくい状況におかれてきた。

　第3の要因は，2002 年から 2008 年前半にかけての一次産品ブームと新興国の高度成長などを背景として，IMF への繰り上げ返済が相次ぎ，同機関の融資額がピーク時の 10 分の1にまで激減したことである。この結果，利子収入が減少し，それに大きく依存している歳入も減少したため，2008 年 4 月，IMF 理事会は今後に向けての手当てとして，保有する金の 12.5％（403 トン）を売却する決定を下した[17]。これらは同機関の経済基盤が弱まってきたことを意味する。

　以上のように，近年の IMF は知的にも政治的にも経済的にも行き詰まりつつある。同機関については従来も繰り返し改革の必要性が叫ばれてきたが，いま改めてその時機が訪れているのだといえよう。もっとも，アメリカの保守派や共和党政権などが主張する国際版「小さな政府」論は安易に受け入れるべきではない。問題は IMF（あるいはそれに代わりうる国

16）毎日新聞 2008 年 3 月 29 日。
17）毎日新聞 2008 年 4 月 9 日。

際的な「最後の貸し手」機関）の介入の仕方にあるのであって，介入それ自体にあるのではない。他ならぬ同機関も推進したグローバルな金融自由化の結果，いまや世界経済は金融面でも著しく不安定化しており，これを放置するわけにはいかないのである。いわゆるサブプライム・ローンの焦げ付き問題に由来するアメリカ発の国際金融危機はその最新の局面であるが，本来であればIMFは，たとえばこうした新種のリスクにも機動的に対処できなければならないはずであろう。また過去数年の一次産品ブームも一巡したことから，多くの開発途上諸国が再び国際収支危機に直面する可能性も将来的にはありうる。過去の反省を踏まえつつこの潜在的なリスクにより賢く対応する制度を，いまから準備しておくことも必要であろう。いずれにせよ，新自由主義のイデオロギーからIMFの手足を縛ろうとするのは，問題の本質を見誤っているといえる。

　それではIMFはどう改革されるべきなのか。この点は本章で紹介した構造派の議論がひとまず参考になるが，ここで注意しておくべきことが1つある。それは，近年のIMFが加盟国の多様な現実に配慮する必要性を公式に認めるようになってきていることである。プレビッシュのいう「誤った普遍感覚」を自覚したかにもみえる，こうした政策姿勢の変化は，それ自体としてはもちろん望ましい。しかし融資対象国とのコンディショナリティー交渉その他の場でIMFが実際に推奨しているのは，第3章「2008年のエピローグ」でも近年のアルゼンチンの事例にそくして触れたように，インフレーション目標政策や完全変動相場制（クリーン・フロート）などマネタリズムないし新自由主義に立つ施策であり，本章で検討した基本理論の大枠はなお放棄されてはいないようにみえる。2008年秋，国際金融危機のあおりを受けて通貨危機に陥ったアイスランド，ウクライナ，ハンガリーも，IMFへの救済融資申請に際して緊縮的な金融・財政政策を受け入れるか（ウクライナ，ハンガリー），またはこれを先取り的に実施している（アイスランド）。前述したように，IMF理事会における欧米諸国優位の意思決定構造は現在修正されつつあるが，それでもなおアメリカが一国で拒否権を発動できることに変わりはない。そしてそのアメリカでは新古典派経済学が政策思考を依然として支配している。組織内部での裁量

の余地を斟酌したとしても，IMF の政策がこのような客観的制約から自由になれるとは考えにくい。

　かといって，アメリカの代わりに日本を含むアジア諸国の発言権が強まればそれで済むかといえば必ずしもそうではない。筆者が以前論じたように，日本の開発経済学の主流は世界的にみれば異端の側面もあるが，そこにはいわば新古典派総合的な不徹底さが残っている（佐野 1998：終章）。一方，インドや韓国とともに出資比率を高めてきた中国にあっても，支配的なのはアメリカ流の新古典派経済学である。開発途上国としての国益のレベルにおいて同国が欧米諸国と対立することは今までもあったし，これからもしばらくはあるだろう。だが中長期的かつ知識社会学的にみて，同国の政策思考が構造派と同様の方向へと進化していくかとなると，現時点でははなはだ疑問である。欧米かアジアかではない。拠って立つ経済学理論の内容が問題なのである。

第 7 章

雇用柔軟化の理論と現実

はじめに

　ラテン・アメリカの主要諸国では1970年代から1990年代にかけて労働改革が実施された。その方向性は必ずしもすべて同じというわけではなかったが，焦点となったのは雇用関係の柔軟化であった。第2次大戦後に多少とも労働側に有利となっていた雇用関係が，1970年代以降の新自由主義の台頭に伴い「硬直的」とみなされるようになり，賃金と雇用の柔軟性を回復させるための施策が次々に導入されていった。これによって失業をはじめとする雇用問題を解決できるというのが，その理由であった。この流れに反対する勢力も，これとは異なる「もうひとつの柔軟化」を検討せざるを得なくなっている。

　以上を念頭において，本章は次の点を課題とする。第1に，ラテン・アメリカ諸国における雇用関係の柔軟化の背景を整理し，その理論的基礎となった新古典派の労働市場理論を紹介する。またそこで前提されている仮定を批判的に検討する。第2に，この理論から予測される事態と柔軟化政策の現実の結果とは整合しているのか否かを検証する。もし整合していないのであれば，代替的な理論と政策の方向性はどのようなものであるべきかについても論じる。

　本章の内容は次のように要約できる。第1に，新古典派の労働市場理論によれば，雇用関係の柔軟化によって失業率は低下するはずであった。しかし労働改革を実施した国々の失業率は必ずしも低下していないか，場合によっては逆に著しく上昇している。第2に，このような結果になったことの一因として，上記の理論が前提する諸仮定がラテン・アメリカの現実と合致していないこと

をあげることができる。この問題点を乗り超えうるような，ラテン・アメリカの現実にそくした代替的な理論が必要であり，それにもとづいてより公正かつ効率的な雇用関係を築いていくことが望まれる。

　本章の構成は次の通りである。まず1では，ラテン・アメリカにおいて雇用関係の柔軟化が問題となるに至った歴史的背景と，柔軟化の政策内容を整理する。次に2では，柔軟化の理論的根拠として新古典派の標準的な労働市場理論を簡単に解説する。3では柔軟化の効果を検討する。とりわけ，新古典派理論から予測される実質賃金と失業率の正の相関関係がラテン・アメリカにおいては必ずしも見出せないことを指摘する。4では上記の理論の前提を吟味し直し，そこにみられる問題点を指摘する。関連して，新自由主義を超えるための理論的課題も示唆する。最後に本章の主題に関する基本的な文献について簡単に紹介する。

1 柔軟化の歴史的背景

　ラテン・アメリカにおいて雇用関係の柔軟化が問題とされるに至った原因を理解するには，歴史的背景を振り返っておくことが必要である。ラテン・アメリカ諸国が19世紀に一次産品輸出地域として世界市場へと本格的に統合されてからしばらくの間，未組織の柔軟な雇用関係のもとで雇用と賃金は不安定化しがちであった。その後20世紀の戦間期から1950年代にかけて，いわゆる輸入代替工業化が政府主導で開始されると，雇用関係はより組織化され，政府や社会によって多面的な規制を受けるようになった。この結果，たとえば**表7-1**に示したペルーの事例に典型的にみてとれるように，ラテン・アメリカ主要諸国の雇用関係は，無期限の安定雇用，労使紛争後の再雇用の権利，一時的な請負雇用の規制，労働者組織化の促進，組織された団体交渉，賃金の部分的な物価スライド調整，社会保障制度の導入など，第2次大戦前と比べて労働側にははるかに有利となったのである。

　こうした制度変化の後，アルゼンチンやチリを主な例外として，ラテン・アメリカ諸国は1970年代初めまで比較的高率の経済成長をとげ，またインフォ

表 7-1 労働改革前後における雇用関係の比較：ペルーの事例

	改革前：1970～75年	改革後：1991～95年
モデル	交渉モデル；過度に労働者に有利；労使対立を招く	強制モデル；労働者の権利を無視；過度に雇用主に有利
雇用	安定：復職の権利（1977～78年以前）	不安定：補償金を支給し恣意的に解雇
下請け雇用	多くは一時雇用斡旋所に限定；規制あり	雇用協同組合と人材派遣会社を通じて実施
団体交渉	規制あり；労働者組織化を促進；規制とこれに対する雇用主の抵抗により労使紛争	規制の強化；労働運動への制約；紛争の仲裁は労使交渉の妨げとなる
賃金政策	インフレに対する部分的な再調整とインデクセーション	インデクセーションの抑制
年金	公式の権利とある程度の保護	既存の権利の破棄と保護撤廃

【資料】Verdera 2000：91, Esquema 6 より補筆のうえ抜粋。

ーマル層が徐々に厚みを増していったとはいえ，この間，少なくとも主な国々では雇用と実質賃金のいずれも長期的には増えている。しかし以上のような組織的な雇用関係は企業にとっては賃金費用を膨張させる「硬直的」制度にほかならず，実際また国や時期によってはたしかに供給側の制約として作用することもあったため，これに反対する動きは執拗に続いた。本章で扱う雇用関係の柔軟化は実はその延長線上にある。

　1970年代半ばにチリとアルゼンチンで先駆的な新自由主義改革[1]が相次いで断行されたとき，この利害背景は手にとるように明らかだった。そこでは他の自由化・規制緩和政策と共に雇用関係の柔軟化が軍事政権の手によって暴力的に進められた。労働運動の露骨な抑圧のもとで，実質賃金の大幅な引き下げ，

---

1) これらは世界的にみても新自由主義改革の文字通りの先駆けとなった。イギリスのサッチャリズムやアメリカのレーガノミクスよりも早い段階で実施されていることに注意してほしい。ラテン・アメリカは新自由主義の先進地域なのである。

企業の社会給付負担の減免（チリの場合は年金の民営化も断行），団体交渉の禁止などの政策が実施されている。

　これら両国の新自由主義改革が1980年代初めに失敗し，さらに他の国々も含め戦間期以来の対外債務危機のもとで「失われた10年」が経過した間，雇用関係の柔軟化への動きも一時減速した。しかし同年代末期から1990年代にかけてラテン・アメリカは新自由主義の第2の波に洗われ，グアテマラ，コロンビア（1990年），アルゼンチン，ペルー（1991年），パナマ（1995年）などで労働改革が再び試みられるようになる（IDB 1996：80, Table 1.5）。これに伴い最低賃金とその他賃金との関係切り離し，企業の社会給付負担の軽減（年金の民営化も含む。表7-2を参照）[2]，企業負担の少ない有期限雇用の導入，解雇補償金の引き下げや上限設定，解雇の容易化，労使関係の再編成（団体交渉の分権化，労働者の組織化や活動に不利な政策）など，賃金費用の削減へと直接・間接につながる一連の政策がとられた（このほかメキシコでは，1980年代における実質賃金の大幅な低下に反映されたように，従来の権威主義的なコーポラティズム体制のもとで雇用関係の事実上の柔軟化が進み，その後1990年代には公式にも労働改革が検討された経緯がある［Hernández Laos 1993 ／ Patroni 1998］）[3]。

　ただし今回は以前のような露骨な利害関心は後景に退き，雇用関係の柔軟化はむしろ「失われた10年」のもとで悪化していた雇用問題への万能薬として喧伝され，処方される傾向にあった。すなわち，賃金のいわゆる「粘着性」を

2） ただしコロンビアでは雇用主の年金負担割合は引き上げられている。これに対してペルー，ウルグアイ，メキシコでは雇用主の年金負担割合が引き下げられている（IDB 1996：220, Table 7.7）。

3） 1990年代初めにおけるチリとブラジルの労働改革は労働側の権利を部分的に回復（チリ）ないし補強（ブラジル）したものであり（Marshall 1996），やや例外的である。ブラジルではその後，社会改良志向のカルドーゾ政権（1995〜2002年）のもとで，利潤分配制度，有期雇用，フレックス・タイム，職業訓練付きの一時帰休などを組み合わせた，雇用関係の独自の柔軟化が実施されている（次表を参照）。

1994年12月	1996年11月	1997年8月	1998年1月	1998年9月	1998年11月
企業利潤への労働者の参加（臨時措置；団体交渉の対象に）	ILO協約158条（解雇理由の証明義務）の労働法への組み入れ中止	利潤参加に関する臨時措置；商業部門の日曜就業の認可	固定期間雇用契約（団体交渉により導入可）；期間フレックス・タイム制度	週25時間までのパート・タイム労働；期間フレックス・タイム制度の強化	レイ・オフ制の導入（2〜5ヶ月；この間，職業訓練コースへの参加権あり）

【資料】DIEESE s.d.：7

表7-2 ラテン・アメリカ諸国の年金制度改革

	チリ 1981年	ペルー 1993年	コロンビア 1994年	アルゼンチン 1994年	ウルグアイ 1996年	メキシコ 1997年
改革の性格	公的年金から民間年金へ（全労働者）	公的年金から公的年金と民間年金の選択制へ	公的年金から公的年金と民間年金の選択制へ	公的年金から公的年金と民間年金が分裂	公的年金から公的年金と民間年金が分裂	公的年金から公的年金と民間年金の選択制へ（民間労働者のみ）
公的部門の役割	最低年金の保証と社会扶助	社会扶助	最低年金の保証と社会扶助	フラットな最低年金	国民全体に基礎年金	最低年金の保証と社会扶助
公的年金と民間年金の関係	公的部門は補助的な役割	競合的	競合的	相互補完的	相互補完的	公的部門は補助的な役割

【資料】IDB 1996：220, Table 7.7 から加筆修正のうえ抜粋。

打破しさえすれば非自発的失業は自動的に解消されるのであり，そのためには政府主導型の輸入代替工業化のもとで硬直化してきた雇用関係を柔軟化しなければならない，という論理である。そしてこれを正当化するうえで重要な役割を果たしたものこそ，あとで解説する新古典派の労働市場理論にほかならなかった。ちなみに1970年代の新自由主義改革の際には直接的な利害関心がより前面に出ていたが，その当時もこの理論は雇用関係の柔軟化を是認する言説としてそれなりに動員されていたのである。

2 柔軟化の理論的基礎

以上のような歴史的背景のもとで実施された雇用関係の柔軟化は，新古典派の経済学によって理論的に正当化されてきた。もっとも一口に新古典派といっても，19世紀末における限界革命前後の先駆者のほか，第2次大戦後の新古典派総合，マネタリズム，合理的期待形成学派，「新しい古典派」，ニュー・ケ

インジアンなど,そこにはいくつかの変種がある(シャーマン・エバンズ 1989 ／ガルブレイス・ダリティ 1998)。とはいえ,それらはいずれも道具主義的な認識論,方法論的個人主義,経済人の完全合理性の仮定,希少な資源の配分と供給側要因の重視,自由競争市場の尊重といった点で根本的には同類のアプローチを共有している(ラヴォア 2008：4-16, 30-31)。

このうちラテン・アメリカで現実にみられた雇用関係の柔軟化の発想により近いのは,「新しい古典派」やニュー・ケインジアンのような現代の革新的ブランドではなく,むしろそれらより一世代前の正統新古典派,つまり新古典派総合やマネタリズムである。そこでは労働市場への政府の介入,労働組合の存在,長期の賃金契約といった制度的要因により実質賃金が過度に高い水準で下方硬直的となる結果,非自発的失業が生まれるとみる[4]。これはラテン・アメリカの雇用関係の柔軟化における一連の制度改革の論理と大筋で重なっている。しかしそもそも何故このような考え方になるのだろうか。その思考法を次に説明しよう。

最初に労働 L と資本設備 K の2つの生産要素からなる,短期の収穫逓減型の生産関数を想定する。**図7-1** の上半分の部分がこれを示す。生産関数とは,ある生産量 Y とそれに必要な各生産要素の投入量との技術的な関係を示したものである。また短期とは労働の投入量だけを増減させることができ,資本設備は一定だということを意味する。さらに収穫逓減とは,生産要素の投入量を増やしていっても生産量が比例以下の割合でしか増加しないことをいう。いま増減可能なのは労働だけだから,これは労働の限界生産性 MPL が逓減することと同義である。労働の限界生産性は生産関数の接線の傾きに等しいが,図か

---

[4] ちなみにニュー・ケインジアンもまた下方硬直的な賃金と失業の関連を問題にする。しかし彼らの主眼は,非対称情報や市場の不完全性のもとで展開される労使双方の合理的な最適化行動が,意図せずして賃金の下方硬直性を招いてしまうパラドックスを,「新しい古典派」の向こうを張ってミクロ経済学的にどう厳密に説明するかにおかれている。それはラテン・アメリカの新自由主義労働改革に際して現実にみられた,古く粗い制度論的な発想法とはやや距離がある。とはいえ他の新古典派ブランドと同じく,ニュー・ケインジアンもまた,完全競争理論を事実上の思考基準としていることに変わりはない(マンキューやスティグリッツの経済学教科書の構成を参照)。なお彼らの思考法は民主化後のチリの労働政策に一定の影響を与えているが,この点については本章**コラム**を参照されたい。

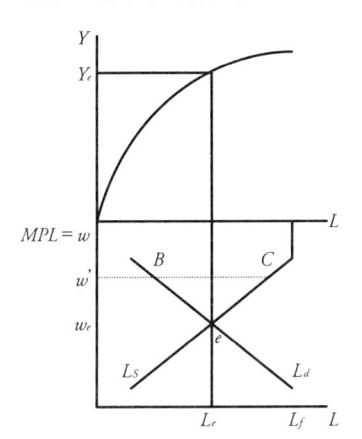

図 7-1　標準的な新古典派理論における失業

【資料】サムエルソン・ノードハウス 1992 を参考に筆者作成。

らその値は次第に低下していくことがわかる。

　ところで標準的な新古典派理論では，企業は完全情報のもとで完全合理的に利潤を最大化するように行動すると仮定されている。このとき企業は労働の限界生産性と実質賃金 w が等しくなるように雇用量 L を決める。そこで利潤が最大化するからである。とすれば図 7-1 の下半分に示したように，縦軸に実質賃金（上述のようにそれは労働の限界生産性に等しい），横軸に雇用量をとれば，右下がりの労働需要曲線 L_d を引けることになる。

　これと交わるように右上がりの労働供給曲線 L_s が描かれている。新古典派理論では労働者もまた完全合理的な経済主体であり，労働の対価としての賃金によって得られる効用から労働に伴う苦痛を差し引き，その差が最大になるように行動する。そうなるのは実質賃金と労働に伴う限界負効用とが一致する点であり，そこまでは労働時間を増やす。このとき限界負効用は逓増し，これがそのまま右上がりの労働供給曲線となる。ただし完全雇用点 L_f に達すると，もはやそれ以上の労働供給は不可能となるため，これ以降この曲線は垂直となる。

以上の労働需要曲線と労働供給曲線が交差する均衡点 e において均衡雇用量 L_e が決まる。このとき同時に均衡生産量も Y_e で決まる。すなわち新古典派理論では、財市場や貨幣市場とは全く独立に、労働市場それ自体において雇用と生産が決定される。同理論が供給側の要因を強調しがちなのはこのためである。なお均衡点において文字通りの完全雇用が実現しているわけではないことは図からわかる。つまり L_eL_f 分の失業が存在している。しかし新古典派理論ではこれはあくまで自発的失業にすぎない。現行の均衡実質賃金 w_e が低すぎると考え、あえて働こうとはしない人々なのである。

　さて、いまなんらかの事情で実質賃金が w' に上がり、それが均衡水準 w_e に低下しなくなったとすると何が起こるだろうか。図から容易に読み取れるように、この場合は BC 分の「非自発的」失業が発生する。労働者は現行の高い実質賃金 w' のもとでより多くの労働を供給しようとするが、企業にとってその実質賃金水準は高すぎるためこの申し入れを受け入れられない。そうした意味での「非自発的」失業である。そして標準的な新古典派理論の場合、ここで問題となる実質賃金の下方硬直性の原因は、労働組合の独占的な交渉力、最低賃金などの政府介入、あるいは長期の賃金契約といった制度的要因に帰せられる。これは裏返せば次のことを意味する。つまりこれらの制度的要因が取り除かれ、労働者が高すぎる実質賃金の引き下げに同意しさえすれば、「非自発的」失業は自動的に解消するのである。それでも失業は残るが、それはあくまで自発的な性格のものにすぎない。

3　理論と現実の照合：実質賃金と失業率の相関

　ラテン・アメリカにおける雇用関係の柔軟化は、以上のような新古典派労働市場理論によって多少なりとも正当化されてきた。ここで問題となるのは、同理論から見込まれる予測が果たして現実と整合したかどうかということである。労働改革を実施したラテン・アメリカ諸国についてこの点を検証してみよう。

　新古典派労働市場理論の予測は次のようにまとめられる。すなわち、

● 雇用関係の柔軟化によって実質賃金（広義にとれば企業側の社会給付負担

や解雇費用も含むと考えられる）を引き下げれば，「非自発的」失業が減少する。あるいは，
- 柔軟化の撤回や未実施によって実質賃金が上昇するかまたは高止まりとなれば，「非自発的」失業が増加するか維持される。

もっとも現実には，実質賃金も失業も雇用関係の柔軟化以外の諸要因による複雑な影響を受けているため，柔軟化それ自体の効果を取り出して評価することは困難である。また上の意味での広義の実質賃金や「非自発的」失業の統計も体系的な形では入手しにくい。そこでここでは次善の策として，狭義の実質賃金と完全失業率の統計を用い，これら2つの変数の間に新古典派理論が予測するような正の相関関係があるかどうかを確認するにとどめる。なお，雇用関係の柔軟化がそこにどう影響したかについても，可能な範囲で論じよう。

3.1 チリの事例

最初にチリの事例をとりあげる。まず長期についてみると，表7-3が示すように，アレサンドリ政権からフレイ政権にかけての時期を除き，新古典派理論の予測とは反対の相関関係が一貫してみられる。

次に時期をより細分化してみると，ピノチェ軍事政権期には，労働運動の暴力的な抑圧や団体交渉・争議の禁止といった政治・社会的文脈の下で，年金の全面的民営化を含む事実上および公式の柔軟化が徹底して断行された。この間に実質賃金は傾向的に低下したが，失業率はむしろかつてなく高い水準に達している。逆に1990年における民主化の後は，労働運動が再興し，また団体交渉など労働者保護政策が改めて導入されるのと併行して最低実質賃金が引き上げられていったにもかかわらず，失業率は軍政期の平均を大きく下回るようになった。

3.2 アルゼンチンの事例

次はアルゼンチンの事例である。まず1964～92年について入手できる時系列年次統計（OECD 1997／CEPAL 1984）を用いて長期分析を行うと，実質賃金と完全失業率の相関係数は−0.24であり，また後者を前者で回帰した決定係数は0.06にすぎなかった。新古典派理論の予測はここでも現実と一致しないこ

表7-3 チリの実質賃金と失業率：歴代政権の実績

政権	アレサンドリ 1959～64年	フレイ 1965～70年	アジェンデ 1971～73年	ピノチェ 1974～89年	アイルウィン 1990～93年	フレイR-T. 1994～98年
実質賃金指数	62.2	84.2	89.7	81.9	99.8	121.6
失業率	5.2	5.9	4.7	18.1*	7.3	6.8

注：実質賃金指数は1970年を100とする。＊は雇用対策事業への参加者を失業者として算入したときの値。これを失業者から除けば13.3％となる。年度途中での政権交代を考慮して実績を正確に測るため，政権の期間は実際のものとは異なる場合がある。

【資料】French-Davis 1999：24, Cuadro I.1より抜粋。

とがわかる。

次に図7-2で期間をより細分化してみると，まず「硬直的」雇用関係が支配的だった1975年以前は，実質賃金が上昇すると失業率は低下するという関係にあったことが注目される。このあと1976年の軍事クーデター直後から，同時代のチリと同じく労働運動の抑圧や団体交渉・争議の禁止といった環境のもとで，暴力にもとづく事実上の柔軟化が開始された（特に当初における名目賃金の物価調整の抑制や，企業による恣意的ないし違法な解雇の容認など。詳しくは佐野1998：第4章を参照）。これを受けて公式の事後的な柔軟化は1970年代末に制度化されている。そしてこの間，実質賃金は反転も織り込みながら低下していく傾向にあった。一方，失業率は一時的に低下したものの（ただし統計操作が行われていたという指摘もある），最終的には再び上昇に転じている。

さらに1983年末の民主化前後からは労働運動が復権し，1987年には軍政以前型の「硬直的」な労働法体系が再び敷かれるなど，柔軟化に対する一定の軌道修正がみられた。にもかかわらず実質賃金は低下傾向にあり，失業率は次第に上昇していった。結局いずれの時期も2つの変数の相関を示すグラフは右下がりであり（図7-2では示していないが，各期間のグラフの近似曲線は実際に右下がりに描かれる），新古典派理論が予測するように右上がりにはなっていない。

図7-2 アルゼンチンにおける実質賃金と失業率の相関：1964～89年
（1985年アウストラル価格）

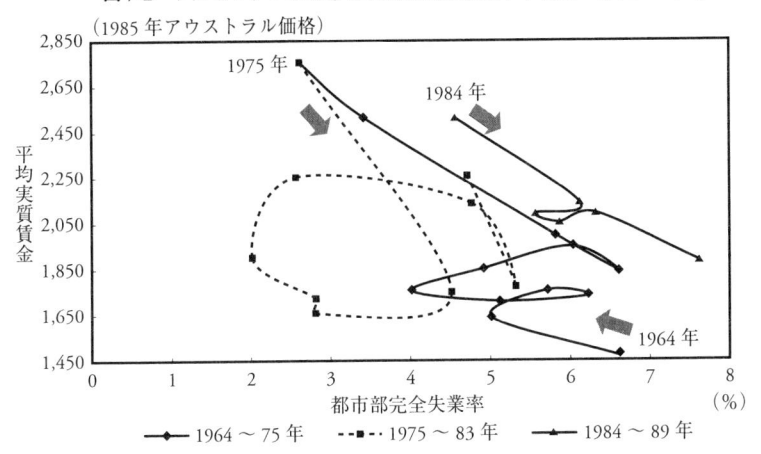

縦軸：平均実質賃金　横軸：都市部完全失業率（％）

◆— 1964～75年　■-- 1975～83年　▲— 1984～89年

【資料】アルゼンチン国立統計国勢調査院（INDEC），同労働省，OECD 1997の統計により筆者作成。

図7-3 アルゼンチンにおける実質賃金と失業率の相関：1980～2000年
（1995年＝100）

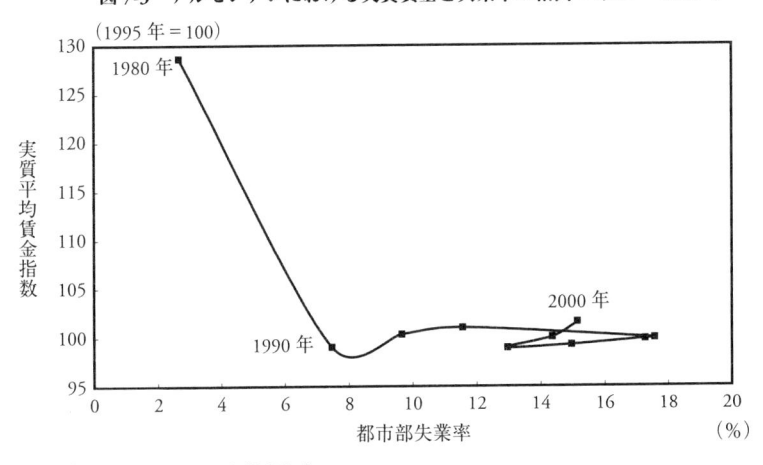

縦軸：実質平均賃金指数　横軸：都市部失業率（％）

【資料】CEPAL 2001により筆者作成。

最後に 1990 年代には，民主体制のもとにありながらも 1970 年代以上に徹底した新自由主義改革の一環として，雇用関係の柔軟化が再び断行された。経済的事由による解雇補償金の半減，雇用主の社会給付負担等を減免する有期雇用の導入，団体交渉の分権化（企業別交渉の増加），年金の部分的・選択的民営化などである（**第 3 章**）。この新たな環境のもとでの実質賃金と失業率の相関関係は**図 7-3** に示されている。1980 年代の「失われた 10 年」を経て大幅に低下した実質賃金に大きな変化はみられないが，失業率は急速に上昇している。これも新古典派の理論的予測とは一致しない。

3.3　ペルーの事例

以上のほかペルー，グアテマラ，コロンビアも 1990 年代に労働改革を実施している。しかし**図 7-3** と同じ資料で検討した結果，いずれの事例においても新古典派理論が予測するような相関関係は明確にはみられなかった。ここではそのうちペルーについてだけ**図 7-4** を掲げておこう。

なおペルーではフジモリ政権（1990 ～ 2000 年）のもとで前掲**表 7-1** のような労働改革を推進したが，**図 7-4** でみると失業率は緩やかにしか上昇していない。当時の公式統計の信憑性はいま問わないが，その背後で小零細企業をはじめとするインフォーマル部門の不完全就業や海外への出稼ぎなどが増えていた事実には十分留意する必要がある[5]。仮にそうした緩衝要因がなかったとしたら，同上図表のグラフの形状はより明確に新古典派理論の予測と食い違っていたはずである。

4　新古典派労働市場理論の問題点と今後の課題

前節における検討の結果，新古典派労働市場理論の予測と現実は必ずしも一致しないことがわかった。このことは同理論のどこかに問題があることを示唆

---

5) ペルーにおける公式失業率統計はその他の点でも過剰人口圧力の実態を過小評価している可能性がある。この点については**第 4 章「2008 年のエピローグ」**を参照。

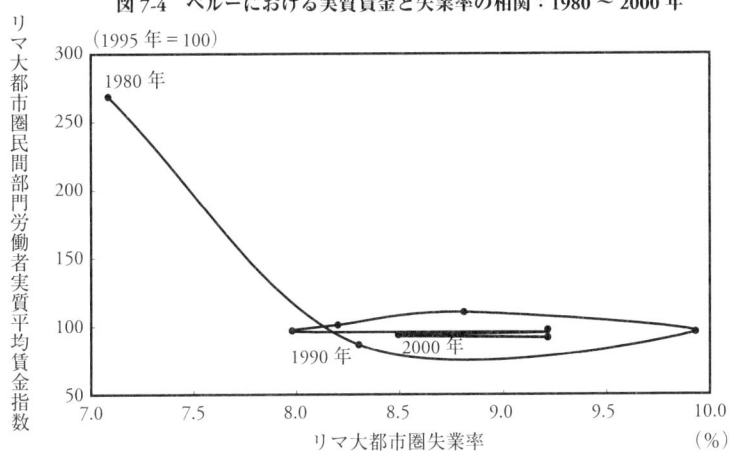

図7-4 ペルーにおける実質賃金と失業率の相関：1980〜2000年

(縦軸：リマ大都市圏民間部門労働者実質平均賃金指数、1995年=100)
(横軸：リマ大都市圏失業率 (%))

【資料】CEPAL 2001により筆者作成。

している。それは主に前提となる仮定が非現実的であることに由来している。通常の経済学の初級教科書には，本章2の労働市場理論に類した説明がほぼ必ず織り込まれている。それほどにこの理論は普遍的な真理として認められ，世界中の多くの学生に教授されてきた。ところが，そこに次のような問題点があることを教える教科書は必ずしも多くない。

第1に，すでに指摘した通り，右下がりの労働需要曲線は労働の限界生産性が逓減することを前提して初めて成り立つ。しかし本章末尾の「2008年のエピローグ」に記したように，この前提はラテン・アメリカを含む世界各地の現実と整合しない[6]。

第2に，新古典派の場合，労働市場はそれ自体として独立に均衡雇用量を決

---

6) この点に関する伊東光晴の次の指摘は興味深い（伊東 1998：25-26, 299-307）。すなわち1920年代，スラッファは収穫逓減ではなく収穫不変ないし収穫逓増が現実的であり，企業の生産量を決めるのは需要量であるという問題提起を行った。またカーンは1929年，ケンブリッジ大学のフェロー論文において，逆L字型つまり水平の平均主要費用曲線＝限界費用曲線が現実的であることを実証した。これらをうけてケインズは，右下がりの労働需要曲線（本文

めることになっている。だがラテン・アメリカに限らず世界の現実を少しでも虚心坦懐に観察すれば，労働需要の増減は明らかに財市場における有効需要の大小に左右されていることに気づく。新古典派は供給要因偏重なのであり，財市場の需要要因を考慮した労働需要曲線を導入する必要がある[7]。

　第3に，右上がりの労働供給曲線も非現実的である。まず少なくとも短期においては，労働者は実質賃金を限界負効用と一致させるような最大化行動をとることはできない。彼らが企業との間で交渉できるのは名目的な貨幣賃金であり，物価で割り引かれた実質賃金ではない。ラテン・アメリカの経験をみても物価スライド賃金は往々にして実質賃金の目減りをもたらしてきた。資本主義社会では，最大化行動をとると粗く近似できる階級と，そうでない階級とが存在する[8]。とすれば，本来，労働供給を考える場合には縦軸には名目賃金をと

でも述べたようにその前提は労働の限界生産性の逓減である）と右上がりの財の供給曲線（限界費用曲線）とが「ともに立ち，ともに倒れる」関係にあることを見抜いていた。しかし彼は『一般理論』を執筆する際，こうした議論に立つ新しい経済学を展開するのではなく，むしろ新古典派理論の内部矛盾を衝く戦略を採用し，それゆえあえて右下がりの労働需要曲線を前提に議論を展開したというのである。

　なお，この問題は規模に関する収穫法則の議論と密接に関係しているが，そこには理論的混乱が多くみられる。塩沢1997：第11章はこれを明快に整理しつつ，収穫逓減という非現実的な仮定に立つ新古典派の理論体系の誤りを論じている。

7) この点に関心のある読者はデヴィッドソン1997：第11章を参照してほしい。そこでは財市場における有効需要のあり方しだいで労働需要曲線の形状が異なることを示唆している。なお，開発経済学の教科書に必ず出てくるルイス・モデルでも労働需要曲線は右下がりに引かれているが，これも再検討を要する。

8) 宮崎・伊東1961：44-45，297-298は，ハロッドにしたがってケインズ『一般理論』にこのような示唆を読み取っている。ただしケインズの場合，完全雇用以後は労働者も新古典派流の最大化行動をとると考えていた。前掲書はこの認識には批判的である。

　なお「最大化行動をとると粗く近似できる階級」とは資本家のことだが，厳密にいえばこの階級もまた完全合理性に立った行動をとれるか疑問である。塩沢1997は「計算の複雑さ」の概念や「NP完全問題」など現代数学の知見を生かして，消費者が選択すべき財の数が少しでも多くなると効用最大化の計算はきわめて複雑となるため実際には最適化できないこと，新古典派理論は現実の近似に過ぎないという言い逃れは近似解と最適解の不一致により成り立たないこと，企業も事前に利潤を最大化することはできず単により多くの利潤を求めて活動しているにすぎないこと，などを鋭く指摘している。完全合理性を否定するこうした視点は労働市場についても当てはまると考えるべきだろう。なお，情報の非対称性を問題にするニュー・ケインジアンは同時に経済主体の完全な計算能力を仮定しており，旧来の新古典派についてと同様の批判が当てはまる。

るべきだが，その場合でも，完全雇用以前は現行賃金で働きに出てもよいと考える人々が大半だと想定するのが現実的である。そしてこのとき労働供給曲線は水平に引ける。以上はいずれもケインズが20世紀前半の先進諸国の現実を念頭におきながら『雇用・利子および貨幣の一般理論』で示唆したことだが（ケインズ2008），多くの雑多な過剰人口が存在するラテン・アメリカ諸国については特にこの点を重視する必要がある。

　第4に，すぐ上の点とも関連するが，より根本的な問題点として，合理的な最大化行動をとる経済主体が対等に労働サービスを取引する場としての「労働市場」という見方をあげることができる。労使の行動類型は非対称的であり，また両者の交渉力も通常は非対称的である。ラテン・アメリカにおいて過去にみられた権威主義体制下における事実上の柔軟化の場合，この点は容易にみてとれるが，民主体制下にあっても新自由主義改革は労働側を守勢に立たせることになっている。新古典派においては，労使間に作用するこうした権力関係の認識が全く欠如している。この要素を内蔵した労使の関係を，国や時期によって異なった形態をとる一組の制度，すなわち「雇用関係」として理解すべきである。本章では，この点を意識した用語法を用いてきた。

　第5に，新古典派の理論では雇用関係の柔軟化を賃金や雇用の伸縮性に関連づけて理解する傾向が強い。しかし雇用関係に関するより広い見方からすれば，これはあくまで柔軟化の1つの側面にすぎない。「数量的な柔軟化」あるいは「外的な柔軟化」といわれるものである。これに対して「機能的な柔軟化」または「内的な柔軟化」と呼ばれる側面もある。これは労働・生産組織や労働力の利用方式にかかわる概念である（ボワイエ1992）。

　標準的な新古典派の理論では労働生産性は技術によって機械的に決まる。だが現実の労働生産性は，供給側の要因に限っても，単位労働時間当り労働抽出量や標準労働時間の長短のほか熟練形成の幅や質などからも影響を受け，これらはそれ自体また労使の社会関係に左右されつつ決まる。こうした未決定性の問題はニュー・ケインジアンの効率賃金論でもそれなりの仕方で扱われているが，しかし元々はマルクスの『資本論』第1巻第3篇（マルクス1972a／マルクス1972b）が先鞭をつけたものである。いずれにせよ標準的な新古典派の柔軟化概念は狭すぎるといえる。

なお，以上を踏まえて今後に向けての理論・政策課題を示唆しておけば次の通りである。

- 新古典派の「労働市場」理論について本節で指摘した点を踏まえ，ラテン・アメリカ（そして世界各地）の現実にそくした「雇用関係」理論を新たに構築していくべきである。
- ミクロの供給要因を偏重した「外的な柔軟化」に代えて，マクロの需要要因を重視した理論と政策を改めて復権させる必要がある。実質賃金（あるいは物価を一定として貨幣賃金）を引き下げても非自発的失業は必ずしも減らない。
- ただし供給側要因を軽視すべきではない。新古典派とは異なるやり方で供給制約にも対処できるような，より統合的な理論と政策が望まれる。

結びに代えて：文献案内

ここで最後に，本章の主題に関連する基本文献を紹介しておこう。

新古典派の労働市場理論　本章ではラテン・アメリカの労働改革にそくしてみる必要上，あえて一昔前のサムエルソン・ノードハウス 1992 を参考にしているが，標準的な考え方は新旧どの初級経済学教科書でも学べる。シャーマン・エバンズ 1989 ／ガルブレイス・ダリティ 1998 ／伊東 2006a は，新古典派労働市場理論の前提となる諸仮定を吟味し，これに批判的な解説を行っている。また同理論の批判を超えてさらに代替的な理論の方向性を示唆している初・中級教科書としてはデヴィッドソン 1997 ／ラヴォア 2008 ／吾郷・佐野・柴田 2008 ／ Anisi 1987 などがある。本章では「右下がりの労働需要曲線」の批判には立ち入らなかったが，読者がこれらの文献を注意深く読み進めれば，新古典派理論とは異なる仮定と次元で，違った形状の労働需要曲線を描ける可能性があることを知るだろう[9]。なお，以上と密接に関連する規模に関する収穫法則の論点も含め，新古典派理論一般の批判としては，塩沢 1997 や吉川 2000 などを参照すべきである。

---

9) 磯谷 2004 ／宇仁・坂口・遠山・鍋島 2004 ／八木 2006 ／植村・磯谷・海老塚 2007 ／ Bowles, Edwards and Roosevelt 2005 なども有益な視角を与えてくれる。

§ ラテン・アメリカの左傾化と
ニュー・ケインジアン～チリからパラグアイへ

　第1章で触れたように，アルゼンチン，ブラジル，ペルーなどの近隣諸国が新自由主義改革に初めて，または改めて着手しようとしていた1990年，民主化したばかりのチリは，今日まで続く社会党とキリスト教民主党の連合政権（通称コンセルタシオン）のもとで他国のそれとは異なる内容の改革を開始した。それは軍事政権（1973～90年）が断行した新自由主義改革の負の遺産を補整しようとするものであり，今日いわゆるラテン・アメリカの左傾化に先鞭をつけることになった。それゆえ，その一環として進められた労働改革もまた，本章で問題にした新古典派理論にそのまま依拠するものではあり得なかった。それではコンセルタシオンの労働改革はどのような考え方で進められたのだろうか。この点に関する当事者の考えを紹介し，論評しておこう。

　コンセルタシオン発足当初の1990～94年，労働大臣を務め，同政権の労働政策の基本的方向性を定める役割を果たしたのは，アメリカのマサチューセッツ工科大学で博士号を取得した労働経済学者コルタサルであった。その彼が大臣辞任後の1998年に共編著者として刊行した著作の中に，ボニファスとブラボの共著論文（Bonifáz y Bravo 1998）が収められている。ブラボは1990～93年に労働厚生省の顧問を務めており，コルタサルによれば，この共著論文は「1990年代に適用された政策の原理」（Cortázar y Vial 1998：19）を明らかにしたものであるという。

　それによると，チリにおいては労働市場に関して2つの伝統的な見方がある。1つは「単純化された経済学的な見方（*Visión económica simplificada*）」である。これは本文でも解説した新古典派の標準的な労働市場理論を指し，とるべき政策としては自由放任が望ましいと考える。軍事政権時代の労働政策はこの考え

方にもとづいていた。もう1つは経済学以外の社会科学（とりわけ労働法学）に共通する「偽りの保護モデル（*Modelo pseudo-protector*）」である。これは最低賃金や団体交渉以外にも労働市場にさまざまな規制を加え，弱い立場の労働者を企業から保護しようとするものであり，軍事政権に先立つ輸入代替工業化に依拠した開発様式とは整合していた。

　以上2つの労働市場観のうち後者，すなわち「偽りの保護モデル」は，賃金が労働の限界生産性を上回る事態を招いてしまう。このため失業や不完全就業などかえって労働者に不利な状況をもたらすだけでなく，労働費用の上昇により，現在の開放経済が要請する国際競争力維持の必要性とも整合しない。

　一方，「単純化された経済学的な見方」，つまり新古典派の基礎的な労働市場理論についていえば，それが命じる生産性と賃金の一致という原理は変わらず重要である。しかし現代の新たな労働市場理論は，完全雇用や生産性と賃金の一致を保証するには自由放任政策では不十分だということを明らかにしてきている。

　そうした理論によれば，現実には労働市場の不完全性のゆえに賃金も生産性も一義的・機械的には決まらず，一定の未決定性の余地が生じる。そしてそこから政府の労働政策やそれに関連した制度の役割が正当化される。たとえば求人・求職情報が不完全である場合や，求職に費用を要し，その手当てが十分ではない場合，労働者の交渉力は弱くなり，生産性以下の賃金を支払われるかも知れない。このとき最低賃金による賃金の規制は有効となる。また，いわゆる効率賃金の議論では，生産性が賃金を決定するだけでなく，賃金が生産性を決定する面もあることが指摘される。ここでも伝統的な理論の想定は満たされない。

　とはいえ，政府や制度に一定の役割を認めるこの新たな見方は，「偽りの保護モデル」とは全く異なる。「それ［筆者注：新たな労働市場理論のこと］は不完全性が問題となる限りにおいて有効なのであり，それ以外の場合には，標準的な経済モデルのメカニズムが作動する。すなわち，過大な力をもつ労働組合との賃金交渉が行われれば，雇用が失われたり，仕事を確保できた労働者が超過

所得を得たりといったように，単純化された経済学的な見方が予見する結論に至ることになるだろう。あるいはまた，たとえば生産性の動きと無関係に最低賃金が過度に引き上げられれば，低所得の労働者の雇用状況は悪化しかねないのである」(Bonifáz y Bravo 1998：324)。

以上がボニファスとブラボの論文から読み取れる，コンセルタシオンの労働政策観である。これについて筆者は次のように考える。第1に，上記論文は新古典派理論の妥当性を限定つきながら認めているが，この点に関しては本章4で述べた疑問がそのまま当てはまる。他の社会科学に共通する「偽りの保護モデル」は本当に「偽り」なのだろうか。むしろこれは経済学帝国主義の一例ではないかと懸念される。

第2に，先の共著論文にいう新たな労働市場理論とはニュー・ケインジアンのものであるが，そこにも問題がある。彼らが旧来の新古典派に比べれば現実的な仮定（市場の不完全性，情報の非対称性）を明確に導入していること，それ自体は一応評価できる。しかし，ボニファスらの論文では明示されていないのだが，ニュー・ケインジアンの議論は方法論的個人主義，完全合理性の仮定，供給側要因の偏重，マネタリズムの受容などの点では，実は新古典派のより正統な潮流と変わるところはない。本章ではこれらの点を網羅的に検討してはいないものの，こうした一連の思考法には従来から疑問が投げかけられている（塩沢1997：第7章／ガルブレイス・ダリティ1998：第10章／ラヴォア2008：Ⅰ）。また不完全性に由来するミクロ的非効率性から政府の役割を導き出す論法は，他ならぬ新古典派のピグーが編み出した「市場の失敗」の概念に遡れるが，それは有効需要の原理にもとづくケインズ的なマクロ的非効率性の考え方とは異なる（吉川2000：41-42, 233-234）。そして現実に大量現象として問題となるのは後者の非効率性，つまり有効需要の不足による不完全雇用であろう。アジア危機を経た1999年以降，チリの失業率が上昇し，かつ高止まりしているのも，そうしたマクロ的要因でしか説明できないはずなのである（不完全性が急に増したために失業率が上昇したと言い繕うのは，さすがにむずかしいだろう）。

第3に，以上の批判にもかかわらず，軍事政権下で労働側にとって過度に不

利な改革が強行され，その補整が絶対不可欠であった民主化直後の状況においては，政府介入をともかくも容認するコンセルタシオンの考え方は政治的には正しく，留保付きながら確実に支持しうるものであった。第1章でも述べたようにコンセルタシオンの補整の試みは一定の成果をあげてきたものの（詳しくは岡本 2005 を参照），企業・財界・保守勢力側の強力な抵抗もあり，企業による自由な解雇権，スト破りの許容，分権的な労使交渉の維持，日雇い労働者の賃金交渉権の禁止など，チリの労働改革は「新自由主義の飛び地（Enclaves）」(Ester 2007) に触れることができないでいるのである（後藤 2008：51）。

ところでニュー・ケインジアンとコンセルタシオンの以上のような「蜜月」に似た関係は，実は前者と国連ラテン・アメリカ＝カリブ経済委員会（CEPAL），つまり構造派経済学の本拠地の間にも近年みられることに注意しておこう。2002 年 8 月，CEPAL 主催のプレビッシュ記念講演にスティグリッツが招かれたのは，そうした傾向を象徴する出来事であった。また CEPAL と密接な関係にあるブラジルの経済学者ブレッセル・ペレイラ（第5章コラムを参照）も，「構造派のあとに来るもの」(Bresser Pereira s.d. a) と題する論考において，構造派が 1980 年代以来の新たな現実にもとづく真の理論的革新を行えていないのではないかと自己批判する一方で，別の論考では次のように述べている。すなわち，ラテン・アメリカの進歩派はマクロ経済政策の立場としてはケインジアンにとどまるが，分析手法の面では不完全性や情報の非対称性，外部性といった仮定に立つ新しい主流派経済学の成果も躊躇なく利用すべきだ，と (Bresser Pereira s.d. b：23)。

ちなみに，このコラムでとりあげたコルタサルらの共編著にも，CEPAL の有力な経済学者であるフレンチ・ダビスとラモスが執筆陣として加わっていたが，フレンチ・ダビスはコンセルタシオン発足当初の中央銀行調査部長として，同総裁のビアンチ（やはり CEPAL の経済学者）とともに，有名な資本規制のチリ・モデルを導入したことでも知られる。構造派の経済学者とコンセルタシオンのこうした緊密な協力関係は，たとえばイギリスのポスト・ケインジアンがニュー・レイバーの「第3の道」は「新しいマネタリズム」（ニュー・ケイ

ンジアンの考え方を指す）だと批判していることと好対照をなす（Arestis and Sawyer 2001）。

　ところで筆者は以前，反新古典派の諸派を総動員する「異端派総合アプローチ」を開発経済学の今後のあるべき方向性として提唱し，必要ならニュー・ケインジアンの成果も選択的に利用すべきだと論じたことがある（佐野 1998：序論）。それは CEPAL やラテン・アメリカの構造派経済学者の少なくとも一部が事実上指向していた方途でもあった。今日の時点で省みたとき，これについてはコンセルタシオンの労働政策観に関する筆者自身の先の評価がそのまま当てはまるように思える。つまりポスト新自由主義の状況，あるいは「不完全性」と呼ばれるような事態が支配する文脈では，上述した「総合」の戦略は政治的には（あるいは政策面では）おそらく正しい。しかしニュー・ケインジアンの新古典派としての問題点は明確にわきまえておくべきであり，方法と理論の面での安易な「総合」は控えなければならない。それは消化不良を引き起こすはずだからである。

　むしろ総合ということであれば，たとえば，やはり CEPAL の有力な経済学者が取り組んでいるように，限定合理性の議論など進化経済学の成果を踏まえながら構造派経済学を刷新していく戦略の方が望ましいように思われる（Katz y Kosacoff 1998）。そうした方向性は経済成長論についても示唆されているが（Hounie, Pittaluga, Porcile y Scatolin 1999），総合の基軸としては構造派経済学以外の異端派（レギュラシオン・アプローチ，ポスト・ケインジアンなど）も有力な候補である。

　2008 年 8 月，南米パラグアイでは「解放の神学」のルゴ神父が大統領に就任し，新政権を発足させた。その直前，同政権の経済顧問に招かれたスティグリッツが中央銀行で講演し，農地改革，所得税の導入，猟官制度の廃止など，同国の進歩派が長年要求してきた一連の改革案を正当化する役割を果たしている（Setrini 2008）。ラテン・アメリカの「左傾化」の最新局面をどうみるか，筆者の基本的な視点はすでに述べたとおりである。

ラテン・アメリカの労働改革　まず日本語で読める文献として，ラテン・アメリカ全般については佐野1999c，ブラジルについては小池1999，アルゼンチンについては本書第3章を参照してほしい。IDB 1996は1990年代に進んだ新自由主義改革による制度変化を広く検討しており，労働改革や年金改革に関する主な事実を簡便に知ることができる。ただし，これはどちらかといえば雇用関係の柔軟化に肯定的な立場から書かれている。これに対してラテン・アメリカ全般を扱ったMarshall 1996やペルーの事例を論じたVerdera 2000などは批判的な立場からのものである。また本章の参考文献では個々にあげてはいないが，国連ラテン・アメリカ＝カリブ経済委員会（CEPAL）や国際労働機関（ILO）ラテン・アメリカ支部による一連の調査研究も豊富な事実と鋭い分析を提供している。これらは上記機関のウエッブ・サイトで簡単に入手することができる。

なお関連してボワイエ1992は西欧諸国における雇用関係の柔軟化を主題とするものだが，雇用と賃金の不安定化に傾きがちな柔軟化概念を広い視点から捉え直し（労働力利用にかかわる内的で機能的な柔軟化や，賃金・雇用にかかわる外的で数量的な柔軟化など），労働力利用の柔軟化と賃金・雇用の「硬直性」を組み合わせるべきことを政策的に提言している。ラテン・アメリカにおける雇用関係の柔軟化のあるべき姿を検討していくうえで示唆に富む文献であり，ぜひ一読を薦めたい。

2008年のエピローグ：収穫逓減は現実ではない

本章は佐野2003bに少々の加筆修正を施したものである。元々は教科書の1章であるため，叙述スタイルが他の章と異なってやや簡略化されているが，この点はご寛恕頂きたい。コラムは書き下ろしである。現時点で本章を読み返したとき，いくつかの補足が必要だと感じるが，そのうち最も重要なものとして取り急ぎ2点を指摘しておこう。

その第1は，代替理論における労働供給曲線の形状についてである。本章4では，ケインジアンの水平な労働供給曲線を有力候補としているが，この他の可能性も考えられないわけではない。たとえばAnisi 1987: Capítulo 20は，ポスト・ケインジアンのマクロ経済モデルと労働市場モ

デルを論じる中で，縦軸に実質賃金をとりつつ，新古典派とは正反対に右下がりの労働供給曲線を描いている。この点に興味のある読者は，同じく教科書の1章ではあるが佐野 2008：第2節を参照されたい。ちなみに，そこではニュー・ケインジアンを含む新旧の新古典派の労働市場理論について，本章よりもさらに1歩踏み込んで批判的に解説している。またラテン・アメリカではなく日本の労働市場の現実と照らし合わせながら，それらの非現実性を指摘している。このほか，本章では（その元となった論考が収められた上記著作の編集方針により）割愛した，代替的な理論の一例も解説している。そこでの労働需要曲線は財市場の総需要——それは労使間の所得分配に応じて増減するものと想定されている——と関連づけられている。

第2の補足は，新古典派の右下がりの労働需要曲線の背後にある，収穫逓減（費用逓増）の仮定についてである。この点は以下でやや詳しく論じておきたい。はじめに収穫逓減が現代経済の大量現象ではないことを指摘した世界各地の代表的な調査研究に触れ，次に本章が対象としたラテン・アメリカの一角ペルーにおいても，1980年代半ばに行われた調査の結果，同様の結論が得られていることを紹介しよう。

収穫逓減と現実との不整合をめぐっては，実はすでに19世紀末から1920年代半ばにかけて議論が行われていた（具体的な内容は塩沢 1997：325-329／中村・八木・新村・井上 2001：161-162, 190-193 を参照）。しかしそれらは，新古典派側からの自己防衛（マーシャル）であれ，その批判（スラッファなど）であれ，理論的なレベルにとどまっていた。これに対してケインズの協力者の1人であったカーンは，ケンブリッジ大学のフェロー論文「短期の経済学」（1929年）において経験的なレベルでも新古典派理論に異議を申し立てた。同論文はイギリスの綿紡績業の実態にそくして新古典派のU字型の費用曲線の真偽を検討し，実証データと理論的考察を踏まえ，水平に近いなべ底型または逆L字型の限界費用曲線を導き出したのである（伊東 2006a：145-146）。これは少なくとも生産能力の限界近くまでは収穫逓減がみられないことを示唆するものであった。

1930年代後半には，新古典派の理論的前提の真偽をイギリス企業の現

実にそくして検証する作業がより組織的に行われた。これはオックスフォード大学経済研究所が実施したものであり，学説史上「オックスフォード経済調査」として知られる。その結果は1937年と1938年にイギリスの経済学会の場で報告されたが，主な発見は次のようなものであった。第1に，製品当り直接費としての平均主要費用は一定であり（それゆえ限界費用も一定であり），限界費用曲線は逆L字型である。第2に，間接費を含めた平均総費用は資本設備の完全稼動点までは右下がりである。第3に，操業度が100％未満の正常な状態では，主要費用にマーク・アップ率を乗じて価格を設定する「フル・コスト原則」が現実である。

これらはいずれも新古典派理論と整合しないものであったため，心ある経済学者たちは同理論から離れ，以後この現実を前提とした代替理論の構築へと向かっていった。今日の経済学教科書になおみられる不完全競争理論の創始者ロビンソンが，同理論を内容とする自著を絶版にしたこともその一例である。他方，新古典派理論に囚われた多くの経済学者たちは，その後もオックスフォード経済調査の意義を無視し続けてきた（伊東1998：59-61）。

1940年代後半から1950年代初めにかけての時期には，大西洋の対岸アメリカにおいても，オックスフォード経済調査をうけた果敢な問題提起が行われた。『アメリカ経済評論』（*American Economic Review*）を舞台に展開された「限界費用論争」である。

口火を切ったのはレスターの論文であり，それは生産能力一杯までは限界費用が一定であるかまたは減少することを，先行実証研究や独自の質問票調査により明らかにしたものであった。これに対して新古典派からの守旧的な反論が行われた後，今度はアイトマンとガスリーの論文をめぐって論戦が展開された。同論文はより徹底した質問票調査にもとづくものであり，それによれば，企業から回答のあった1,082の製品のうち，新古典派の費用曲線に該当するものはわずか42品目にすぎず，これらと両義的な解釈を許すものを除くと，残りの636品目（全体の59％に相当）は平均総費用が生産能力一杯まで減少するというものであった。この主張に対しても新古典派は自己正当化の反論に終始しているが，フリードマンの道具

主義的な経済学方法論（そこでは仮定の現実性は問われず，ある命題に現実を説明し将来を予測する能力があればよいとされる）もまた，その延長線上に位置づけられる（塩沢 1998）。

一方，時代は下って 1990 年代末，吉川洋は日本の製造業・鉱工業を素材としてこの問題へと改めて接近し，そこでの限界費用がほぼ一定であることを，統計と計量分析によって実証した（吉川 2000：237-242）。それによれば，1960〜93 年の製造業全体をみると，石油ショックや円高などマクロ的要因による費用の増減に応じて価格が上下した時点以外は，経済の成長（生産量の増加）にかかわらず価格は横ばいであった。これは限界費用がほぼ一定であることを示唆している。また，鉱工業の生産指数と出荷指数には企業が容易に予測しうるような規則的な季節変動があり，しかも両者の間には強い相関関係がある（1955〜97 年の相関係数 0.94）。もし費用逓増であるなら，平均的な生産水準に予め平準化する方が企業にとっては有利であるが，現実はそうなっていない。これは費用逓増ではなく費用一定であることを意味するという。

ここで時計の針を巻き戻し，1986 年のペルーに立ち戻ろう。当時の同国は「アメリカ革命人民同盟」のガルシア現大統領が政権を握っていた時期に当り，ポピュリズム政策によって経済は一時的ながら好転していた。そうした背景のもと，8 月から 11 月にかけて，メキシコの経済学者アラルコが，カナダの国際開発研究センターとペルーのパシフィコ大学研究所の資金援助を受けた「マクロ経済分析」研究プロジェクトの一環として企業行動の調査を実施している。国際工業統一分類の各分野で最も生産高の多い上位 2〜3 社を抽出し，トヨタなど日系企業を含む 71 社に同一質問票で尋ねるというやり方であった。その結果は 1987 年 12 月に公刊されている（Alarco y del Hierro 1987：Capítulo III）。

そこには多くの興味深い発見が記されているが，このエピローグの文脈において特記しておくべきは次の点であろう。第 1 に，遊休生産能力を抱える企業の割合は，非耐久消費財部門，中間財部門，耐久消費財・資本財部門の 3 部門平均で 67.6% に達していた。稼働率は同じく 3 部門平均で 70〜80% と 60〜70% がそれぞれ 22.9% と最も多く，80% 以上の企業は

表Ⅶ-1　平均労働費用に対する生産増加の効果：1986 年のペルーの工業部門

(単位：％)

	非耐久消費財部門	中間財部門	耐久消費財・資本財部門	3 部門合計
増加	25.0	21.4	13.3	21.1
減少	50.0	50.0	20.0	43.7
不変	25.0	25.0	66.7	33.8
無回答	0.0	3.6	0.0	1.4
合計	100.0	100.0	100.0	100.0

注：下記文献の叙述によると，ここでの平均労働費用の定義は次の通りである。
　　平均労働費用＝賃金÷労働生産性。

【資料】Alarco y del Hierro 1987：Cuadro N° 12 を補筆のうえ転載。

表Ⅶ-2　平均総費用に対する生産増加の効果：1986 年のペルーの工業部門

(単位：％)

	非耐久消費財部門	中間財部門	耐久消費財・資本財部門	3 部門合計
増加	28.6	25.0	20.0	25.4
減少	57.2	53.6	46.7	53.5
不変	7.1	17.8	33.3	16.9
無回答	7.1	3.6	0.0	4.2
合計	100.0	100.0	100.0	100.0

【資料】Alarco y del Hierro 1987：Cuadro N° 14 を補筆のうえ転載。

14.6％しかない。第 2 に，価格設定の方法としては，費用にマーク・アップ率を乗じる企業が 3 部門平均で 47.9％と最多であり，耐久消費財・資本財部門だけをとると 73.2％がこの範疇に入る。第 3 に，生産の増加が費用に与える影響については，平均労働費用，平均非労働費用，平均総費用のいずれの場合も，「減少する」「不変にとどまる」という回答の合計の比率が「増加する」のそれを上回っている（ここでは平均労働費用と平均総費用の調査結果だけを**表Ⅶ-1**，**表Ⅶ-2** として掲げておく）。費用逓増つまり収

穫逓減は少なくとも大量現象ではなく，むしろ少数派に属するということであろう。

なお，平均労働費用に関する**表Ⅶ-1**の解釈はややわかりにくいかも知れないので，この点について原著者たちがどう考えていたのか，原文を引用しておこう。「平均労働費用（中略：筆者）に関しては，資本財と耐久消費財の事例を除けば，全般には費用逓減だということができる。／このように，生産水準の増加は，中間財部門と非耐久消費財部門［筆者注：原文では耐久消費 consumo duradero となっているが，文脈上，これは非耐久消費 consumo no duradero の誤植と考えられる］においては明らかに労働生産性の増加を意味する。一方，資本財部門と耐久消費財部門においては，生産の増加のこのような効果は賃金の上昇によって相殺されている。あるいはまたその効果は，〈制度的〉な問題や同部門の技術のために，生産性（実際には労働者の平均生産物）が一定にとどまることによって相殺されている」(Alarco y del Hierro 1987：40)。

ところで，このいわばペルー版の「オックスフォード経済調査」を含むアラルコたちの上記の著作では，同じ研究プロジェクトの一環として行われた流通業企業への質問票調査の結果のほか，1986年11月〜1987年7月にパシフィコ大学研究所が別途実施したインフォーマル部門の小零細企業1,400社（製造業，流通業，サービス業，運輸業）に対する質問票調査の結果も紹介している。後者の総括として「棄却されない主な仮説」がいくつかあげられているが，そのうち次の点は興味深い (Alarco y del Hierro 1987：Capítulo VI)。

第1に，1986年末の時点では，工業部門の多くのインフォーマル小零細企業が遊休生産能力を抱えており，平均労働費用と平均総費用は生産量が増加するとき，一定に維持されるかまたは減少する傾向にあった。ただし非耐久消費財においてはこのような「固定価格」状況よりも，需要に応じて上下する「伸縮価格」状況の方が大量現象であった。第2に，先ほど触れたフォーマル部門の工業企業と同じく，インフォーマル部門の小零細企業の多く（73.68％）もまた，工業企業と流通業企業を中心として，費用にマーク・アップ率を乗じた価格設定を行っていた。第3に，マーク・

アップ率は景気の局面や投資金融の必要性に応じて変更されていた[10]。

なお，本章の主題である労働市場とは離れてしまうが，以上に関連して最後に次の点を付記しておきたい。周知のように，現代の新古典派の経済成長理論，いわゆる内生的成長論にあっては，収穫逓減ではなく収穫逓増を想定した議論が行われている。これは一見，新古典派の伝統との断絶であるかに思える。しかし，そこでの収穫逓増の主な要因は各種投資（研究・開発，人的資本，社会的生産基盤，外国直接投資）が引き起こす外部性であり，需要＝生産の規模増加に伴う内部経済（規模の経済）としての収穫逓増ではない。この理論構成は供給側を偏重しており，新古典派の伝統を正統に引き継ぐものといえる。また上述した外部性の議論は，さまざまな学派（古典派，新古典派，ケインジアン，ポスト・ケインジアン）の従来からの研究成果を焼き直したものであり，必ずしも独創的というわけではない。内生的成長論の最も単純な形である，いわゆる AK モデルに至っては，ハロッドによるケインジアンの経済成長モデル以外の何者でもない（サールウォール 2003：第2章）。さらにいえば，後者に代表される一頃の「現代成長理論の多くは，マルクスの拡大再生産表式の主題を単に変奏したものにすぎない」（Kalecki 1968：77）のである。

---

10) ちなみに，この同じ調査から得られる「仮説」としては，以上のほかにも，工業部門でも小売流通業部門でも競争は価格よりも品質をめぐって展開されることや，工業・流通業では当初の自己資本も設備投資もまずは自己金融されることなどがあげられている。本書**第4章**との関連において示唆的な指摘である。

第 8 章

経済自由化と
通貨・金融危機
異端派はどうみたか

はじめに

　経済の進化は国や時代によって多様である。20世紀末にラテン・アメリカやアジアをおそった一連の通貨・金融危機についても，基本的には同じことがいえる。厳密にみれば危機のあり方は各国ごとに異なっていた。1つの危機ではなく，あくまで多様な危機が問題となっていたのである（Kregel 1998／Pincus and Ramli 1998：724／ボワイエ 1998：147）。

　とはいえ，そこに一定の共通性が認められることも，またたしかである。それは1970年代末〜1980年代初めのラテン・アメリカで発生したいわば新自由主義症候群が，無視できない相違こそあれ1990年代のラテン・アメリカ自体やアジアにおいて再発した面がある，ということである（Palma 1998／Taylor 1998）。

　念のため1970年代末のアルゼンチンに時計の針を巻き戻してみよう。そこでは経済の構造改革の一環として貿易・金融の自由化または規制緩和が早期に断行される一方，これを制度的前提として為替アンカーにもとづく物価安定化政策，いわゆるマネタリー・アプローチが採用された。そしてその結果は当初における資本の大量流入とブーム，その後の劇的な通貨・金融危機，それに続く累積債務危機，そして1980年代の「失われた10年」であった（佐野1998：第4章）。自由化と為替アンカー（これは固定相場制やそれに近い管理フロート制と読みかえてもよい）のもとでの通貨・金融危機は同時期のチリや1994年末のメキシコでも激発し[1)]，1997年にはアジア諸国をとらえ，さらに1998

年末〜1999年初めには南米の地（ブラジル）に舞い戻ってきた。しかるに，このようにみれば1997〜98年のアジア危機の原因について主張される諸説，すなわち「アジア・モデル」の失敗説（政府主導型開発の失敗，クローニー・キャピタリズムの不透明性や腐敗），モラル・ハザード説（政府や国際機関による救済を事前に期待した投機），国際投機筋の暗躍説（マレーシア・マハティール元首相）などは，いずれも不適切ないし一面的なのである[2]。

　それでは，1970年代末以来繰り返し再発してきたとみられるこの新自由主義症候群とは本質的にいかなるものなのか。また，それを予防または緩和しながら持続可能な開発を進めるには一般にどのような政策が必要なのか。本章では，これらの論点について2つの理論的研究を論評しながら予備的な考察を行う。

　最初に1でとりあげるのは，インドのポスト・ケインジアンたるバドゥリの研究である（Bhaduri 1998）。これは上述した新自由主義症候群のうち通貨・金融危機の直接的な動態それ自体を対象としたものではない。むしろその背後に潜行していたともみられる実物的制約，すなわち自由な貿易・金融制度のもとで大量の資本流入が総需要を抑制しうる側面を分析している。そこで念頭におかれているのは直接には1990年代の状況であるが，内容的には1970年代末〜1980年代初めのアルゼンチンやチリの経験とも関連するとみてよい。上記の側面に関する非常に単純だが本質をついた理論モデルを展開した後，バドゥリはさらに進んで資本取引規制や国際短期資本移動への課税といった政策を提言している。それは自由化に固執するIMFへの手厳しい批判でもある。

　次に2でとりあげるのは，アメリカの構造派マクロ経済学者テイラーの研究である（Taylor 1998）。そこでは1980年代初めのラテン・アメリカから1990年代末のアジアにいたる一連の通貨・金融危機を包括的にとらえるべく，FNサイクルなる分析枠組みが提示されている。それによれば，固定相場制とゆるい

---

1) Lustig and Ros 1999：36では短期資本流入への依存がもたらす弊害を「メキシコ病」と呼んでいるが，本文からもわかるようにこれは「アルゼンチン病」と命名してもよい。なおメキシコの金融自由化については安原2003の批判的分析を参照。また関連して石黒2001／田島2006も参照されたい。
2) アジア危機の原因に関する諸説とその批判的検証についてはSingh 1998を参照。

金融規制が制度的前提条件として与えられたとき，ハイ・リスク＝ハイ・リターンのリスキーな金融ポジションが徐々に広く選好されるようになり，ミクロの金融ポジティブ・フィードバックの果てにマクロの不安定性と危機が発生する。新自由主義症候群のうちバドゥリのモデルが資本流入の総需要抑制効果に焦点を合わせているのに対し，ここではまさに通貨危機にいたる金融動態それ自体が議論の中心にすえられている。このFNサイクル理論をふまえながら，テイラーは危機の予防や緩和のために広汎な政策提言を行っている。

以下，これら2つの研究を紹介し，論評していこう。

1 資本流入の負のマクロ経済効果

バドゥリ（Bhaduri 1998）は自由な貿易・金融制度のもとにある開発途上経済を想定し，そこで大量の資本流入が実体経済におよぼす効果をいくつかのケースに分けて順次分析している。そこから導き出されるのはいずれも大量の資本流入の潜在的なマイナス効果であり，これを踏まえて資本取引規制の必要性が政策的に提言されている。以下，このモデルの内容を具体的にみていこう。

1.1　開発途上の需要制約型経済

最初にあつかわれるのは需要制約型経済である。そこではとりあえず供給制約はないと仮定される。この仮定はのちに外され，より一般的なモデルが論じられることになる。資本流入（これは外生的とされる）によって輸入がファイナンスされ，貯蓄は国民所得の一定比率であるとする。このとき次式が成り立つ。

$$I - S = I - sY = M - X = A \quad \cdots\cdots ①$$

ただし，Iは投資，Sは貯蓄，sは貯蓄性向，Yは国民所得，Mは輸入，Xは輸出，Aは純資本流入である。①式より次式が得られる。

$$Y = \frac{1}{s}(I - A) \quad \cdots\cdots ②$$

図 8-1 資本流入のマクロ経済効果

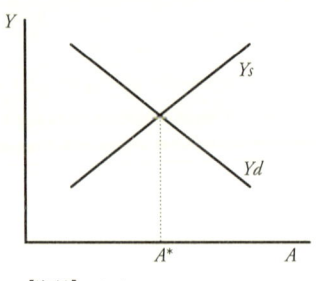

【資料】Bhaduri 1998

A が増加すると乗数 $\frac{1}{s}$ 分だけ Y が減少することがわかる。A の増加が M の増加（純輸出の減少）をもたらすと総需要が減少し，これに伴い各種の所得や雇用が減少する結果，Y がいっそう減少していくのである。当初の純輸出の減少にとどまらないマイナス効果が作用することに注意しなければならない。

1.2 供給制約も考慮したモデル

次にモデルを一般化し，供給制約の側面も考慮する。不可欠な生産財を輸入 M に依存していると想定すれば，総供給 Y_s は純資本流入 A の増加関数となる。一方，1.1 での議論によれば総需要 Y_d は A の減少関数である。

このとき国民所得 Y は図 8-1 において A が A^* に達するまで Y_s 曲線にしたがって増加していく。ところが A が A^* を超えると②式の制約が作用し，Y は Y_d 曲線にしたがって減少に転じることになる。そこでは M はもはや Y によって誘発されておらず，A によって外生的なものへと転化しているのである。

1.3 より一般的なケース

これまでは輸入 M に対する資本流入 A の関係だけに着目してきたが，さらにより一般的なケースを考え，今度は A によって M だけでなく投資 I や輸出 X も刺激されると想定する。このとき M, I, X をすべて A の増加関数とすれば，①式および②式より次式がえられる。

$$\frac{dY}{dA} = \frac{1}{s}\left(\frac{dI}{dA} + \frac{dX}{dA} - \frac{dM}{dA}\right) \quad \cdots\cdots ③$$

この場合でも $\left(\frac{dI}{dA} + \frac{dX}{dA}\right) < \frac{dM}{dA}$ となれば右辺の括弧内はマイナスとなり，国民所得の純資本流入弾力性 $\frac{dY}{dA}$ もマイナスの符号をもつことがわかる。

1.4 短期資本流入が経常収支赤字を超過するケース

最後に，各種の金融資産への短期ポートフォリオ投資の形態で大量の資本が自律的に流入し，貿易収支または経常収支の赤字分を超過するケースを想定してみる。このとき，貿易収支（経常収支）の赤字にもかかわらず一国の外貨準備は増加し，現地通貨建ての為替レートは低下する（通貨の増価）。ここでマーシャル＝ラーナーの条件が妥当していると仮定すれば経常収支はいっそう悪化し，それと同時に総需要したがって国民所得が減少する。ポートフォリオ投資がさらに増加し資本流入が持続すれば，この見世物は続演されるだろう。しかし，その背後で対外債務とその金利支払いが膨れ上がっていけば，早晩幕引きとなることは避けられないのである。

1.5 政策提言

以上の理論モデルを前提として，バドゥリは次のような幅広い政策提言を行っている。第1に，現に短期資本が流入しそれが総需要の低下を引き起こしている場合には，これを相殺するような投資促進政策を実施すべきである。このとき外国直接投資や国内民間投資を刺激できなければ，公共投資が必要である。

第2に，通貨・金融危機や国際収支危機に際するIMFの政策介入のあり方を再検討すべきである。通常勧告される財政緊縮政策も問題だが，前述のモデルとの関連でとりわけ再考を要するのは高金利政策である。これはせいぜいのところ海外からの短期ポートフォリオ投資を増やして一時的に国際収支を改善するだけで，この間，民間投資と公共投資はともに抑制されることになってしまう。しかもモデルにもあきらかなように，追加的な資本流入によって総需要は低下する。一方，現地通貨建ての為替レートも低下するため輸入超過が生じ，この面でも産出の減少はさけられない。むしろ危機に際しては拡張的な金融政

第8章　経済自由化と通貨・金融危機

策を柔軟に展開し，産出と所得の増加をつうじて輸出を増加させ，これによって国際収支を改善すべきである．ちなみに，産出と所得が低下しているまさにそのときに，緊縮財政による国内アブソープションの削減（したがって純輸出の増加）をつうじて国際収支を均衡させようとするのも誤っている．むしろ公共投資の拡大によって産出・所得を増加させることの方が先決である．それによって財政赤字を出しても，景気回復後に内外公共債務を削減すれば財政収支は好転しうる．

　第3に，危機に際して以上のような前むきの拡張政策を実現しようとするときに懸念されるのは，それによって資本逃避が引き起こされるのではないかということであろう．この可能性を排除するには一連の規制策が必要になる．とりわけ一時期のチリ・モデルに代表されるような資本移動規制が不可欠となるが，この点で想起しなければならないのは実はそうした規制の権利をほかならぬ IMF 協定第6条が認めているという事実である．安定化政策にこのような規制政策を組みこみ，IMF 自身も自由化偏重の姿勢を改めるべきである．このほか国際的にはトービン税の導入を IMF 加盟国のあいだで合意すべきであり[3]，各国内でも利潤税の税率に対して利子所得やキャピタル・ゲイン所得の源泉課税税率を大幅に引き上げておくことが望ましい．かつてケインズも推奨したように，金融に対する産業の優位を確保しなければならないのである．

1.6　評価

　以上のように，バドゥリは自由な貿易・金融制度のもとで大量の資本流入が実体経済におよぼすマイナス効果を簡明に分析し，そこから各種の規制政策の必要性を明快に説いている．まさにシンプル・イズ・ベストである．

　ただしすでに指摘しておいたように，このモデルは新自由主義症候群のあらゆる側面を包括的にあつかうものではもちろんない．第1に，一連の通貨・金融危機の動態それ自体，すなわちたとえば固定相場制と金融自由化の制度的配置のもとで脆弱な金融構造が自己増幅的に形成されていく過程の分析は捨象さ

---

[3] スティグリッツやサマーズらアメリカのニュー・ケインジアンもトービン税を支持しているが，その論拠と彼らの本質的に *ergordic* な理論体系とは矛盾している．**第6章コラム**ではこの点に関するデヴィッドソンの議論（Davidson 1998）を紹介している．

れている。また第2に，ほかならぬそうした制度的配置の選択を規定した権力バランスやイデオロギーの政治経済学的考察（たとえばマレーシアの固定相場制と金融利害の関係については Jomo 1998 を参照）も行われていない。第3に，バドゥリ・モデルは生産財の供給制約を組み込んではいるが，労働市場における制約の可能性はまったく考慮していない。しかし少なくとも韓国の場合には雇用関係のあり方が危機の構造的背景の1つとして作用していた可能性がある（佐野 2001c）。なお，以上のミッシング・リンクのうち，第1の論点はまさに次の2で検討するテイラーの研究の主題となっている。

政策提言については IMF 批判が目をひく。これらはラテン・アメリカの構造派の従来からの立場（たとえば Villarreal 1986）とも共鳴し，傾聴に値する。ちなみにチリ・モデルは今日 IMF も容認しているが，それはラカトシュの科学哲学にたとえれば防備帯（プロテクティブ・ベルト）の1つを時流にそくしてアド・ホックに変更したようなものであるとも考えられる。事実，ほかならぬアジア危機の渦中にあった1997年9月に，アメリカをはじめとする先進国は IMF 総会の場で資本収支勘定の自由化を実現するよう協定の改訂を勧告している。IMF やその意思決定を左右する国々の自由主義的な信念＝ハード・コアは不変なのである。

2　FN サイクル：通貨・金融危機の動態

前述したように，テイラーの FN サイクル理論（Taylor 1998）はバドゥリの議論に欠けている危機の金融動態に光を当てている。FN とはアルゼンチンの経済学者フレンケル（Frenkel 1983）と金融市場の実務家ネフティ（Neftci 1998）の名に由来する。研究の対象と時期が異なるにもかかわらず（フレンケルは1970年代末〜1980年代初めのラテン・アメリカ，ネフティは1997〜98年のアジア），通貨・金融危機に関する両者の視点には共通性がみられる。そこに着想を得たテイラーは，一連の危機を包括的に分析できる理論的枠組みとして FN サイクル理論を提示したのである。

2.1　基本的な考え方

　FNサイクル理論によれば，一連の通貨・金融危機に共通する核心は次の(1)〜(5)である。まず制度的な前提条件として，

(1) 名目為替レートが固定されているか，または事前決定されている状態に近い。

(2) 資本の国際的な流入と流出に対する障壁がほとんど存在しない。

このとき，

(3) 歴史的要因と短期的状況が重なって，国内資産収益率と海外資金調達金利のあいだに大きな金融「スプレッド」が生み出される。こうして資本が流入すると，金融システムは短期の海外資金で国内資産への投資を長期にファイナンスするようになっていく。

ここで，

(4) 金融システムの規制はゆるく，おそらくは景気循環促進的である。

以上の結果，

(5) 当初はミクロ経済的なこれらの変化が，国際収支や金融システムの資金フローおよびバランス・シートを介してマクロ経済に影響を与えることにより，不安定な動学的プロセスが生み出される。

　この議論は一見なんの変哲もなく無機的にさえ感じられるかも知れない。しかしその真価はこれを主流派の現実感覚にとぼしい見方と比べればあきらかになる。テイラーによれば，一連の通貨・金融危機に関する主流派の議論のうち最も中心的なのはモラル・ハザード原因説である。いまかりに火災保険の保険金が家屋の市場評価額をこえているとしよう。その場合，保険契約者は放火を選択した方が利益になる。このような事態を回避するため，保険会社は保険金の支払い上限を家屋の市場評価額の75％程度におさえている。主流派は開発途上国の政府による規制をいわば高額の保険金にみたて，抜け目ない民間の経済主体がこれを利用して「放火」＝投機行動を選択する結果，通貨・金融危機が起こると考える。

　たとえば，かつて南米諸国が通貨・金融危機におちいったときには預金保険制度が投機の原因として非難された。また1997〜98年の韓国の危機に際して

も，最悪の場合には政府が銀行やチェボル（財閥）を救済することを暗黙のうちに保証していたとして，これを論難する者がいた。しかし，これらは事実に反している。チリには預金保険制度などなかったし，韓国政府も少なくとも1980年代から1990年代にかけては一度たりともチェボルを救済してはいない。それどころか1990〜97年には上位30チェボルのうち3つが破綻に追いこまれている。かつて困難におちいった企業の個別的なリストラに政府が介入したことはある。だが，そうした場合には企業に対する自己の支配権を失うことになるだろうということを経営陣は事前に察知していた。したがって少なくとも以上の意味でのモラル・ハザード説は現実的根拠にとぼしいといえる。なお，機敏な民間の経済主体が無能な政府を懲罰にかけるというハイエク流のモチーフは，主流派のもう1つの代表的議論である国際収支危機モデルにも潜んでいるが（Taylor 1998：11-12），本章ではその内容は省略する。

2.2 動態

次にみるように，FNサイクル理論にも固定相場制のもつ一種のモラル・ハザード効果をみてとることはできるが，同理論の強調点はそこにはない。むしろそれ以上に，ゆるい金融規制と民間経済主体の不安定化行動を真正面から問題にしており，全体としては主流派の自由主義的バイアスを批判するものとなっている。FNサイクル理論はまた政府と民間の相互作用が動学的なポジティブ・フィードバック（静学的なレジーム・シフトではなく）を生み出して危機をもたらすとみる点でも，より現実に近い。以下，その動態をフォローしておこう。なお，ここでの叙述はNeftci 1998にも依拠している。

［初期状態］　いま2.1で述べた(1)，(2)，(4)の制度的条件のもとにある開発途上経済を想定する。非常に単純化されているが，家計，中央銀行および金融システムのバランス・シート（すべてドル建て）がまず表8-1のような状態にあるものとしよう。ただし家計は重要な役割を演じず，そのバランス・シートは以後も変わらないと仮定する。

［第1局面］　ここで内外の金利格差や収益格差としてのスプレッドが広が

表 8-1　FN サイクル下のバランス・シート：初期状態

	資産	負債
家計	実物資産 100	資本 100
中央銀行	外貨準備 0	銀行券 0
金融システム	国内通貨建て資産 0	借入金 0

表 8-2　FN サイクル下のバランス・シート：投機行動の感染

	資産	負債
家計	実物資産 100	資本 100
中央銀行	外貨準備 100	銀行券 e100
金融システム	国内通貨建て資産 e100	借入金 100

ったとする（2.1の（3））。ハイ・リターンとはなるがハイ・リスクでもあるため，海外から資金を調達してスプレッドを獲得しようとする金融プレイヤーは当初ごく少数にとどまるだろう。しかし，最初は様子見していた他のプレイヤーたちも，競争相手が現実にハイ・リターンを得ているのを眼前にして，いつまでも慎重な行動を保っているわけにはいかなくなる。ハイ・リスクを認識しつつも，いわば一人勝ちしている競争相手の行動を模倣したいという誘惑に抗えなくなる。しかも切り下げリスクはあるとはいえ為替レートは当面固定されたままだろうと予想され（同（1）），またハイ・リスクの金融ポジションに対する規制もゆるい（同（2），（4））。こうして次第にハイ・リスク＝ハイ・リターンの投機行動が金融部門全体に感染していく。

　これを先のバランス・シート例で考えてみよう。仮定により，家計は同一のバランス・シートを保つ。一方，外貨ポジションを建てた金融プレイヤーは中央銀行に外貨を売り，これと引き換えに国内通貨を得る。彼らは後者を債権・株式，不動産，企業への融資などに運用して高い収益を受けとる。このとき e を現地通貨建ての対ドル為替レートとすれば，数ヶ月後または数年後，バランス・シートは全体としてたとえば表8-2のように変化しているだろう。

表8-3 FNサイクル下のバランス・シート：システミック・リスク

	資産	負債
家計	実物資産 100	資本 100
中央銀行	外貨準備 150	銀行券 e150
金融システム	国内通貨建て資産 e200	借入金 200

［第2局面］　以上の過程の結果，金融構造はハイ・リスク＝ハイ・リターンの国内資産への長期投資を短期の海外資金でファイナンスする形になっており，いまやリスクはシステミックなものへと転化している。こうなると当局は通貨切り下げはもちろんのこと，利下げや資産バブルの抑制といった政策もとれなくなる。それらはすべて通貨と金融の不安定性をもたらし，パニックを帰結するからである。したがって市場は，少なくともごく短期的には固定為替レートが維持されると予想するだろう。他方，リスク・プレミアムの高まりに応じてスプレッドはさらに広がるだろう。こうして逆説的なことに，ハイ・リスクの金融ポジションへの選好はむしろ強まり，金融システムのバランス・シートはたとえば**表8-3**のように変化する。

　この間，それまでの資本流入により産出，したがって輸入が増大しており，経常収支の赤字幅が広がっていたとする。その一方で資本流入が頭打ちとなり，債務残高に対する金利支払いが増加していれば，中央銀行の外貨準備はある時点で減少に転じる。ここで中央銀行が外貨準備の25％を経常収支赤字の穴埋めにもちいると想定すれば，そのバランス・シートは前掲**表8-3**のようになるだろう。

　この段階で国際収支の均衡を維持するためより多くの資本を流入させるには，金利をさらに引き上げなければならない。しかし，まさにこのことによって流動性危機と支払い不履行がミンスキー流に広がり，企業の貯蓄は減少するかマイナスとなる。かくして企業と金融機関の倒産が相次ぎ，システミックな危機が激発する。固定為替レートの信頼性は一挙に低下していき，金利を引き上げても資本流入が滞るようになる。抜け目のない金融プレイヤーたちは「その

時」が来る前に国内通貨を売りぬきプラスの収益を確保するが，当局も含めその他のプレイヤーたちは破綻をよぎなくされるのである。

2.3 政策提言

以上の議論を踏まえてテイラーは次のような政策提言を行っている[4]。

[FNサイクルの防止]
1. **為替レート**：ドル・ペッグ制はインフレーションの抑制や場合によっては輸出競争力の向上（1980年代後半以降のアジア）を可能にする。反面，それがスプレッドや通貨の過大評価を生じさせてしまうときにはFNサイクルの引き金となりうる。それゆえ慎重な管理フロート制を採用することが望ましい。
2. **資本移動規制**：資本流出規制は困難であり，流入規制に力点をおくべきである。この点に関してはチリ，コロンビアの成功例がある。また当局がオフ・バランス・シートの資本取引なども可能なかぎりチェックすることによって，金融システムの健全性を指導していく必要がある。
3. **スプレッド**：過度の資本流入誘因をコントロールする（金利引き下げ，資産バブルの抑制）とともに，当局がオフ・バランス・シートやデリバティブについて最新の知識をもつようにする。
4. **規制システム**：FNサイクルを早期に叩くよう迅速に行動する。一度サイクルが動き出してからでは遅い。
5. **不安定な動態**：フローとストックにかかわる情報（デット・エクイティー・レイシオ［自己資本に対する有利子負債の比率］など）をできるかぎりリアル・タイムで管理できるようにし，不安定な動態的プロセスを抑制すべきである。

[危機発生後の政策]　危機発生後は自力での問題解決はむずかしく，国際支

---

[4] テイラーはその後イートウェルとの共著（イートウェル・テイラー 2001）において国際金融の再規制案をより体系的に展開している。同書も是非参照されたい。

援がぜひ必要である。そのあり方はケース・バイ・ケースだが，一般に次のようなことはいえる。

1. **なすべきこと**：流動性危機を信用危機に転化させないようにするには，なんといっても流動性の迅速な供給が不可欠である。IMFがアジア危機に際して行ったように，各種のコンディショナリティーをめぐる交渉に時間をかけている余裕はない。必要ならG7当局との協調行動も展開すべきである。他方，危機のあおりを受けて資本流出などに苦しんでいる国々にもしかるべき支援を実施する必要がある。最後に，危機に直面した国々の大衆をターゲットにした緊急セイフティーネット・プログラムを展開しなければならない。これはIMFタイプの政策とは正反対の内容をもつ。
2. **なすべきではないこと**：開発途上国の資本収支勘定をこれ以上自由化させるべきではない。またIMFの政策はタイミング・射程ともに不適切である。

[グローバルな規制システムの変革]
1. 国際金融機関はある特定の政策体系を強要するのではなく，開発途上国がしかるべき協議の後に選択した諸制度（金融，貿易，投資など）を全面的に支援すべきである。
2. 国際金融機関は開発途上国による規制政策の実施も支援しなければならない。
3. IMFが増資によって「最後の貸し手」になりうる可能性は低い。現実的には各国の中央銀行や国際決済銀行（BIS）に対して行動指針を発するような存在となるべきである。日本が提案したアジア通貨基金も真剣に検討しなければならない。
4. 第3者機関によるIMFの外部評価が必要である。IMFとアメリカ政府との不透明な関係も問題である。

2.4 評価

テイラーのFNサイクル理論はたしかに一連の通貨・金融危機に多少とも共

通する動態をよくとらえている。危機の多様性を解明する場合もこれを1つの分析基準として援用することができるだろう。また政策提言も包括的であり，現状に批判的でありながら決して批判のための批判にはおちいっていない。どれも政治的な合意さえ確保できれば実現可能なものといえる。日本のアジア通貨基金構想を積極的に評価している点も興味深い。バドゥリやその他の異端派経済学者の主張とも一般に親和的である。

ただし次のような課題も残されている。まず理論的には，第1に，FNサイクル論の場合もバドゥリ・モデルと同じく制度的配置（固定相場制，ゆるい金融規制）を規定した政治経済やイデオロギーへの分析視点が弱い。もちろん，それらは国や時期によって異なるため安易な一般論を展開することはできない。しかし制度が独立変数ではないということは少なくとも明示すべきだったのではないか。第2に，バドゥリ・モデルで提示されたような実体的側面に関する議論との総合が望まれる。これによって，新自由主義症候群の全体的な構図があきらかになるはずである。第3に，いわゆる伝染効果の論点が捨象されている。これを議論に組み込めば，より動態的な分析枠組みを提示できただろう。

政策提言についても無いものねだりを承知で一言しておきたい。とりわけ望まれるのは，IMFのインフレーション安定化政策のあり方に関してテイラー自身が1980年代の現実を念頭に展開した批判（Taylor 1991b：Chapter 5；本書第6章を参照）を，1990年代および2000年代の通貨・金融危機の現実をふまえて刷新することである。世にIMF批判は数多いが，管見のかぎり，テイラーのようにIMFの思考法の原点であるポラク・モデルに立ち返って，その理論的核心——新古典派マネタリズム——を真正面から問題にしたものは稀である。ちなみにラテン・アメリカの構造派の研究蓄積はIMF批判についても豊富だが，それもまた新たな時代状況にそくして刷新されねばならない。主流派に対する「構造派の断続的な反乱」（Villarreal 1986）は，この意味でもなお未完の課題なのである。以上を踏まえつつ，将来的には世界中の反主流派的思考を結集した「異端派総合アプローチ」（佐野 1998：終章／岡本 2000：第1章）の理論・政策を編み出していくべきだろう。

§ 日本のバブル経済にみる
　　ラテン・アメリカ的側面

　本章では，金融自由化に伴う資本流入のマクロ経済不安定化効果を開発途上国の文脈で定式化した理論をとりあげ，論評を加えた。1970年代末から1980年代初めにかけてのラテン・アメリカでいち早くみられたこの効果は，日本とは一見無縁のように思われるかも知れないが，実はそうではない。金融自由化に伴う金融技術の革新が進み，また将来の円高が確実視されていた1987年，多くの有力企業がヨーロッパで発行したユーロドル建てワラント債には為替差益によってマイナスの金利がつき，莫大な利益をもたらした。実業にもとづかないそうした利益は土地や株式などに投資され，投機心理を醸成することでバブル経済の一因となったのである（伊東2000：79）。

　通説ではあまり問題にされないこの側面を，伊東1988はほぼリアル・タイムで鋭く指摘し，警鐘を鳴らしていた。そこには日本のバブル経済のいわばラテン・アメリカ的側面を浮き彫りにする2つの資料が掲載されている。それらを資料Ⅷ-1，資料Ⅷ-2として転載した。前者は1987年1月〜11月初めにユーロドル建てワラント債を発行した企業の一例であり，＊印は実質マイナスの金利を得ていた事例を示している。後者は為替投機の実例を解説したものであるが，その仕組みは次の通りである。

　「1億ドルを1ドル140円70銭でユーロで起債したこの表の企業は，137億円余りの円を5年間手にしている。金利は2％であって，手数料をふくめ，毎年200万ドルほどの利子を支払わねばならない。だがこの支払分のドルはすでに1年目1ドル＝135円45銭で予約しており，1年後に支払う利子分は，2億7千万円余として，1億ドルを借りた契約時に確定させている。以下5年間すべてドルの先物が予約され，元本を返す5年のち，1ドル115円40銭でドルを1億ドル買う予約がされているところから，償還時に115億4千万円用意すればよい。／この結果137億円余借りて，115億円余り返すだけですみ，その差は21億円余りの利益である。ここからこの間の利子その他支払合計12億5千万円余を差し引くと，9億円余の利益となってしまう」（伊東1988：115）。

資料Ⅷ-1　ユーロドル建てワラント債発行例

発行日	発行者	発行額	利率
1.30	イズミヤ	60	3¼
2. 4	エーザイ	100	3⅛
2. 5	東芝プラント建設	50	3¼
2. 5	栗田工業	30	3¼
2.17	西松建設	50	3⅛
2.18	日野自動車工業	60	3¼
2.11	昭和電工	100	3
2.24	伊藤萬	80→100	3⅛
2.26	京阪神電気鉄道	70	3
2.26	豊田通商	70	3
3. 3	東急ストア	50	3
2.26	東急百貨店	80	3
2.19	京　樽	85	3⅛
3. 3	神戸電気鉄道	30	3⅛
3.19	ベスト電器	70	3
3.20	三菱地所	300	3
3.30	三井物産	150	3
3.30	三井物産	150	2⅜
3.30	松下電器貿易	100	2⅜
3.31	三井不動産	200	2⅜
*4.21	千代田火災海上保険	70	2
*4.22	京浜急行電鉄	150	2
*4.23	和泉電気	35	2⅜
*4.27	京阪神不動産	25	2⅛
*4.27	東京光学機械	40	2⅛
*4.30	ゼンチク	40	2⅛
*4.30	日本触媒化学工業	80	2
*5. 7	サンケイビルディング	60	2⅛
*4.23	昭和アルミニウム	100	2⅛
*4.27	シャープ	200	2
*5. 7	積水化学工業	200	1⅞
	(European Tranche)		
*5. 7	積水化学工業	100	1⅞
	(Asian Tranche)		
*5. 7	北陸電気工業	35	2⅛
*5. 7	鈴木自動車工業	100	2
*5.13	丸　紅	200	2
	(European Tranche)		
*5.13	丸　紅	100	2
	(Asian Tranche)		
*5.14	住友不動産	500→600	1½
*5.14	富士通	300	2
*5.14	東洋曹達工業	150	2
*5.14	グンゼ	100	2
*5.14	中国塗料	20	2¼
*5.19	ダイキン工業	100	2⅛
*5.12	タテホ化学工業	50	2
*5.14	三菱商事	600	1⅜
*5.19	鈴丹	20	2¼
*5.13	ヤマト運輸	200	2
*6. 2	サッポロビール	100	1⅝
*5.26	岡村製作所	70	2¼
*6. 9	ユニ・チャーム	50→70	2
*6.10	エステー化学	25	2¼
*6.16	協和醗酵工業	150	1⅝
*6. 8	西華産業	32	2
*6.15	住友商事	300→400	1¼
*6.18	白木金属工業	35	1¾
*6.18	ダイイチ	100	1⅞
*6.18	三菱樹脂	50	1¾
*6.18	大和ハウス工業	300→400	1¼
*6.18	イーグル工業	17	1⅞
*6.23	東　映	50	1⅜
*6.16	東京製綱	50	2
*6.19	凸版印刷	300	1⅜
*6.11	アシックス	50	1¾
*6.23	信越化学工業	100	1⅜
*6.23	タカラスタンダード	50	1¾
*6.23	ヤクルト本社	80	1⅜
*6.23	東武鉄道	100	1⅜
*6.23	三菱油化	150→200	1¼
*6.24	積水化成品工業	40	1½
*6.25	日本ビクター	100	1⅜
6.25	日本ビクター	50	2¾
*6.30	キヤノン販売	100	1⅜
*6.30	トーヨーサッシ	100	1⅜
*6.30	三菱化成工業	200	1
*6.23	大和団地	100	1⅜
*7. 2	松　屋	50	1⅜
*7. 2	関西ペイント	60	1½
*6.25	東京急行電鉄	150	⅞
*7. 6	日研化学	50	1⅜
*7. 7	グローリー工業	60	1⅝
*7. 9	山村硝子	40	1⅝
*7. 9	富山化学工業	50	1⅜
*7. 9	パスコ	85	1⅝
*7.14	コスモ証券	50	1⅜
*7.15	日本油脂	70	1⅜
*7.16	ニチレイ	100	1⅜
7.16	ニチレイ	50	2⅞
*7.14	鹿島建設	200	1⅜
*7.17	日本信販	200	1⅜
	(Euro Tranche)		
*7.17	日本信販	200	1⅜
	(Asia Tranche)		
*7.20	山之内製薬	100	1⅜
*7.21	奥村組	100	1⅜
*7.21	品川燃料	50	1⅜
*7.22	大林道路	25	1¾
*7.22	トヨタ自動車	800	1¼
*7.15	三　楽	100	2½
*7.28	伊藤忠商事	300	2¼
*7.28	伊藤忠商事	200	2¼
*7.28	小野田セメント	100	2¼
*8. 3	三菱レイヨン	100	2⅜
*8. 4	小田急電鉄	150	2⅜
*8. 4	安田火災海上保険	100	2¼
	(Euro Tranche)		
*8. 4	安田火災海上保険	50	2¼
	(Asia Tranche)		
*8. 4	キリンビール	500	2¼
*8. 6	小堀住研	70	2⅜
?8. 6	東洋水産	50	3
*7.30	住友化学工業	200	2¼
*8.10	横河電機	100	2⅜
?7.31	美津濃	50	2¾
*8.11	九州松下電器	150	2⅜
*8.11	東洋紡績	70	2½
?8.18	クラレ	70	2¾
8.13	昭和電工	200	3¼
?8.20	三和シャッター工業	60→70	3
8.20	三菱金属	300	3
8.25	小野薬品工業	150	3
8.25	日本ガイシ	150	3
8.18	ダイセル化学工業	100	3¼
8.25	プリマハム	70	3¼
8.25	藤沢薬品工業	100	3
8.25	日本石油	300	3
8.20	古河電気工業	150	3¼
8.25	武田薬品工業	80	4½
?8.27	住友建設	50	3
9. 3	大正海上火災保険	200	3¼
9. 1	旭硝子	200	3
9. 1	旭硝子	50	3
9.10	山陽国策パルプ	130	3⅛
9. 4	石原産業	50	3¼
9.17	三菱電線	100	3¼
9.15	島野工業	50	3¼
9. 9	ヤマハ発動機	100	3¼
9. 9	日本電工	70	3¼
9.15	東急建設	70	3¼
9.16	日本コインコ	60	3¼
9.14	近畿日本鉄道	200	4½
9.23	東急ホテルチェーン	70	3¼
9.10	青木建設	100	3¼
9.16	日清紡績	150	3¼
9.21	ニチメン	100	3¼
9.17	阪和興業	120	3¼
	(Euro Tranche)		
9.17	阪和興業	70	3¼
	(Asia Tranche)		
9.22	トーホー	20	3¼
9.24	森永乳業	100	3¼
9.29	山陽特殊製鋼	80	3¼
9.18	リョービ	50	3¼
9.30	松下電工	300	3
9.30	大信販	70	3¼
9.29	日本ハム	100	3
9.30	三協アルミニウム	70	3¼
9.29	積水樹脂	30	3¼
10. 6	東京楽天地	25	3¼
10. 7	保土谷化学工業	50	3¼
10.13	スタンレー電気	100	3¼
10.15	大阪プレハブ	40	3½
10. 6	光洋精工	60	3½
10.13	アサヒペン	30	3½
?10.13	住友電工	200	3⅛
10.20	大王製紙	70	3½
10.20	森田ポンプ	25	3½
10.21	伊藤忠燃料	50	3½
*10.21	間　組	50	3⅜
10.22	大昭和製紙	70	3½
10.22	菱電商事	30	3½
10.22	センコー	40	3½
10.23	キヤノン	300	3⅛
10.23	キヤノン	200	3⅞
10.15	花　王	100	3⅛
10.16	日本ペイント	70	3⅜
10.28	東ソー	200	3¼
10.21	タカキュー	100	3½
10.29	西濃運輸	70	3⅛
10.22	マルエツ	70	3½
10.26	ブリヂストン	100	3⅛
10.27	日清製油	70	3⅛
11. 4	後楽園スタヂアム	50	3¼

発行額単位＝100万ドル，利率＝%

【資料】伊東 1988：114

資料Ⅷ-2　長期為替予約をした場合の円建て実質コスト（1987年5月）

```
発　行　額　1億ドル（ユーロドル建てワラント債）
利　　　率　2％
発　行　価　額　100％
期　　　間　5年
発行者コスト　2.598％
```

	ドルベース	予約為替(円)	円金額
(1) 発行手取金	US $ 97,395,000	140.70	13,703,477（千円）
(2) 期中支払額			
年払費用			
支　払　利　息	US $ 2,000,000		
利金取扱手数料	1,600		
財務代理人費用	5,000		
年当り費用	US $ 2,006,600		
		予約為替(円)	
・1年目	US $ 2,006,600	135.45	271,794（千円）
・2年目	〃	130.40	261,661
・3年目	〃	124.70	250,223
・4年目	〃	119.70	240,190
・5年目	〃	115.40	231,562
		計	1,255,430
(3) 償還時支払額	100,016,000	115.40	11,541,846（千円）

(4) 円建発行者コスト

$$\frac{年払費用計＋償還時支払額－発行手取金}{発行手取金 \times 年限} \times 100 = -1.323\% \quad \begin{pmatrix} 日本式 \\ 単\ 利 \end{pmatrix}$$

(5) マイナス金利になる理由
　　償還時に大幅な償還差益が出る（13,703,477,000 － 11,541,846,000 ＝ 2,161,631,000）ため，5年間利息を払ってもまだ差益が残る（2,161,631,000 － 1,255,430,000 ＝ 906,201,000）。したがって，この差益分が発行者の利益となるため，実質マイナス・コストとなる。

【資料】伊東 1988：116。ただし表記を一部変更してある。

　当時の日本は資本規制こそゆるくなっていたものの，固定相場制を敷いていたわけではなく，その点ではバブル経済はFNサイクルが想定する制度的文脈とは異なる状況で発生したものである。しかし同サイクルの抽象の基礎となった1970年代末のアルゼンチンでは，金融自由化のもと，物価安定化政策の一環として固定相場制や通貨切り下げ率を徐々に小さくしていく政策がとられる中で通貨高になり，これを1つの梃子として対外債務が増加し，各種の投機が蔓延することになった。いずれにあっても金融自由化，通貨高，投機という連関がみられたのである。その意味において，本章の内容は，日本の現代経済史を再考するうえでも示唆するところがあるように思う。✂

おわりに

　レギュラシオニストたちが指摘しているように，1970年代半ばにフォーディズムの発展様式が行きづまって以来，先進国の成長体制を誘導する構造・制度諸形態のヒエラルキーには序列変化が起こっている。フォーディズムの時代には雇用関係が支配的であったが，いまや管制高地を握っているのは国際金融と企業間のグローバルな競争形態なのである（Petit 1999／ボワイエ 1998：166／山田 2008：第5章）。このことは開発途上国についても妥当しつつある。本章であつかった新自由主義症候群としてのグローバルな通貨・金融危機こそ，その象徴にほかならない。とすれば危機の多様性はあくまで重視しながらも，そこに貫徹している普遍的なリスクの本質を正しく認識し，これを乗り超えるべきオルタナティブをこちらからもグローバルに提起する必要がある。本章はそのための予備作業の1つだったのである。

2008年のエピローグ：新自由主義サイクルを超えて

　本章は佐野 2000a を若干の補筆のうえ収録したものである。コラムは書下ろしである。

　この章でとりあげた FN サイクルは，金融自由化と固定相場制の組み合わせに由来する通貨・金融危機の本質的な動態を定式化したものであった。本文でも示唆したように，それを初めて分析的に解明したのは，本書でも何度か引用しているアルゼンチンの経済学者フレンケルである（Frenkel 1983）。彼自身は 1970 年代末～1980 年代初めの自国の経験を同時代的に考察したのだが，そこから得られた知見が 1990 年代の一連の世紀末通貨・金融危機を分析するうえでも有用であることを，のちにアメリカのテイラーが再発見することになった。その意味で FN サイクル論はアルゼンチン原産なのである。

　そのアルゼンチンの現代経済史を省みると，FN サイクルに類似した事態は 1978～81 年，1991～95 年，1996～2001 年の 3 回にわたって生じ

ている。これらのいずれも，たしかに先に述べたポリシー・ミックス，つまり金融自由化と固定相場制（1978～81年の場合はそれに準じた通貨の逓減的な切り下げ）の組み合わせを背景とするものであった。ただし金融自由化はより広範な一連の自由化・規制緩和政策，つまり新自由主義改革の一環として導入されたことに改めて注意しなければならない。また固定相場制やこれに準じた為替調整にしても理論中立的なものではなく，新古典派マネタリズムの国際収支理論であるマネタリー・アプローチを物価安定化のために援用したものにほかならなかった。

1978年末から1981年にかけて実施されたその世界初の試みを，やはり同時代的に分析し，名著『自由主義の理論と実践：アルゼンチンにおける反インフレ政策と経済開放　1976～1981年』（Canitrot 1980）にまとめたのはアドルフォ・カニトローであった。若き日スタンフォード大学に留学し，一般均衡理論の現代的精緻化の業績で名高い，あのケネス・アローの指導を受けながらも，ラテン・アメリカ固有の批判的な知性を堅持し続けた経済学者である。1985～89年にはアルフォンシン急進党政権下で経済副大臣格の要職も務めた。その彼が，1999年7月，筆者との面談で述懐した逸話は誠に興味深い。

いわく，軍事政権下の1978年の一日，南米諸国を歴訪していたシカゴ大学の関係者が，あるセミナーの場でマネタリー・アプローチの採用を推奨した。「政府・中央銀行は為替レートを固定するほかには何も行う必要はありません。それでインフレは収まり，完全雇用が達成されるのです」。カニトローをはじめセミナーの聴衆は耳を疑った。しかし軍事政権はこのとき，1977年後半から実施されていた旧来型のマネタリズム的な物価安定化政策（マネタリー・ベースの抑制）がスタグフレーションを引き起こしたことに苦慮している最中だった。そこで，この危機を補整するため，装いを新たにしたマネタリズムの理論に即座に飛びつき，一週間後にはそれを実践し始めていたというのである。

隣国に続きチリもまた，1979年6月から同様の政策体制を敷いた。このときの政策思考について同国の経済学者メレルは次のように省察している。「名目為替レートを固定するこの政策と同時に，資本収支の管理が緩

和された。国際収支のマネタリー・アプローチによれば，貨幣供給はこのとき内生的になる（中央銀行は不胎化政策を放棄する）。そして一物一価の法則から，為替レートこそが国内物価水準を決定することになる。一物一価の法則を拡張すれば，名目為替レートが固定されている場合，国内インフレーションは外国インフレーションに等しくなる。かくして為替レートが物価安定化の主要なメカニズムになるのである」（Meller 1996：200-202)[5]。

このように，FN サイクルの前提となるポリシー・ミックスはすぐれて新古典派マネタリズムに由来するものであった。その意味で同サイクルは，新自由主義政策によって誘発された景気循環，つまり新自由主義サイクルでもあったのである。

ところでアルゼンチンと同様の政策体制を採ったという事実から推察される通り，チリもまた 1970 年代末から 1980 年代初めにかけて FN サイクルと似た事態に直面している。だが，そこで同サイクルが繰り返されることはその後 2 度となかった。本書巻頭の「**読者への道案内**」でも触れたように，チリは 1980 年代初めの深刻な危機からそれなりに学び，以後少なくとも極端な自由化・規制緩和には慎重な政策観（またそれを正当化する政治構造）が優勢になったからである[6]。これに対してアルゼンチンでは，1990 年代により市場原理主義的な政策体制が敷かれ，そこで FN サイクルが 1 度ならず 2 度も再発している。

もっとも，この国も 1 回目の FN サイクルとそれがもたらした危機の後，一度は脱新自由主義への道を歩み始めたかにみえたことがある。詳細は佐野 1998：第 4 章に譲らざるを得ないが，危機収拾のための緊急避難的な政府介入や民主化直後のポピュリズム型政策に加え，1985 年半ばからは

5）マネタリー・アプローチでは一物一価を仮定する。その場合，国内物価 P，国際物価 P*，現地通貨建て為替レート e の関係は $P = eP^*$ となり，これを変化率の形に書き換えれば $\dot{P} = \dot{e} + \dot{P}^*$ となる。固定相場制は $\dot{e} = 0$ を意味する。1970 年代末のアルゼンチンで採用された通貨の逓減的な切り下げも最終的には同じことになる。このとき $\dot{P} = \dot{P}^*$ となり，国内インフレーション率は国際インフレーション率に収束する。つまり物価は安定することになる（Meller 1996：288, nota 81）。
6）傍点による留保の意味は**第 7 章コラム**を参照。

表Ⅷ-1 アルゼンチンの新自由主義サイクル

時期	事項	備考
① 1973～76年：初期条件	ポピュリズム*型の所得政策と完全雇用の下での急激な利潤圧縮→大幅な通貨切り下げ→対抗的な賃金抵抗→インフレーション昂進**；左右対立の激化	* 第5章を参照。 ** 「完全雇用の政治的側面」（カレツキ1984）を想起させる事態。
② 1976～82年：軍事クーデター*と第1次新自由主義改革**	従来のIMF型安定化政策***→スタグフレーション→補整政策：旧来型のマネタリズム的なインフレーション抑制（マネタリー・ベースの抑制）→スタグフレーション→補整政策：マネタリー・アプローチによるインフレーション抑制→FNサイクル→通貨・金融危機と対外債務危機→スタグフレーション	* 目的は労働組合をはじめとする「社会の規律づけ」（Canitrot 1980）。 ** 図Ⅷ-2も参照。 *** 第5章および第6章を参照。
③ 1982～89年：脱新自由主義の挫折と「失われた10年」	政府介入と再規制による緊急避難*→民主化直後における対外債務返済への抵抗とポピュリズムの挫折→IMFの介入→スタグフレーション→輸出・投資主導型成長**に向けた代替的な安定化政策と制度改革の試み***→当初の安定化と景気回復→断続的なスタグフレーション→為替投機主導型のハイパー・インフレーション危機（1989～90年）	* 民間債務の政府肩代わり，為替管理，輸入規制，金融規制など。 ** 対外債務返済と経済成長の両立を意図。 *** 通貨の実質減価を踏まえた所得政策，富裕層からの強制貯蓄，過剰保護の是正，遊休地課税など農牧業改革，輸出税，労使関係の近代化など。
④ 1989～2001年：第2次新自由主義改革*と「もうひとつの失われた10年」	行財政改革と民営化の開始→兌換法体制→FNサイクルと大量失業の発生（1994年以降）*→軽微な通貨危機（1995年）→補整政策**→FNサイクルと大量失業の持続→通貨・金融危機と対外債務危機	* 図3-4を参照。 ** IMFの支援，外貨準備枠の拡張（資本流出に伴う金融逼迫の抑止），緊急時の救援融資網の導入，雇用補助金など。

【資料】筆者作成。

輸出主導型経済成長により対外債務返済を可能にするため，労働者大衆と有産層の双方に負担を求める一連の政策や制度改革が実施され始めた。そしてそこには実質賃金と物価を抑制する所得政策，富裕層課税（強制貯蓄，累進課税），未改良農地課税，労働組合に対する企業経営情報の開示など

図Ⅷ-1　アルゼンチンにおける新自由主義サイクルの概念図

①　→　②　2回の補整を挟む3回の危機（1回はFNサイクルによる）　→　③　→　④　1回の補整を挟む2回のFNサイクル

注：丸数字は表Ⅷ-1中の時期区分のそれに対応している。

【資料】筆者作成。

当時特有の要素のほか，低めの輸入関税率と輸出促進的な為替レートに輸出税を組み合わせた政策体系への志向[7]のように，解釈の仕方によっては2002年以降の「新開発主義」(第1章および第3章の「2008年のエピローグ」を参照)のポリシー・ミックスを先取りしたとみられる面もあった。しかしチリとは異なる政治経済力学の結果，この先駆的な試みは有産層が主導した為替投機とハイパー・インフレーション危機のうちに葬り去られてしまう。かくして新自由主義改革が再び正当化され，1回目の改革の際と同様，自由化・規制緩和政策や新古典派流の安定化政策の大枠の中で，危機(FNサイクルの過程では，これに先立ってバブル的な投機ブームが起こる)とその補整が繰り返されることになったのである。

　このようにみてくると，アルゼンチンではFNサイクルとは次元を異にする，いま1つの大きな新自由主義サイクルが存在したのだということに改めて気づく。それは1976年から2001年までの四半世紀におよぶ長期の政治経済波動であり，その初期条件も織り込めば表Ⅷ-1のように整理できる(同表の内容についても詳細は佐野1998：第4章を参照)。また概念図に描けば図Ⅷ-1のようになる。これら2つの図表のうち，②と④の局面は新自由主義の政策体制の内部で危機と補整が繰り返されたという点においてほぼ同型であるが，ここではさらに，それが③を間に挟んで反復しているということに注目してほしい。FNサイクルよりも大きな新自由主義サイクル

---

7) これは国内産業への適正保護，物価の安定化，適切な資源配分，財政収入の引き上げなどを意図したものであった。

図Ⅷ-2　アルゼンチンの第1次新自由主義改革とその危機：1976〜82年

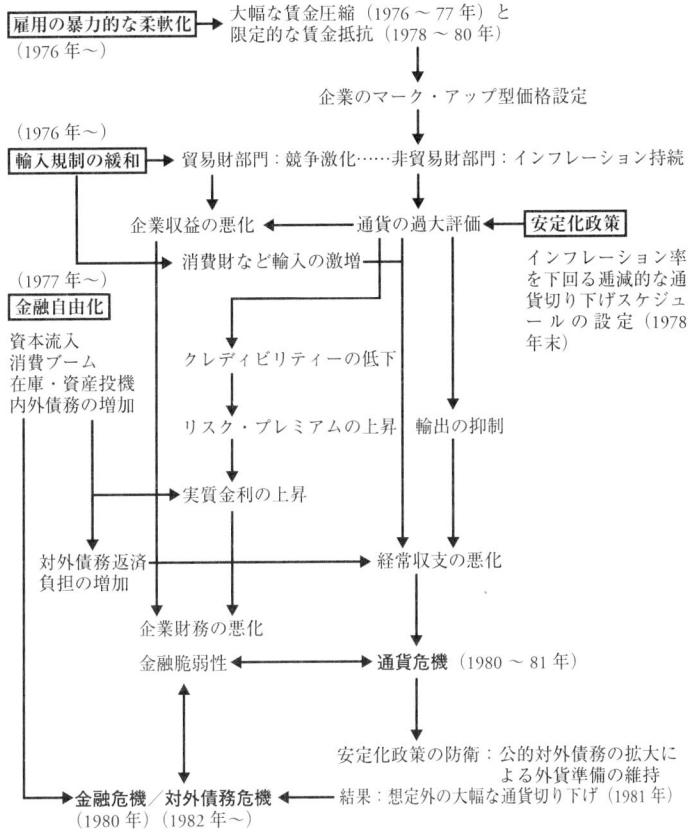

```
雇用の暴力的な柔軟化 ──→ 大幅な賃金圧縮（1976〜77年）と
（1976年〜）          限定的な賃金抵抗（1978〜80年）
                              ↓
                         企業のマーク・アップ型価格設定
                              ↓
（1976年〜）        貿易財部門：競争激化……非貿易財部門：インフレーション持続
輸入規制の緩和 ──→   ↓                    ↓
                  企業収益の悪化 ←── 通貨の過大評価 ←── 安定化政策
                     ↓
                  消費財など輸入の激増                インフレーション率
                     ↓                            を下回る逓減的な通
（1977年〜）                                       貨切り下げスケジュ
金融自由化            クレディビリティーの低下          ールの設定（1978
資本流入              ↓                            年末）
消費ブーム           リスク・プレミアムの上昇　輸出の抑制
在庫・資産投機        ↓
内外債務の増加       実質金利の上昇
     ↓               ↓              ↓
  対外債務返済                    経常収支の悪化
  負担の増加          ↓
     ↓            企業財務の悪化
                  金融脆弱性        通貨危機（1980〜81年）

                              安定化政策の防衛：公的対外債務の拡大に
                              よる外貨準備の維持
  金融危機／対外債務危機 ←── 結果：想定外の大幅な通貨切り下げ（1981年）
  （1980年）（1982年〜）
```

注：この図はFNサイクルの側面よりも，むしろ当時のアルゼンチンに固有の事情を強調したものとなっている。この点注意されたい。なお新自由主義改革が開始されたのは1976年であるが，インフレーション抑制政策として逓減的な通貨切り下げスケジュール（一物一価を仮定する新古典派の国際収支理論マネタリー・アプローチを安定化政策に転用したもの）が用いられたのは1978年末以降である。それまでは実質賃金の抑制，大企業と政府の価格協約，マネタリー・ベースの抑制，固定相場制（通貨切り上げ）が物価安定化の手段として順次採用されていた（詳細は佐野1998：第4章を参照）。上図ではこの経過を省略しているが，危機発生の仕組みを理解するのに支障はない。

【資料】佐野2001c：図4を一部修正のうえ転載。

第8章　経済自由化と通貨・金融危機

というのは，この意味においてである．

　筆者がアルゼンチンの新自由主義サイクルについて最初に論じたのは2003年6月，ある学会の場においてである[8]．2005年3月にはこの見方を一般向けのテレビ番組の中でも紹介した[9]．一方，こうした機会に筆者はもう1つの問題提起を行ってもいる．すなわち，1980年代以降の日本もまた新自由主義サイクルを描いてきたのではないか——これである．本書第1章の初出文献において「一種の政治的景気循環」（本書では36頁）と述べたのも，実はそのことを念頭においていた．幸い，その後この視点は内橋2006やAlcorta 2009においてそれぞれに援用されたが，筆者自身もある雑誌対談の折に自ら思うところをいま一度論じている．そこでの筆者の発言を引用しておこう．

> 「翻って日本では，80年代に，それまでも徐々に進んでいた自由化，規制緩和[10]に本格的に踏み出します．金融自由化，民営化，行財政改革が進み，見事にバブルが起きて[11]，それが破綻する．90年代に入って，初めは財政金融政策で補正し，少し景気が浮揚する．そのま

---

8) 日本ラテンアメリカ学会第24回定期大会シンポジウム「グローバル化の時代のラテンアメリカ——21世紀に向けての提言」における報告「構造問題と新自由主義循環を超えて——ラテンアメリカとアジアをどう交差させるか」．
9) NHK教育テレビ人間大学『「共生経済」が始まる——競争原理を超えて』（講師・内橋克人：2005年3月22日放映分）．
10) 1960年代にはIMF 8条国への移行やOECD加盟との関連で貿易・資本の自由化が実施され始めたが，この初期の「新自由主義」（宮崎1966：172-174）は実際にはなお微温的なものにすぎなかった．たとえば1970年9月には第3次資本自由化として銀行業の自由化（外資と国内銀行との合弁会社）が発表された．しかし当時の大蔵省には銀行の新規開設を認可する意思はなく，実際は自由化ではなかった．またすでに許可されていた外国銀行の日本支店がドル資金を外国から持ち込もうとしても，円転換規制に抵触してそれも不可能であった（伊東1971：264-265）．株式の時価発行も法的には1969年に解禁となったが，当初は厳しい規制の下にあり，実際に時価発行が行われ始めるのは1970年代後半から80年代にかけてである（伊東2000：63）．
11) ここで「見事に」という表現を用いたのは，アルゼンチンの1970年代後半の新自由主義改革に際しても，FNサイクルの過程で短期間ながら強度の資産投機ブームが発生していたことを踏まえている．対談ではこの発言の直前にそのことに触れている．念のため補足しておきたい．

まいくかと思いきや，90年代半ばに橋本構造改革が始まる．それが 97, 8年の金融危機という戦後最も深刻な後退を招く．小渕政権は大型減税，公共事業拡大，公的資金の大量投入，破綻銀行の国有化等々の形で補正する．多少景気が回復し始めたところで，森政権から小泉政権にかけて再び構造改革を始める．アメリカの2001年の景気後退と相まって深刻な事態になると，日銀が量的緩和やゼロ金利政策の続行である程度補正しますが，景気対策としては効果がない[12]．そこにたまたま外から神風が吹いた．それはアメリカの景気回復であり，何といっても中国の高度成長による輸出需要の拡大です．神風が吹いて，リストラ（その背後にも労働市場の規制緩和がありました）で身軽になった企業が投資を再開し，たいした補正をやらないまま何年か過ぎた．その過程で，格差社会と後に言われるような様々な問題が一挙に噴出することになった．2005, 6年からはメディアで盛んに格差社会が取り上げられ，安倍政権は小泉改革の継承とともに〈再チャレンジ〉という名の補正政策を掲げたものの，道半ばにして福田政権と交代し，現政権も同じく小泉改革を継承するけれども補正はさらに進めるという．／このように長期の目で世界的視野から見直すと，問題は単に小泉構造改革それ自体ではなくて，80年代に始まる新自由主義とその補正の〈政治的景気循環〉——アルゼンチンの先行事例に着想を得て私はこれを〈新自由主義サイクル〉と呼んでいます——だとわかる．問題はより根深い」(内橋・佐野 2008：103-104)[13]．

---

[12] ここは正確には「デフレーション対策としては効果がない」とすべきであった．なぜならゼロ金利と量的緩和というインフレーション目標政策の結果，円安が誘導され，これが輸出主導型の景気回復を後押ししたという面を無視できないからである．その意味でこれは一種の補整政策であったが，このことと併行して一連の構造改革が推進されたため（労働市場の規制緩和，社会保障の後退，地方交付税削減など），内需が萎縮することになった点は注目に値する．この点に関して金子・デウィット 2008：69 は次のように述べている．「小泉政権は，〈構造改革〉というブレーキを踏みながら，インフレターゲットに基づく金融緩和政策というアクセルを踏むという異常な政策を続けてきたのである．そうして作り出された輸出依存の脆い経済体質は，世界同時不況の直撃を受けてしまった」．なお，数行後の筆者の発言中，「たいした補正をやらないまま何年か過ぎた」という箇所についても，同様に再考が必要である．

きわめて粗い素描にすぎないが,アルゼンチンとの比較において直ちに明らかになることが1つある。すなわち日本の場合には,**図Ⅷ-1**や**表Ⅷ-1**の③に相当する脱新自由主義(あるいは新自由主義改革の外部における修正)の胎動局面が全くみられず,②や④のような,新自由主義政策体制の内部における危機と補整の小循環しか認められないのである。この傾向は現在も続いているが,これは近年のアルゼンチンが新自由主義サイクルをひとまず離脱しつつあるかにみえること[14]とも好対照をなす。日本は1980年代以来,一貫して「悪夢のサイクル」(内橋2006)の罠に捕らわれてきたのである。

もちろん,日本版の新自由主義サイクルに関する筆者の見方は粗い仮説にすぎず,その政治的な構造と動態も含め,今後の実証研究によって補強されねばならない[15]。にもかかわらず,こうした見方を取り急ぎ提起しておくことにも十分意味はあると考える。なぜか。まず第1に,格差社会や貧困蔓延の由来を小泉政権以降の構造改革に求め,そこで思考停止してし

---

13) 日本経済の政策循環という視点それ自体は,主として山家2001,山家2005,金子2002に着想を得ている。ただし,はじめの2つの文献では,金融自由化ほか1980年代の新自由主義改革がバブル経済を誘発した側面についてなぜか論じていない。このため1980年代とそれ以降の時期が切り離されてしまっている。これはバブル経済の原因を当時の日本銀行の低金利政策だけに求める通説と同じく,必ずしも正しい認識とはいえない(**第1章**を参照)。

ついでながら,ほかならぬ山家2001および山家2005が正当に論じているように,バブル崩壊後,不良債権の規模がその後の景気とは逆方向に増減したという事実からすれば,それが独立に経済成長を抑制したとみる通説は誤りであり,1998年の金融危機の直接の原因をそれまでの不良債権問題に求めるのも正しくない。**第1章**でも述べたように,危機の引き金を引いたのはあくまで橋本構造改革による景気の悪化であり,ここに金融ビッグバンが追い討ちをかけたのである。本文の発言で不良債権問題について正面から触れていないのは,こうした認識による。

しかしそれでもなお,仮に不良債権の膨大なストックが存在していなかったならば,1998年の金融危機もあそこまで深刻にはならなかったであろうと考えられる。その意味で,不良債権問題を引き起こしたバブルとその背景要因である新自由主義改革の重みはやはり無視できない。1980年代と1990年代はあくまで連続したものと捉える必要がある。新自由主義サイクルという視点はそれを可能にするのである。

14) ただし**第3章**「2008年のエピローグ」でも述べたように,中央銀行の金融政策にはマネタリズムの思考法が残っている面もある。また現在の傾向が将来また逆転して新自由主義の方向に振れれば,そのときには,2002年以降も新自由主義サイクルからまだ最終的に離脱していなかったと判断されることになるかもしれない。

まう，現在なお広くみられる理解に，再考を迫ることができる。第2に，これよりは時代を遡り，森政権，小渕政権，そして橋本政権が実施した政策にものちの構造改革に連なる要素を見出すが（そしてそれらを批判的に捉えるが），やはりそこで議論を切り上げてしまう考え方も相対化できる[16]。

　それでは以上2つの見方の一体なにが問題なのか。ここでも2点をあげることができる。まず1つは，1980年代における一連の新自由主義政策やその帰結としてのバブル経済（いわば日本型のFNサイクル？）を，1990年代以降の事態と結びつけて理解することができなくなるという点である。これでは特に金融自由化が孕む破壊性や不安定性を過小評価することになってしまい，危険である。いま1つの問題は，小泉政権以降，あるいは橋本政権以降の構造改革政策さえ補整すれば，格差社会その他，現代日本社会の病を癒すことができるというような，やはり甘い政策判断を導いてしまうという点である。格差や貧困の広がりと密接な関係にある労働者派遣もまた，1986年に解禁され始めたことを想起しなければならない。

　むしろいま求められているのは，1980年代と1990年代を連続した「失われた20年」（伊東2006b：第3章，第4章）として把握したうえで，さらに2000年代をも日本版の「もうひとつの失われた10年」[17]としてこれに接続させる視点であろう。すでに30年にも及ぼうとしている新自由主義サイクルとその政策体制，そしてそれらを正当化してきた政治構造をまずは全体的に捉えること。補整にとどまらない現代的な再規制の政策体制とこれに対する「市民社会的制御」（内橋克人）の仕組みを築き上げること。

15）新自由主義政策の形成過程や政治力学については大嶽1994／大嶽1995／後藤2002／山口2004／内橋2006などが参考になる。筆者自身も，アルゼンチンの政治学者オドンネルによる「委任型民主主義」の概念を流用することで，日本型新自由主義サイクルの政治構造がより明確になることを指摘している（内橋・佐野2008：106-107／**本書第3章「2008年のエピローグ」**）。

16）**注13**も参照。

17）**第1章**で論じたように，原版の「もうひとつの失われた10年」とは，第2次新自由主義改革の下で大量失業と通貨危機に苦しんだ1990年代のアルゼンチンの状況を指す（フレンケル2003）。

そしてまた新旧の連帯経済ほか市民の自立・協働の知恵をそこに接合していくこと——**第1章末尾で述べたこととも重なるが**，ここにこそ私たちが取り組むべき課題の本質があると筆者は信じる。

参考文献

本書各章および一部のコラムの初出文献も含む。なお「ラテン・アメリカ」と「ラテンアメリカ」,「アルゼンチン」と「アルゼンティン」,あるいは「ポスト・ケインズ派」と「ポストケインズ派」のように2種類の表記が混在している場合があるが,これは各文献の表記法にしたがったものであり,転記の誤りではない。

■日本語文献(著者名50音順・公刊年順)

吾郷健二 2003:『グローバリゼーションと発展途上国』コモンズ
吾郷健二,佐野　誠,柴田徳太郎共編著 2008:『現代経済学』岩波書店
荒川章義 2000:「ケインズ政策の有効性と日本経済の制度変化」九州大学大学院経済学研究院政策評価研究会編著『政策分析 2000——21世紀への展望』九州大学出版会
新木秀和 2005:「第11章 地域通貨で生き延びる——〈社会的経済〉の地平」内橋克人,佐野誠共編著『ラテン・アメリカは警告する——「構造改革」日本の未来』新評論,所収
安　国臣 2000:「第4章 所得分配と社会的・政治的不安定性——韓国の経験」南　亮進,K.S. キム,M. ファルカス共編著(牧野文夫,橋野　篤,橋野知子訳)『所得不平等の政治経済学』東洋経済新報社,所収
伊賀光屋 2000:『産地の社会学』多賀出版
石黒　馨 2001:『開発の国際政治経済学——構造主義マクロ経済学とメキシコ経済』勁草書房
出岡直也 2006:「第2章 アルゼンチンとチリにおける民主主義の持続——それを可能とした変化は何か」恒川惠市編著『民主主義アイデンティティ——新興デモクラシーの形成』早稲田大学出版部,所収
磯谷明徳 2004:『制度経済学のフロンティア——理論・応用・政策』ミネルヴァ書房
イートウェル,ジョン L.,ランス・テイラー 2001(岩本武久,伊豆　久訳):『金融グローバル化の危機——国際金融規制の経済学』岩波書店
伊藤正二,絵所秀紀 1995:『立ち上がるインド経済——新たな経済パワーの台頭』日本経済新聞社
伊東光晴 1971:『現代の資本主義——やさしい経済セミナー』筑摩書房
伊東光晴 1987:「静かなる狂乱」『世界』1987年7月号
伊東光晴 1988:「荒海に船出する日本経済」『世界』1988年1月号
伊東光晴 1998:『経済学を問う 1——現代経済の理論』岩波書店
伊東光晴 1999:『「経済政策」はこれでよいか』岩波書店
伊東光晴 2000:『日本経済の変容——倫理の喪失を超えて』岩波書店
伊東光晴 2006a:『現代に生きるケインズ』岩波新書
伊東光晴 2006b:『日本経済を問う——誤った理論は誤った政策を導く』岩波書店
今井圭子編著 2004:『ラテンアメリカ——開発の思想』日本経済評論社
植村博恭,磯谷明徳,海老塚　明 2007:『新版 社会経済システムの制度分析——マルクスとケインズを超えて』名古屋大学出版会
宇佐見耕一 1997:「第12章 柔軟化と社会保障制度改革——アルゼンチンの事例」小池洋一,西島章次共編著『市場と政府——ラテンアメリカの新たな開発枠組み』アジア経済研究所
宇佐見耕一 2005:「第2章 高齢者の生活保障をどうするか——アルゼンチンの年金改革に

〈学ぶ〉」内橋克人，佐野　誠共編著『ラテン・アメリカは警告する――「構造改革」日本の未来』新評論，所収
宇佐見耕一 2008：「アルゼンチン　穀物輸出規制で経済混乱」『週刊エコノミスト』2008 年 6 月 24 日号
宇沢弘文 2000：『社会的共通資本』岩波新書
内橋克人 1982 ～ 91：『匠の時代』全 12 巻，講談社文庫
内橋克人 1994：『破綻か再生か』文芸春秋社
内橋克人 1995a：『規制緩和という悪夢』文芸春秋社
内橋克人 1995b：『共生の大地』岩波新書
内橋克人 2004：『〈節度の経済学〉の時代』朝日新聞社
内橋克人 2005『「共生経済」が始まる――競争原理を越えて』日本放送出版協会
内橋克人 2006：『悪夢のサイクル――ネオリベラリズム循環』文芸春秋社
内橋克人編著 2002：『誰のための改革か』岩波書店
内橋克人，佐野　誠共編著 2005：『ラテン・アメリカは警告する――「構造改革」日本の未来』新評論
内橋克人，佐野　誠 2008：「連帯・共生の経済を――日本型貧困を世界的視野で読み解く」『世界』2008 年 1 月号
宇仁宏幸，坂口明義，遠山弘徳，鍋島直樹 2004：『入門　社会経済学――資本主義を理解する』ナカニシヤ出版
エスワラン，ムケシュ，アショク・コトワル 2000（永谷敬三訳）：『なぜ貧困はなくならないのか――開発経済学入門』日本評論社
大嶽秀夫 1994：『自由主義的改革の時代――1980 年代前期の日本政治』中央公論社
大嶽秀夫 1995：『政治分析の手法――自由化の政治学』放送大学教育振興会
岡本哲史 2000：『衰退のレギュラシオン――チリ経済の開発と衰退化　1830-1914 年』新評論
岡本哲史 2005：「第 6 章　チリ経済の「奇跡」を再検証する――新自由主義改革の虚像と実像」内橋克人，佐野　誠共編著『ラテン・アメリカは警告する――「構造改革」日本の未来』新評論，所収
小倉英敬 2000：『封殺された対話――ペルー日本大使公邸占拠事件再考』平凡社
遅野井茂雄 1995：「ペルーの経済発展と中小零細企業」国際経済交流財団編（委託先・日本プラント協会）『中南米地域における中小企業の現状と我が国の協力の在り方に関する調査』国際経済交流財団
遅野井茂雄，宇佐見耕一共編著 2008：『21 世紀ラテンアメリカの左派政権：虚像と実像』アジア経済研究所
小野善康 2003：『節約したって不況は終わらない』ロッキング・オン社
カイ，クリストバル（吾郷健二監訳）2002：『ラテンアメリカ従属論の系譜』大村書店
外務省経済協力局 1999：『我が国の政府開発援助　ODA 白書　下巻（国別援助）』国際協力推進協会
金子　勝 1999：『セーフティーネットの政治経済学』ちくま新書
金子　勝 2002：『長期停滞』ちくま新書
金子　勝，アンドリュー・デウィット 2008：『世界金融危機』岩波ブックレット
ガルブレイス，ジェームス K.，ウィリアム A. ダリティ Jr. 1998（塚原康博ほか訳）『現代マク

ロ経済学』TBS ブリタニカ
ガルブレイス, ジョン・ケネス 2002（門間　隆訳）：『日本経済への最後の警告』徳間書店
カレツキ, ミハイル 1984（浅田統一郎, 間宮陽介共訳）：『資本主義経済の動態理論』日本経済評論社
関　志雄 2008：『中国の経済大論争』勁草書房
岸本重陳 1989：『豊かさにとって農業とはなにか』家の光協会
岸本重陳 1994：『新版　経済のしくみ100話』岩波ジュニア新書239
ギデンズ, アンソニー 1999（佐和隆光訳）：『第3の道——効率と公正の新たな同盟』日本経済新聞社
ケインズ, ジョン・メイナード 2008（間宮陽介訳）：『雇用, 利子および貨幣の一般理論』（上）（下）, 岩波文庫
呉　敬璉 1995（凌　星光, 陳　寛, 中屋信彦訳）：『中国の市場経済——社会主義理論の再建』サイマル出版会
小池洋一 1999：「ブラジルの労使関係——グローバル化と制度改革」『アジア経済』第40巻第8号
小池洋一・川上桃子 2003：『産業リンケージと中小企業——東アジア電子産業の視点』アジア経済研究所
小池洋一 2005：「第9章　競争するために協力する——地域社会再生のための産業戦略」内橋克人, 佐野　誠共編著『ラテン・アメリカは警告する——「構造改革」日本の未来』新評論, 所収
小島麗逸 1997：『現代中国の経済』岩波新書
後藤政子 2008：「「定住なき」日系人労働者——グローバル化時代の雇用形態の変動と外国人労働者」神奈川大学人文学研究所編『在日外国人と日本社会のグローバル化——神奈川県横浜市を中心に』御茶の水書房, 所収
後藤道夫 2002：『反「構造改革」』青木書店
子安昭子 2005：「第7章　〈社会自由主義〉の成果と限界——ブラジル・カルドーゾ政権の経験から検証する」内橋克人, 佐野　誠共編著『ラテン・アメリカは警告する——「構造改革」日本の未来』新評論, 所収
サールウォール, A.P. 2003（清水隆雄訳）：『経済成長の本質』学文社
坂口安紀 2007：「第6章　ベネズエラの石油産業——超重質油依存とチャベス政権の政策」星野妙子編著『ラテンアメリカ新一次産品輸出経済論——構造と戦略』アジア経済研究所, 所収
佐藤　純 2008：「1930年代アルゼンチンにおける金融制度改革」『社会経済史学』第73巻第5号
佐野聖香 2002：「ブラジル農業における接合経済構造とアグロインダストリーコンプレックス」『立命館経済学』第51巻第3号
佐野　誠 1986：『現代資本主義と中進国問題の発生——両大戦間期のアルゼンチン』批評社
佐野　誠 1998：『開発のレギュラシオン——負の奇跡・クリオージョ資本主義』新評論
佐野　誠 1999a：「レギュラシオンから異端派総合へ——開発の現実が求めるもの」『新潟大学経済学論集』第66号
佐野　誠 1999b：「8. ラテンアメリカの開発論の系譜」小池洋一ほか共編著『図説ラテンアメ

リカ――開発の軌跡と展望』日本評論社，所収
佐野　誠 1999c：「第 5 章　雇用関係の柔軟化――ポスト・ポピュリズムの社会経済パラダイムを求めて」小池洋一，堀坂浩太郎共編著『ラテンアメリカ新生産システム論――ポスト輸入代替工業化の挑戦』アジア経済研究所，所収
佐野　誠 2000a：「第 6 章　グローバル通貨・金融危機をどうみるか――ネオ・リベラル症候群の伝染」天野勝行，芳賀健二編『資本主義の現実分析――経済学の新しいパラダイムを求めて』昭和堂，所収
佐野　誠 2000b：「IMF モデルの原理的批判――構造派経済学の知的資産をどう生かすか」『情況』第 3 期第 2 号
佐野　誠 2001a：「第 5 章　ネオ・リベラル改革，大量失業，雇用政策」宇佐見耕一編著『ラテンアメリカ福祉国家論序説』アジア経済研究所，所収
佐野　誠 2001b：「第 7 章　アルゼンチン」財務省財務総合政策研究所『経済の発展・衰退・再生に関する研究会』研究報告書」所収
佐野　誠 2001c：「第 7 章　韓国経済のアルゼンチン化？」松本厚治，服部民夫共編著『韓国経済の解剖――先進国移行論は正しかったのか』文眞堂，所収
佐野　誠 2002a：「グローバリゼーションと小零細企業――ペルーの事例に関する予備的考察」国立民族学博物館地域研究企画交流センター『地域研究論集』第 4 巻第 1 号
佐野　誠 2002b：「アルゼンチン危機に何を学ぶか――求められる堅牢な組織づくり」月刊『DBC』2002 年 6 月号
佐野　誠 2003a：「第 3 章　国際収支と対外債務」石黒　馨編著『ラテンアメリカ経済学』世界思想社，所収
佐野　誠 2003b：「第 9 章　労働市場と雇用関係」石黒　馨編著『ラテンアメリカ経済学』世界思想社，所収
佐野　誠 2003c：「第Ⅳ部第 3 章　開発パラダイムの比較分析」佐藤良一編著『市場経済の神話とその変革』法政大学比較経済研究所，所収
佐野　誠 2003d：「地域通貨は万能薬か」アジア経済研究所『ラテンアメリカ・レポート』第 20 巻第 1 号（通巻 65 号）
佐野　誠 2003e：「第 8 章　ラテンアメリカ化するアジア？」野口　真，平川　均，佐野　誠共編著『反グローバリズムの開発経済学』日本評論社，所収
佐野　誠 2005a：「序章　「失われた 10 年」を超えて――ラテン・アメリカの教訓」内橋克人，佐野　誠共編著『ラテン・アメリカは警告する――「構造改革」日本の未来』新評論，所収
佐野　誠 2005b：「コラム　社会自由主義国家（Estado Social-Liberal）」内橋克人，佐野　誠共編著『ラテン・アメリカは警告する――「構造改革」日本の未来』新評論，所収
佐野　誠 2008：「第 4 章　労働市場をどうみるか」吾郷健二，佐野　誠，柴田徳太郎共編著『現代経済学』岩波書店，所収
サムエルソン，P.A.，W.D. ノードハウス 1992（都留重人訳）：『サムエルソン経済学　上』（原書第 13 版）岩波書店
佐和隆光 2003：『日本の構造改革』岩波新書
塩沢由典 1997：『複雑系経済学入門』生産性出版
塩沢由典 1998：「第 8 章　複雑系と進化」進化経済学会編『進化経済学とは何か』有斐閣，所

収

篠田武司編著 2001:『スウェーデンの労働と産業——転換期の模索』学文社
柴田徳太郎 1996:『大恐慌と現代資本主義』東洋経済新報社
清水達也 1999:「ペルーにおける非伝統的農産物輸出の拡大」『ラテンアメリカ・レポート』第 16 巻 2 号
清水美和 2002:『中国農民の反乱——昇竜のアキレス腱』講談社
シャーマン,H.J., G.R. エバンズ 1989(野下保利,原田善教,植村博恭訳):『マクロ経済学——ケインジアン,マネタリスト,マルクス派の見解』新評論
新藤通弘 2006:『革命のベネズエラ紀行』新日本出版社
鈴木美和子 2008:「文化としてのデザイン活動——ブラジルにおける工芸の活性化と政策——」『文化経済学』第 6 巻第 1 号
スティグリッツ,ジョセフ E. 2002(鈴木主悦訳):『世界を不幸にしたグローバリズムの正体』徳間書店
セン,アマルティア 1989(大庭 健ほか訳):『合理的な愚か者』勁草書房
セン,アマルティア 1999(池本幸生,野上裕生,佐藤 仁訳):『不平等の再検討——潜在能力と自由』岩波書店
ソロス,ジョージ 2008(徳川家広訳):『ソロスは警告する——超バブル崩壊=悪夢のシナリオ』講談社
高橋直志 2007:「輸出主導型経済成長と所得分配問題——1980 年代後半から 2000 年代前半までのチリの事例」『ラテンアメリカ・レポート』第 23 巻第 1 号
竹内恒理 2001:「〈静かなる革命〉の担い手たち——チリにおけるシカゴ・ボーイズ」遅野井茂雄,志柿光浩,田島久歳,田中 高共編著『ラテンアメリカ世界を生きる』新評論,所収
武部 昇 1995:「ペルーのガマラについて」国際経済交流財団編(委託先・日本プラント協会)『中南米における中小企業の現状と我が国の協力の在り方に関する調査』国際経済交流財団,所収
田島陽一 2006:『グローバリズムとリージョナリズムの相克——メキシコの開発戦略』晃洋書房
橘木俊詔 2004:『家計からみる日本経済』岩波新書
田中 修 2007:『検証 現代中国の経済政策決定——近づく改革開放政策の臨界点』日本経済新聞出版社
田中祐二 2004:「第 3 章 クラスタリングと多国籍企業——ダニング折衷論と地域クラスターの競争優位」中村雅秀,奥田宏司,田中祐二共編著『グローバル戦略の新世紀パラダイム』晃洋書房,所収
谷 洋之,リンダ・グローブ共編著 2008:『トランスナショナル・ネットワークの生成と変容——生産・流通・消費』上智大学出版
田淵太一 2006:『貿易・貨幣・権力——国際経済学批判』法政大学出版局
「中央公論」編集部 2001:『論争・中流崩壊』中公新書ラクレ
デヴィッドソン,ポール 1997(渡辺良夫,小山庄三共訳)『ポスト・ケインズ派のマクロ経済学』多賀出版
トダロ,マイケル P. 1997(岡田靖夫監訳;OCDI 開発経済研究会訳):『M・トダロの開発経済

学』国際協力出版会
ドーア，ロナルド 2001：「私の〈所得政策復活論〉」『中央公論』2001 年 12 月特大号
中兼和津次 1999：『中国経済発展論』東京大学出版会
中村達也，八木紀一郎，新村　聡，井上義朗 2001：『経済学の歴史――市場経済を読み解く』有斐閣アルマ
西川　潤 2000：『人間のための経済学』岩波書店
西島章次，エドゥアルド K. トノオカ 2002：『90 年代ブラジルのマクロ経済の研究』神戸大学経済経営研究所研究叢書 57
ハーヴェイ，デヴィッド 2007（渡辺　治監訳；森田成也，木下ちがや，大家定晴，中村好孝訳）：『新自由主義　その歴史的展開と現在』作品社
芳賀健一 1993：「バブル・エコノミーの政治経済学」『季刊・窓』第 16 号
ハーシュマン，アルバート O. 2008（矢野修一，富田剛志，武井　泉共訳）：『連帯経済の可能性――ラテンアメリカにおける草の根の経験』法政大学出版局
バドゥーリ，アミット，デーパク・ナイヤール 1999（永安幸正訳）：『インドの自由化――改革と民主主義の実験』日本経済評論社
ハニーウェル，マーティン 1987（佐野　誠訳）：『世界債務危機――IMF とラテン・アメリカ』批評社
廣田裕之 2001：『パン屋のお金とカジノのお金はどう違う？――ミヒャエル・エンデの夢見た経済・社会』オーエス出版
廣田　拓 2006：「グローバリゼーション下のアルゼンチンにおける市民社会の政治化――ピケテーロス運動に焦点を当てて」野村　亨，山本純一共編著『グローバル・ナショナル・ローカルの現在』慶應義塾大学出版会，所収
ピオーリ，マイケル，C. セーブル 1993（山之内　靖，永易浩一，石田あつみ共訳）：『第 2 の産業分水嶺』筑摩書房
舟木律子 2008：「ボリビア地方分権改革と新社会勢力の台頭」『イベロアメリカ研究』第 XXXI 巻第 2 号
フルタード，セルソ A. 1973（山田睦男訳）：『ブラジルの開発戦略――高度成長の要因と問題点』新世界社
フレンケル，ロベルト 2003（佐野　誠訳）：「もうひとつの失われた 10 年」野口　真，平川　均，佐野　誠共編著『反グローバリズムの開発経済学』日本評論社，所収
ブレッセル・ペレイラ，ルイス C. 1998（子安昭子訳）：「ラテンアメリカにおける新たな国家の構築に向けて」『ラテンアメリカ・レポート』第 15 巻第 3 号
平和経済計画会議・経済白書委員会編 1983：『1983 年度国民の経済白書――貿易摩擦解消と内需主導型成長』日本評論社
ペンペル，T.J.，恒川惠市 1986（山口　定監訳）：「労働なきコーポラティズムか」Ph. シュミッター，G. レームブルッフ共編著『現代コーポラティズム I』木鐸社
細野昭雄 1992：「第 4 章　フジモリ政権の新経済政策」細野昭雄，遅野井茂雄共編著『試練のフジモリ大統領――現代ペルー危機をどう捉えるか』日本放送協会，所収
堀坂浩太郎編著 2004：『ブラジル新時代――変革の軌跡と労働者党政権の挑戦』勁草書房
ボワイエ，ロベール 1992（井上泰夫訳）：『第 2 の大転換――EC 統合下のヨーロッパ経済』藤原書店

ボワイエ, ロベール 1998（井上泰夫訳）:『世界恐慌　診断と処方箋——グローバリゼーションの神話』藤原書店

マーグリン, スティーブン A., アミット・バドゥリ 1993（植村博恭訳）:「第4章　利潤圧縮とケインジアン理論」スティーブン・マーグリン, ジュリエット・ショアー共編著（磯谷明徳, 植村博恭, 海老塚　明監訳）『資本主義の黄金時代——マルクスとケインズを超えて』東洋経済新報社, 所収

マルクス, カール 1972a（岡崎次郎訳）:『資本論』第1巻第1分冊, 大月書店

マルクス, カール 1972b（岡崎次郎訳）:『資本論』第1巻第2分冊, 大月書店

南　亮進 1996:『日本の経済発展と所得分布』（一橋大学経済研究叢書 45）岩波書店

南　亮進, 薛　進軍 1999:「経済改革と変貌する労働市場」南　亮進, 牧野文夫共編著『大国への試練——転換期の中国経済』日本評論社, 所収

宮崎義一 1966:『戦後日本の経済機構』新評論

宮崎義一 1992:『複合不況——ポスト・バブルの処方箋を求めて』中公新書

宮崎義一, 伊東光晴 1961:『コンメンタール・ケインズ『一般理論』』日本評論社

毛利良一 2007:「中南米左派政権の群生と経済政策の持続可能性——ボリビア先住民左派政権を中心に」『日本福祉大学経済論集』第35号

モリス, チャールズ R. 2008（山岡洋一訳）:『なぜ, アメリカ経済は崩壊に向かうのか——信用バブルという怪物』日本経済新聞出版社

八木紀一郎 2006:『社会経済学——資本主義を知る』名古屋大学出版会

安原　毅 2003:『メキシコ経済の金融不安定性——金融自由化・開放化政策の批判的研究』新評論

安原　毅 2008:「第5章　貨幣・金融市場と中央銀行の役割」吾郷健二, 佐野　誠, 柴田徳太郎共編著『現代経済学』岩波書店, 所収

矢野修一 2004:『可能性の政治経済学——ハーシュマン研究序説』法政大学出版局

山口二郎 2004:『戦後政治の崩壊——デモクラシーはどこへゆくか』岩波新書

山崎圭一 2005:「第1章　財政危機を民主的に乗り越える」内橋克人, 佐野　誠共編著『ラテン・アメリカは警告する——「構造改革」日本の未来』新評論, 所収

山田鋭夫 2008:『さまざまな資本主義——比較資本主義分析』藤原書店

山本純一 2004:『メキシコから世界が見える』集英社新書

山本純一 2005:「第10章　連帯経済の構築と共同体の構造転換——メキシコ最貧困州チアパスの経験から」内橋克人, 佐野　誠共編著『ラテン・アメリカは警告する——「構造改革」日本の未来』新評論, 所収

山本純一 2006:「コーヒーのフェアトレードの可能性と課題——メキシコ・チアパス州の2つの生産者協同組合を事例として」野村　亨, 山本純一共編著『グローバル・ナショナル・ローカルの現在』慶應義塾大学出版会, 所収

山家悠紀夫 2001:『「構造改革」という幻想』岩波書店

山家悠紀夫 2005:『景気とは何だろうか』岩波新書

吉川　洋 1992:『日本経済とマクロ経済学』東洋経済新報社

吉川　洋 1999:『転換期の日本経済』岩波書店

吉川　洋 2000:『現代マクロ経済学』創文社

吉川　洋 2003:『構造改革と日本経済』岩波書店

吉冨　勝 1998：『日本経済の真実――通説を超えて』東洋経済新報社
ラヴォア，マルク 2008（宇仁宏幸，大野　隆訳）：『ポストケインズ派経済学入門』ナカニシヤ出版

■外国語文献

ACONSUR (Asesoría, Consultoría y Negocios) 1997: *Microempresas de Confección. Una Aproximación*, Lima: ACONSUR

Adams, Norma, y Néstor Valdivia 1994: *Los Otros Empresarios. Etica de Migrantes y Formación de Empresas en Lima*, 2da. edición, Lima: IEP

Alarco, Germán, y Patricia del Hierro 1987: *Comportamiento Empresarial y Política Macroeoconómica en el Perú. Los Casos del Sector Industria y Comercio*, Lima: Fundación Friedrich Ebert

Alarco, Germán, Eduardo Lora y Socorro Orellana 1990: *Técnicas de Medición Económica*, Lima: Fundación Friedrich Ebert

Alcorta, Juan Alfredo 2009: *Neoliberal Cycles and Solidarity Economies: A Comparative Study of Argentina and Japan*, Ph.D. dissertation, Graduate School of Modern Society and Culture, Niigata University

Alexander, Sidney S. 1951-52: "Effects of a Devaluation on Trade Balance", *IMF Staff Papers*, Volume II

Amadeo, Edward J. 1999: "4. Opening, Stabilization, and Macroeconomic Sustainability in Brazil", in Lance Taylor (ed.), *After Neoliberalism. What Next for Latin America?* Michigan: The University of Michigan Press

Anisi, David 1987: *Tiempo y Técnica*, Madrid: Alianza Editorial

Arbix, Glauco 2007: "A Queda Recente da Desigualdade no Brasil", *Nueva Sociedad* especial em português, outubro de 2007, www.nuso.or

ARDE (Asociación Regional de Desarrollo Empresario) 2002: *Características de la Actividad Empresaria en Nodos Que Realizan el Trueque Multirecíproco. Informe Final*, Quilmes: ARDE

Arestis, Philip, and Malcolm Sawyer 2001: "Economics of the British New Labour: An Assessment", in Philip Arestis and Malcolm Sawyer (eds.), *The Economics of the Third Way. Experiences from around the World*, Cheltenham: Edward Elgar

Aspilcueta B., Marco 1999: *Desempeño de la Pequeña y Mediana Empresa Exportadora del Sector Textil y Confecciones en el Perú*, Lima: Oficina Internacional del Trabajo

Bacha, Edmar L. 1986a: *El Milagro y la Crisis. Economía Brasileña y Latinoamericana. Ensayos de Edmar L. Bacha*, México: Fondo de Cultura Económica

Bacha, Edmar L. 1986b: "El Papel Futuro del Fondo Monetario Internacional en América Latina: Temas y Proposiciones", en SELA 1986

Bacha, Edmar L. 1987: "IMF Conditionality: Conceptual Problems and Policy Alternatives", *World Development*, Vol.15, No.12

Bacha, Edmar 1991: *Introdução à Macroeconomia. Uma Perspectiva Brasileira*, 8a. Edição, Rio de Janeiro: Editora Campus

Baumann, Renato, y Carlos Mussi 1999: *Algunas Características de la Economía Brasileña desde la Adopción del Plan Real*, Serie Temas de Coyuntura, Santiago de Chile: CEPAL

BCRP (Banco Central de Reserva del Perú)-USAID 1992: *Compendio Estadístico. Encuesta a Unidades Productivas de Pequeña Escala en Lima Metropolitana*, Lima: Banco Central de Reserva del Perú

Beccaria, Luis 2007: "Capítulo IX. El Mercado de Trabajo Luego de la Crisis. Avances y Desafíos", en Bernardo Kosacoff (ed.), *Crisis, Recuperación y Nuevos Dilemas. La Economía Argentina 2002-2007*, http://www.cepal.cl/cgi-bin/getProd.asp?xml=/publicaciones/xml/1/32311/P32311.xml&xsl=/argentina/tpl/p9f.xsl&base=/argentina/tpl/top-bottom.xsl

Bekerman, Marta 1998: "Reforma Comercial y Desempleo. Reflexiones para el Caso de la Economía Argentina", *Desarrollo Económico*, Vol.38, Número Especial

Bhaduri, Amit 1998: "Implications of Globalization for Macroeconomic Theory and Policy in Developing Countries", in Dean Baker, Gerald Epstein and Robert Pollin (eds.), *Globalization and Progressive Economic Policy*, Cambridge: Cambridge University Press

Blanchard, Olivier, y Daniel Pérez Enrri 2000: *Macroeconomía. Teoría y Política Económica con Aplicaciones a América Latina*, Buenos Aires: Prentice Hall, Pearson Educación

Bonifáz, Rodolfo, y David Bravo 1998: "Mercado del Trabajo e Institucionalidad Laboral en Chile durante los Gobiernos de la Concertación", en René Cortázar y Joaquín Vial (eds.), *Construyendo Opciones. Propuestas Económicas y Sociales para el Cambio de Siglo*, Santiago de Chile: Dolmen

Bowles, Samuel, Richard Edwards and Frank Roosevelt 2005: *Understanding Capitalism*, Third edition, New York: Oxford University Press

Brasil. Presidente (1999-2002: F.H. Cardoso) 2002: *Mensagem ao Congresso Nacional. Abertura a 4ª Sessão Leglslativa Ordinária da 51ª Legislatura*, Brasília: Presidência da República do Brasil

Bresser Pereira, Luiz Carlos 1984: *Development and Crisis in Brazil, 1930-1983*, Boulder and London: Westview Press

Bresser Pereira, Luiz Carlos 1987: *Economia Brasileira. Uma Introdução Crítica*, 6ª.edição, São Paulo: Editora Brasiliense

Bresser Pereira, Luiz Carlos 1998a: "La Reforma del Estado de los Años Noventa. Lógica y Mecanismos de Control", *Desarrollo Económico*, Vol.38, Número 150

Bresser Pereira, Luiz Carlos 1998b: "La Reconstrucción del Estado en América Latina", *Revista de la CEPAL*, Número Extraordinario, http://www.eclac.cl/espanol/RevistaCepal/rvcincuenta/bresser.htm

Bresser Pereira, Luiz Carlos 2007a: "Argentina Vitoriosa (1/1/2007)", en *Comentários, Bresser Pereira Website*, http://www/bresserpereira.org.br/comments2.asp

Bresser Pereira, Luiz Carlos 2007b: "Doença Holandesa (6/1/2007)", en *Comentários, Bresser Pereira Website*, http://www/bresserpereira.org.br/comments2.asp

Bresser Pereira, Luiz Carlos 2007c: "Estado e Mercado no Novo Desenvolvimentismo", *Nueva Sociedad*, Número 210, http://www.nuso.org/upload/articulos/3444_2.pdf

Bresser Pereira, Luiz Carlos 2007d: "Hay Espacio para un Nuevo Desarrollismo", *Página 12*, 29 de abril de 2007, http://www.pagina12.com.ar/diario/elpais/1-84242-2007-04-29.html

Bresser Pereira, Luiz Carlos s.d. a: "After Structuralism. A Development Alternative for Latin America", http://www.bresserpereira.ecn.br

Bresser Pereira, Luiz Carlos s.d. b: "The New Left. A View from the South", http://www.bresserpereira.ecn.br

Bustamante, Alberto 1990: "Informalidad: Superando las Viejas Tesis", en Alberto Bustamante, Eliana Chávez, Romero Grompone, Samuel Mchacuay y Gustavo Riofrío, *De Marginales a Informales*, Lima: DESCO

Cafiero, Mario, y Javier Llorens 2002: *La Argentina Robada. El Lito, los Bancos y el Vaciamiento del Sistema Financiero Argentino*, Buenos Aires: Ediciones Macchi

Calcagno, Alfredo Eric, y Eric Calcagno 2003: *Argentina. Derrumbe Neoliberal y Proyecto Nacional*, Buenos Aires: Capital Intelectual, S.A.

Canitrot, Adolfo 1975: "La Experiencia Populista de Redistribución de Ingresos", *Desarrollo Económico*, Vol.15, Número 59

Canitrot, Adolfo 1980: *Teoría y Práctica del Liberalismo*, Buenos Aires: CEDES

Canitrot, Adolfo 1999: "Con el Modelo Actual la Argentina No Puede Hacer Política Económica", *El Cronista*, 26 de Abril, p.8.

Carbonetto, Daniel, Jenny Hoyle y Mario Tueros 1988: *Lima: Sector Informal I, II*, Lima: CEDEP

Cárcar, Fabiola 1998: "Políticas Laborales Implementadas en Argentina y su Relación con las Grandes Empresas", en Hugo Nochteff (ed.), *La Economía Argentina a Fin de Siglo: Fragmentación Presente y Desarrollo Ausente*, Buenos Aires: FLACSO-EUDEBA

Cardoso, Fernando Henrique, y Mário Soares 2000: *El Mundo en Portugués. Un Diálogo*, México, D.F.: Fondo de Cultura Económica

Carneiro, Dionísio Dias 1997: "IV. Flujos de Capital y Desempeño Económico del Brasil", en Ricardo French-Davis y Helmut Reisen (coms.), *Flujos de Capital e Inversión Productiva. Lecciones para América Latina*, Santiago de Chile: McGraw-Hill

CEDEM (Centro de Estudios para el Desarrrollo Económico Metropolitano) 2002: *Concentración Económica e Inflación*, Bs. As.: CEDEM

CEPAL (Comisión Económica para América Latina y el Caribe) 1984: *Precios, Salarios y Empleo en la Argentina. Estadísticas de Corto Plazo*, Santiago de Chile: Naciones Unidas

CEPAL 1990: *Transformación Productiva con Equidad*, Santiago de Chile: Naciones Unidas

CEPAL 2001: *Estudio Económico de América Latina y el Caribe 2000-2001*, Santiago de Chile: Naciones Unidas

CEPAL 2002: *Estudio Económico de América Latina y el Caribe, 2001-2002*, Santiago de Chile: Naciones Unidas

CEPAL 2007: *Balance Preliminar de las Economías de América Latina y el Caribe 2007*, Santiago de Chile: Naciones Unidas, http://www.eclac.org/

Cermeño Bazan, Rodolfo 1987: "Caída del Ingreso Real, Recesión del Sector Moderno y Expansión del Sector Informal: Un Enfoque Microeconómico", *Economía*, PUCP, 10 (20)

Charpentier, Silvia 1998: *Evaluación de Impacto Económico y Social de Cuatro Proyectos Especiales*, Lima

Chávez, Eliana 1990: "El Empleo en los Sectores Populares Urbanos: De Marginales a Informales", en Alberto Bustamante, Eliana Chávez, Romero Grompone, Samuel Mchacuay y Gustavo Riofrío, *De Marginales a Informales*, Lima: DESCO

CIEPD-MINKA 1994: *Conglomerado de Calzado en Trujillo-Perú. Una Nueva Perspectiva de la Pequeña Empresa*, Lima: Fondo Editorial PAMIS-COPEME

Conesa, Eduardo R. 1994: *Los Secretos del Desarrollo. Claves para Entender y Superar el Estancamiento de la Argentina de Hoy*, Buenos Aires: Planeta

Cortázar, René, y Joaquín Vial 1998: "Construyendo Opciones. Propuestas Económicas y Sociales para el Cambio de Siglo. Introducción", en René Cortázar y Joaquín Vial (eds.), *Construyendo Opciones.*

Propuestas Económicas y Sociales para el Cambio de Siglo, Santiago de Chile: Dolmen

CTA (Central de los Trabajadores Argentinos) 1998: *ConeCTAandonos. Publicación de la Central de los Trabajadores Argentinos. Edición Especial. Basta de Perder. No a la Flexibilización Laboral. Trabajo ¡Ya!* Buenos Aires: CTA

Damill, Mario, Roberto Frenkel y Roxana Maurizio 2002: *Argentina. Una Década de Convertibilidad. Un Análisis del Crecimiento, el Empleo y la Distribución del Ingreso*, Santiago: Oficina Internacional del Trabajo

Damill, Mario, Roberto Frenkel y Roxana Maurizio 2003: *Políticas Macroeconómicas y Vurnerabilidad Social. La Argentina en los Años Noventa*, Santiago de Chile: CEPAL

Dancourt, Oscar 1999: "Neoliberal Reforms and Macroeconomic Policy in Peru", *CEPAL Review*, No.67

Davidson, Paul 1998: "Volatile Financial Markets and the Speculator", Invited lecture to a plenary session of the Royal Economic Society, http://econ.bus.utk.edu/davidsonextra/Davidson.html

De Soto, Hernando 1986: *El Otro Sendero. La Revolución Informal*, Lima: Editorial El Barranco

DIEESE s.d.: *5 Anos do Plano Real*, http://www.dieese.org.br/esp/real5ano.html

DNCN (Dirección Nacional de Cuentas Nacionales) 2008: *Distribución del Ingreso*, Buenos Aires: DNCN, http://www.mecon.gov.ar/secpro/dir_cn/series_historicas/distribucion_del_ingreso.xls

Dutt, Amitava K. 1997: "Open-economy Macroeconomic Themes for India", in P. Patnaik (ed.), *Macroeconomics*, CULT edition, Delhi: Oxford University Press

ECLA (Economic Commission for Latin America) 1951: *Economic Survey of Latin America 1949*, New York: United Nations

Economist Intelligence Unit 1999: *Country Report. Argentina. 4th Quarter 1999*, London: The Economist Intelligence Unit

Ester Feres, María 2007: "II. El Actual Marco Regulatorio de la Negociación Colectiva: Elementos para un Diagnóstico", en *Salarios y Negociación Colectiva: Los Enclaves Neoliberales del Marco Jurídico Vigente*, Serie de Ideas Colectivas, Documento Número 2, Fundación Insitituto de Estudios Laborales, Central Unitaria de Trabajadores de Chile, http://www.fielchile.org/pulicaciones_invest.htm

FCEUBA (Facultad de Ciencias Económicas de la Universidad de Buenos Aires) 2002: "PLAN FÉNIX. PROPUESTAS PARA EL DESARROLLO CON EQUIDAD", *Enoikos Revista de la Facultad de Ciencias Económicas*, Número 20, http://www.econ.uba.ar/planfenix/index2.htm

Ferriol, A. 2000: "External Opening, Labor Market and Inequality of Labor Incomes", CEPA Working Papers, http://www.newschool.edu/cepa/papers/index.htm

Ferrucci, Ricardo J. 1986: *Instrumental para el Estudio de la Economía Argentina*, Buenos Aires: EUDEBA

Figueroa, Adolfo 1989: *La Economía Campesina de la Sierra del Perú*, 4ta. edición, Lima: Pontificia Universidad Católica del Perú, Fondo Editorial

Figueroa, Adolfo 1996: *Teorías Económicas del Capitalismo*, 2da. edición, revisada, Lima: Pontificia Universidad Católica del Perú, Fondo Editorial

Figueroa, Adolfo 1998: "Políticas Macroeconómicas y Pobreza en el Perú", Documento de Trabajo 145, Lima: Pontificia Universidad Católica del Perú

Figueroa, Adolfo 2003: *Sociedad Sigma*, Lima: Fondo de Cultura Económica

Foxley, Alejandro 1997: *Chile en la Nueva Etapa. Repensando el País desde los Ciudadanos*, Santiago de Chile: Dolmen

Frank, Robert H., Ben S. Bernanke, Lars Osberg, Melvin L. Cross and Brian K. MacLean 2005: *Principles of Macroeconomics*, Second Canadian Edition, Toronto: McGraw-Hill Ryerson

French-Davis, Ricardo 1999: *Entre el Neoliberalismo y el Crecimiento con Equidad. Tres Décadas de Política Económica en Chile*, Santiago de Chile: Dolmen

Frenkel, Jacob A., and Harry G. Johnson (eds.) 1976: *The Monetary Approach to the Balance of Payments*, London: Allen and Unwin

Frenkel, Roberto 1983: "Mercado Financiero, Expectativas Cambiarias, y Movimientos de Capital", *El Trimestre Económico*, Número 50

Frenkel, Roberto 2003: "La Política Monetaria de "Inflation Targeting" ", *La Nación*, 13 de abril de 2003

Frenkel, Roberto 2006: "An Alternative to Inflation Targeting in Latin America: Macroeconomic Policies Focused on Employment", *Journal of Post Keynesian Economics*, Vol.28, No.4

Frenkel, Roberto 2007: "Current Problems with the IMF and Challenges Ahead—A Latin American Perspective", *FES Briefing Papers 16*, Berlin: Friedrich Ebert Stiftung, http://www.nuso.org/upload/fes_pub/frenkel.pdf

Frenkel, Roberto, y Martín González Rozada 1999: *Liberalización del Balance de Pagos. Efectos sobre el Crecimiento, el Empleo y los Ingresos en Argentina*, Serie de Documentos de Economía, Número 11, Centro de Investigaciones en Economía, Facultad de Ciencias Económicas y Empresariales, Buenos Aires: Universidad de Parelmo, CEDES

Frenkel, Roberto, and Martín Rapetti 2007: "Argentina's Monetary and Exchange Rate Policies after the Convertibility Regime Collapse", http://www.cepr.net/documents/publications/argentina_2007_04.pdf

Frenkel, Roberto, and Lance Taylor 2006: "Real Exchange Rate, Monetary Policy and Employment: Economic Development in a Garden of Forking Paths", http://www.policyinnovations.org/innovators/people/data/07298

Fukao, Mitsuhiro 1993: "A Comment", in Helmut Reisen and Bernhard Fischer (eds.), *Financial Opening. Policy Issues and Experiences in Developing Countries*, Paris: OECD

Furtado, Celso 1991: *La Fantasía Organizada*, Bogotá: Tercer Mundo Editores

Furtado, Celso 1999: *El Capitalismo Global*, México: Fondo de Cultura Económica

Gerchunoff, Pablo, y Lucas Llach 1998: *El Ciclo de la Ilusión y el Desencanto. Un Siglo de Políticas Económicas Argentinas*, Buenos Aires: Ariel

Godio, Julio 1998: *La Alianza. Formación y Destino de una Coalición Progresista*, Buenos Aires: Grijalbo

Godio, Julio, Rubén Cortina, Sergio Rizzi y Alberto J. Robles 1998: *La Incertidumbre del Trabajo. ¿Qué se Esconde detrás del Debate sobre la Estabilidad Laboral en Argentina?* Buenos Aires: Corregidor

Gonzales de Olarte, Efraín 1998: *El Neoliberalismo a la Peruana. Economía Política del Ajuste Estructural, 1990-1997*, Lima: IEP

Gonzales de Olarte, Efraín 2007: "La Economía Política Peruana de la Era Neoliberal 1990-2006", Yusuke Murakami (ed.), *Después del Consenso de Washington: Dinámica de Cambios Político-Económicos y Administración de Recursos Naturales en los Países Andinos*, CIAS Disucussion Paper No.2, Kyoto: Center for Integrated Area Studies, Kyoto University

Gonzales de Olarte, Efraín, y Lilian Samamé 1994: *El Péndulo Peruano. Políticas Económicas, Gobernabilidad y Subdesarrollo, 1963-1990*, 2da. edición, Lima: IEP

Graña, Juan M. 2007: "Distribución Funcional del Ingreso en Argentina. 1935-2005", *Documentos de*

Trabajo, Número 8, Buenos Aires: Centro de Estudios sobre Población, Empleo y Desarrollo (CEPED), Instituto de Investigaciones Económicas, Facultad de Ciencias Económicas, Universidad de Buenos Aires

Grisanti, Luis Xavier 2007: "La Enfermedad Holandesa es Curable", http://www.analitica.com/va/economia/opinion/1558897.asp, 19 de marzo de 2007

Grompone, Romero 1990: "Las Lecturas Políticas de la Informalidad", en Alberto Bustamante, Eliana Chávez, Romero Grompone, Samuel Mchacuay y Gustavo Riofrío, *De Marginales a Informales,* Lima: DESCO

Hernández Laos, E. (coord.) 1993: *La Movilidad de la Mano de Obra en el Sector Manufacturero de México. Cuadernos del Trabajo 3,* México: Secretaría del Trabajo y Previsión Social

Hounie, Adela, Lucía Pittaluga, Gabriel Porcile y Fabio Scatolin 1999: "La CEPAL y las Nuevas Teorías del Crecimiento", *Revista de la CEPAL,* Número 68

IDB (Inter-American Development Bank) 1996: *Economic and Social Progress in Latin America. 1996 Report,* Baltimore: The Johns Hopkins University Press

INDEC (Instituto Nacional de Estadística y Censo) 1999: *Anuario Estadístico 1999,* http://www.indec.mecon.ar/default.htm.

INEI (Instituto Nacional de Estadística e Informática) 1997a: *Perú. Actividad Económica de la Pequeña y Micro Empresa,* en INEI *Colección Estadísticas Económicas y Compendios 3,* CD-ROM, Lima: INEI

INEI 1997b: *Perú. Estadísticas del Sector Informal,* en INEI *Colección Estadísticas Socio-Demográficas 2,* CD-ROM, Lima: INEI

INEI 1999: *Lima Metropolitana. Características Económicas de la Pequeña y Micro Empresa, por Conos y Distritos, 1993-1996,* Lima: INEI

INEI 2000a: *Compéndio Estadístico Económico Financiero 1999,* en INEI *Biblioteca Electrónica 6,* CD-ROM, Lima: INEI

INEI 2000b: *Determinantes del Empleo en las Micro y Pequeñas Empresas 1995-1998. Resultados de la Encuesta Nacional de Hogares 1997-1998,* Lima: INEI

INEI 2001: *Multiplicadores de la Economía Peruana. Una Aplicación de la Tabla Insumo-Producto 1994,* Lima: INEI

Inés Carazo, M., y P. Hurtado Erazo 1998: *La Industria del Cuero y el Carzado en el Perú: Innovando para Competir,* Lima: MITINCI

Instituto de Estudios y Formación de la CTA (Central de los Trabajadores Argentinos) 2002: *Shock Distributivo, Autonomía Nacional y Democratización. Aportes para Superar la Crisis de la Sociedad Argentina,* http://www.cta.org.ar/instituto/aportes/aportes1.html

Instituto del Mundo del Trabajo 1998: *¿Qué Tipo de Ministerio de Trabjo Necesita un Gobierno de Coalición?* Buenos Aires: Instituto del Mundo del Trabajo

IPA (Instituto Programático de la Alianza) s.d.: *El Gran Cambio,* http://www.ipa.org.ar/nuevo/plataforma.htm

Jessop, Bob 1994: "6. Changing Forms and Functions of the State in an Era of Globalization and Regionalization", in Robert Delorme and Kurt Dopfer (eds.), *The Political Economy of Diversity. Evolutionary Perspectives on Economic Order and Disorder,* Aldershot: Edward Elgar

Jiménez, Félix 1991: *Acumulación y Ciclos en la Economía Peruana. Crisis de Paradigmas y Estrategia de*

Desarrollo No-Liberal, Lima: CEDEP

Jiménez, Félix 2000: "El Modelo Neoliberal Peruano: Límites, Consecuencias Sociales y Perspectivas", Documento de Trabajo 184, http://www.pucp.edu.pe/economia/pdf/DDD184.pdf

Johnson, Harry G. 1977: "The Monetary Approach to the Balance of Payments: A Nontechnical Guide", *Journal of International Economics,* No.7

Jomo, K.S. 1998: "Malaysian Debacle: Whose Fault?", *Cambridge Journal of Economics,* Vol.22, Issue 6 (November)

Justo, Juan B. 1915: *Teoría y Práctica de la Historia,* Segunda Edición, Buenos Aires: Lotito & Barberis Editores

Kaldor, Nicholas 1959: "Problemas Económicos de Chile", *El Trimestre Económico,* Vol.26 (2), Número 102

Kalecki, Michał 1962: "A Model of Hyperinflation", *Manchester School,* Vol.30, No.3

Kalecki, Michał 1968: "The Marxian Equations of Reproduction and Modern Economics", *Social Science Information,* Vol.7, No.6

Katz, Jorge, y Bernardo Kosacoff 1998: "Aprendizaje Tecnológico, Desarrollo Institucional y la Microeconomía de la Sustitución de Importaciones", *Desarrollo Económico,* Número 148, Vol.37

Khan, Mohsin S., and Peter J. Montiel 1989: "Growth-Oriented Adjustment Programs. A Conceptual Framework", *IMF Staff Papers,* Vol.36, No.2

Kirchner, Néstor, y Torcuato S. Di Tella 2003: *Después del Derrumbe. Teoría y Práctica Política en la Argentina Que Viene,* Buenos Aires: Galerna

Kregel, Jan A., 1998: "East Asia is not Mexico: The Difference between Balance of Payments Crises and Debt Deflation", in Jomo K.S. (ed.), *Tigers in Trouble. Financial Governance, Liberalization and Crises in East Asia,* London: Zed Books

Krugman, Paul, and Lance Taylor 1978: "Contractionary Effects of Devaluation", *Journal of International Economics,* No.8

Kuznets, Simon 1955: "Economic Growth and Income Inequality", *American Economic Review,* Vol.XLV, No.1

La Nación 2008: "Vuelven los Clubes de Trueque en el GBA", http://www.lanacion.com.ar/nota.asp?nota_id=1028084

Lindenboim, Javier, Juan M. Graña y Damián Kennedy 2005: "Distribución Funcional del Ingreso en Argentina — Ayer y Hoy", *Documentos de Trabajo,* Número 4, Buenos Aires: Centro de Estudios sobre Población, Empleo y Desarrollo (CEPED), Instituto de Investigaciones Económicas, Facultad de Ciencias Económicas, Universidad de Buenos Aires

Llach, Juan 1997: *Otro Siglo, Otra Argentina. Una Estrategia para el Desarrollo Económico y Social nacida de la Convertibilidad y de su Historia,* Buenos Aires: Ariel Sociedad Económica

Lustig, Nora Claudia, and Jaime Ros 1999: "Economic Reforms, Stabilization Policies, and the "Mexican Disease" ", in Lance Taylor (ed.), *After Neoliberalism. What Next for Latin America?* Ann Arbor: University of Michigan Press

Magariños, Mateo 1991: *Diálogos con Raúl Prebisch,* México: Fondo de Cultura Económica

Márcio Camargo, José 1999: "Capítulo I Apertura Económica, Productividad y Mercado de Trabajo. Argentina, Brasil y México", en Víctor E. Tokman y Daniel Martínez (eds.), *Productividad y Empleo en la Apertura Económica,* Lima: OIT

Marín, Luis Castillo 1997: "Las Políticas de Empleo frente a la Crisis. Diagnóstico y Perspectivas", en Ernesto Villanueva (coord.), *Empleo y Globalización*. *La Nueva Cuestión Social en la Argentina*, Buenos Aires: Universidad Nacional de Quilmes

Marshall, Adriana 1996: "Reforma Laboral y Empleo", *Estudios del Trabajo*, Número 11

Marshall, Adriana 1997: "Protección del Empleo en América Latina: Las Reformas de los Noventa y sus Efectos en el Mercado de Trabajo", en Ernesto Villanueva (coord.), *Empleo y Globalización*. *La Nueva Cuestión Social en la Argentina*, Buenos Aires: Universidad Nacional de Quilmes

Meller, Patricio 1996: *Un Siglo de Economía Política Chilena (1890-1990)*, Santiago de Chile: Editorial Andrés Bello

MINKA 1999: *La Experiencia del MSP en el Sector Cuero y Calzado de Trujillo*, Trujillo: MINKA

MTEFRH (Ministerio de Trabajo, Empleo y Formación de Recursos Humanos) 1999-2000a: *Boletín de Estadísticas Laborales*, http://www.trabajo.gov.ar/Empleo/descargas/default.htm.

MTEFRH (Ministerio de Trabajo, Empleo y Formación de Recursos Humanos) 1999-2000b: *Políticas de Empleo y Capaciatción Laboral. Seguro de Desempleo*, http://www.trabajo.gov.ar/Rehacer/empleo/peycl/desmpleo/index.htm.

MTEFRH (Ministerio de Trabajo, Empleo y Formación de Recursos Humanos) 2000: *Nueva Ley de Empleo*, http://www.trabajo.gov.ar/trabajo/files/NuevaLeydeEmpleo.pdf

MTPS (Ministerio de Trabajo y Promoción Social) 2002: *Boletín Laboral*, Número 1, Lima: MTPS

MTSS (Ministerio de Trabajo y Seguridad Social) s.d.: *La Reforma Laboral en la República Argentina —Ley 25.013 Aprobada por el H. Congreso de la Nación el 2 de Septiembre de 1998*, http://www.trabajo.gov.ar/reformalaboral/reforma.htm.

Murakami, Yusuke 1999: *El Espejo del Otro. El Japón ante la Crisis de los Rehenes en el Perú*, Lima: IEP

Neftci, Salih N. 1998: "FX Short Positions, Balance Sheets and Financial Turbulence: An Interpretation of the Asian Financial Crisis", CEPA Working Paper Series III, No.11

Neri, Marcelo and José Márcio Camargo 1999: *Structural Reforms, Macroeconomic Fluctuations and Income Distribution in Brazil*, Serie Reformas Económicas 39, Santiago de Chile: CEPAL

O'Donnell, Guillermo 1997: *Contrapuntos. Ensayos Escogidos sobre Autoritarismo y Democratización*, Buenos Aires: Paidós

O'Donnell, Guillermo 2006: "Sobre los Tipos y Calidades de Democracia. Guillermo O'Donnell, Abogado y Politólogo", *Página 12*, 27 de febrero de 2006

OECD 1997: Source Data for Marie-Ange Véganzonès, *Argentina in the 20th Century*, Paris: OECD, Diskette

Palma, Gabriel 1998: "Three and a Half Cycles of 'Mania, Panic, and [Asymmetric] Crash': East Asia and Latin America Compared", *Cambridge Journal of Economics*, Vol.22, Issue 6

Palomino, Héctor, y Jorge Schvarzer 1996: "Entre la Informalidad y el Desempleo. Una Perspectiva de Largo Plazo", *Realidad Económica*, Número 139

Patroni, V. 1998: "The Politics of Labour Legislation Reform in Mexico", *Capital and Class*, 65 Summer

Paulani, Leda Maria 2003: "Brasil Delivery: A Politica Econômica do Governo Lula", *Revista de Economia Política*, Vo.23, No.4 (92)

Penha Cysne, Rubens 2000: *Aspectos Macro e Microeconômicos das Reformas Brasileiras*, Serie Reformas Económicas 63, Santiago de Chile: CEPAL

Petit, Pascal 1999: "Structural Forms and Growth Regimes of the Post-Fordist Era", *Review of Social Economy*, Vo. LVII, No.2 (June)

Pincus, Jonathan, and Rizal Ramli 1998: "Indonesia: From Showcase to Basket Case", *Cambridge Journal of Economics*, Vol.22, Issue 6 (November)

PIRKA s.d. a: *Ficha de Datos Empresa*, Lima: PIRKA, Convenio ADEX-USAID/MSP, Programa de Microempresa

PIRKA s.d. b: *C-Lima 95, 96, 97, 98, 99*, Disco flexible, Lima: PIRKA, Convenio ADEX-USAID/MSP, Programa de Microempresa

Polak, J.J. 1957-58: "Monetary Analysis of Income Formation and Payments Problems ", *IMF Staff Papers*, Vol.VI

Polak, J.J. 1990: "A Marriage Between Fund and Bank Models?", *IMF Staff Papers*, Vol.37, No.1

Ponce Monteza, Carlos Ramón 1994: *Gamarra—Formación, Estructura y Perspectivas*, Lima: Fundación Friedrich Ebert

Portantiero, Juan C. 1999: *Juan B. Justo*, Buenos Aires: Fondo de Cultura Económica

Prebisch, Raúl 1949: "El Desarrollo Económico de la América Latina y Algunos de sus Principales Problemas", *El Trimestre Económico*, Vol.XVI, Número 63

Prebisch, Raúl 1987: *Introducción a Keynes*, Cuarta reimpresión, México: Fondo de Cultura Económica

Prebisch, Raúl 1991: *Obras 1919-1948*, Tomo III, Buenos Aires: Funadción Raúl Prebisch

Quijano, Aníbal 1977: *Dependencia, Urbanización y Cambio Social en Latinoamérica*, Lima: Mosca Azul Editores

Reiermann, Christian, und Michaela Schießl 2001: "Die missbrauchen meinen Namen", *Der Spiegel*, 36/2001 vom 03.09.2001, Seite 122, http://wissen.spiegel.de/wissen/dokument/59/77/dokument.html?id=20017795&top=SPIEGEL&suchbegriff=&quellen=&vl=0

Sáinz, Pedro, y Alfredo Calcagno 1999: *La Economía Brasileña ante el Paln Real y su Crisis*, Serie Temas de Coyuntura, Santiago de Chile: CEPAL

Sano, Makoto 1997: "Chapter III. Economic Reform—Current State and Issues", in Kanako Yamaoka (ed.), *Cuba's Survival. Socialism with Reality*, Tokyo: Institute of Developing Economies

Sano, Makoto 2005: "8. Is East Asia Becoming 'Latin Asia'?", in Costas Lapavitsas and Makoto Noguchi (eds.), *Beyond Market-Driven Development. Drawing on the Experience of Asia and Latin America*, London and New York: Routledge

Sano, Makoto, y Luis A. Di Martino 2003: "Tres Casos de "Japonización" de la Relación de Empleo en Argentina", *Revista de la CEPAL*, Número 80

Sartelli, Eduardo 1997: "MERCOSUR y Clase Obrera: Las Raíces de un Matrimonio Infeliz", *Realidad Económica*, Número 146

SASE-SERCAL 1997: *Estudio y Propuesta de Transferencia del Programa "Microempresa-Sector Informal"*, ALA/91/27 para la UE y el MITINCI, Lima: SASE

Schmitz, Hubert 1999: "Collective Efficiency and Increasing Returns", *Cambridge Journal of Economics* (23)

Schmitz, Hubert, and Khalid Nadvi 1999: "Clustering and Industrialization: Introduction", *World Development* 27 (9)

Schuldt, Jürgen 1987: "Un Modelo Macroeconómico de Corto Plazo para la Docencia", en Alarco, Germán (comp.), *Modelos Macroeconométricos en el Perú. Nuevos Aportes*, Lima: Universidad del Pacífico

Schuldt, Jürgen 1994: *La Enfermedad Holandesa y Otros Virus de la Economía Peruana*, Documento de Trabajo, Lima: Centro de Investigación, Universidad del Pacífico

Schuldt, Jürgen 1996: "Observaciones Críticas Generales al Texto de Daniel Schydlowsky", en Daniel M. Schydlowsky y Jürgen Shuldt, *Modelo Económico Peruano de Fin de Siglo. Alcances y Límites*, Lima: Fundación Friedrich Ebert

Schuldt, Jürgen 2003: "Bonanza Macroeconómica y Malestar Microeconómico: Diez Hipótesis de Aproximación al Caso Peruano", *Punto de Equilibrio*, Año 12, Número 83, Universidad del Pacífico, Lima

Schuldt, Jürgen 2004: *Bonanza Macroeconómica y Malestar Microeconómico. Apuntes para el Estudio del Caso Peruano, 1988-2004*, Lima: Universidad del Pacífico, Centro de Investigación

Schuldt, Jürgen y Alberto Acosta 2006: "Petróleo, Rentismo y Subdesarrollo: ¿Una Maldición sin Solución?", *Nueva Sociedad*, Número 204

Schydlowsky, Daniel M. 1996: "El Contexto Histórico de la Recuperación Económica Peruana", en Daniel M. Schydlowsky y Jürgen Shuldt, *Modelo Económico Peruano de Fin de Siglo. Alcances y Límites*, Lima: Fundación Friedrich Ebert

Secretaría de Desarrollo Social 1998: *Guía de Programas Sociales Nacionales 1998*, Buenos Aires: Secretaría de Desarrollo Social

Secretaría de Trabajo 1999: *La Negociación Colectiva. Boletín N° 32. Evolución y Movimientos de Junio de 1999*, Buenos Aires: Coordinación de Investigaciones y Análisis Laborales, Secretaría de Trabajo, Ministerio de Trabajo y Seguridad Social

SELA 1986: *El FMI, el Banco Mundial y la Crisis Latinoamericna*, México: Siglo XXI

Setrini, Gustavo 2008: "Stiglitz Goes to Paraguay: Move Over Cahicago, A Cambridge Boy's in Town", http://upsidedownworld.org/main/content/view/1439/1/

Sicsu, João 2002: "Teoria e Evidencias do Regime de Metas Inflacionarias", *Revista de Economia Política*, Vo.22, No.1 (85)

Singh, Ajit 1998: " "Asian Crisis" and the Financial Crisis ", CEPA Working Paper Series III, No.10

Sunkel, Osvaldo 2005: "Conversación con Osvaldo Sunkel: El desarrollo de América Latina Ayer y Hoy", *Cuaderno del Cendes* [online] , Vol.22, Número 60, http://www.scielo.org.ve/scielo.php?script=sci_arttext&pid=S1012-25082005000300007&lng=en&nrm=iso

Távara, José I. 1994: *Cooperando para Competir. Redes de Producción en la Pequeña Industria Peruana*, Lima: DESCO

Taylor, Lance 1983: *Structuralist Macroeconomics. Applicable Models for the Third World*, New York: Basic Books

Taylor, Lance 1987: "IMF Conditionality: Incomplete Theory, Policy Malpractice", in Robert J. Myers (ed.), *The Political Morality of the International Monetary Fund*, New Brunswick, NJ: Transaction Books

Taylor, Lance 1991a: *Income Distribution, Inflation, and Growth. Lectures on Structuralist Macroeconomic Theory*, Cambridge, Mass.: The MIT Press

Taylor, Lance 1991b: *Varieties of Stabilization Experience. Towards Sensible Macroeconomics in the Third World*, Paperback, New York: Oxford University Press

Taylor, Lance 1998: "Lax Public Sector, Destabilizing Private Sector: Origins of Capital Market Crises", CEPA Working Paper Series III, Working Paper No.6, Center for Economic Policy Analysis, New

School for Social Research, http://www.newschool.edu/cepa

Taylor, Lance and Edmar Bacha 1976: "The Unequalizing Spiral: A First Growth Model for Belindia", *Quarterly Journal of Economics*, Vol.90, No.2

Thirwall, A.P. 2003: *Growth and Development with Special Reference to Developing Economies*, Seventh Edition, New York: Palgrave Macmillan

UNCTAD 2008: *Development and Globalization. Facts and Figures 2008*, http://www.unctad.org/Templates/webflyer.asp?docid=9736&intItcmID=2068&lang=1&mode=downloads

UNDP (United Nations Development Programme) 1994: *Human Development Report 1994*, New York: Oxford University Press

Vera, Leonardo V. 2000: *Stabilization and Growth in Latin America. A Critique and Reconstruction from Post-Keynesian and Structuralist Perspectives*, New York: Palgrave

Vera, Leonardo V. 2006: "El Nuevo Modelo de Desarrollo Productivo: Bases, Límites y Contradicciones", *Analítica Premium*, 15 de Diciembre de 2006, http://www.analitica.com/premium/ediciones 2006/1843030.asp

Vera, Leonardo V. 2007: "El Socialismo Mágico del Siglo XXI", *Analítica. com*, http://www.analitica.com/va/economia/opinion/8368713.asp

Verdera, Francisco 2000: "Cambios en el Modelo de Relaciones Laborales en el Perú, 1970-1996", en Denis Sulmont y Enrique Vásquez (eds.), *Modernización Empresarial en el Perú*, Lima: Pontificia Universidad Católica del Perú

Verdera, Francisco 2003: "La Situación y Perspectiva de Empleo en el Perú", en Oxfam, *Pobreza y Desarrollo en el Perú*, Lima: Oxfam Oficina del Programa Perú

Villarán, Fernando 1992: *El Nuevo Desarrollo. La Pequeña Industria en el Perú*, Lima: ONUDI, PEMTEC

Villarán, Fernando 1993: "Chapter 10. Small-Scale Industry Efficiency Groups in Peru", in Brigitte Späth (ed.), *Small Firms and Development in Latin America. The Role of the Institutional Environment, Human Resources and Industrial Relations*, Geneva: ILO

Villarán, Fernando 1998: *Riqueza Popular. Pasión y Gloria de la Pequeña Empresa*, Lima: Ediciones del Congreso del Perú

Villarán, Fernando, y Samuel Chíncaro 1998: *La Promoción Estatal a las Pymes en el Perú*, Lima: Programa DESIDE, Swisscontact, CONSUDE

Villarreal, René 1986: *La Contrarevolución Monetarista. Teoría, Política Económica e Ideología del Neoliberalismo*, México: Fondo de Cultura Económica

Visser, Evert-Jan, y José Ignacio Távara 1995: *Gamarra al Garete (Concentración Local y Aislamiento Global)*, Lima: DESCO

Visser, Evert-Jan 1999: "A Comparison of Clustered and Dispersed Firms in the Small-Scale Clothing Industry of Lima", *World Development*, Vol.27, No.9

Weisskopf, Thomas E. 1972: "An Econometric Test of Alternative Constraints on the Growth of Underdeveloped Countries", *Review of Economics and Statistics*, Vol.54, No.1

World Bank 1998: *World Development Indicators 1998 on CD-ROM*, Washington, D.C.: World Bank

World Bank 1999: *World Development Indicators 1999 on CD-ROM*, Washington, D.C.: World Bank

World Bank 2000: *World Development Indicators 2000 on CD-ROM*, Washington, D.C.: World Bank

World Bank 2003: *World Development Indicators 2003 on CD-ROM*, Washington, D.C.: World Bank

World Bank 2007: *World Development Indicators 2007 on CD-ROM*, Washington, D.C.: World Bank

Wuyts, Marc 2001: "Informal Economy, Wage Goods and Accumulation under Structural Adjustment. Theoretical Reflections based on the Tanzanian Experience", *Cambridge Journal of Economics*, No.25

Zurron Ócio, D. 1986: "Salários e Política Salarial", *Revista de Economia Política,* Vol.6, N° 2

著書紹介

佐野　誠（さの　まこと）
1960 年生まれ。経済学者。博士（経済学）。1982 年，早稲田大学政治経済学部卒業。東北大学大学院経済学研究科博士課程前期・後期，筑波大学大学院歴史人類学研究科（特別研究学生），外務省専門調査員（在アルゼンチン日本国大使館）などを経て，1998 年より新潟大学経済学部教授。2001 年，アルゼンチン国立ラ・プラタ大学国際関係研究所招聘教授。
主要著作：『開発のレギュラシオン』（新評論 1998 年），『現代資本主義と中進国問題の発生』（批評社 1986 年），『現代経済学』（岩波書店 2008 年；共編著），『ラテン・アメリカは警告する』（新評論 2005 年；共編著），『市場経済の神話とその変革』（法政大学出版局 2003 年；共著），*Beyond Market-Driven Development* (Routledge 2005；共著), "Tres Casos de 'Japonización' de la Relación de Empleo en Argentina", *Revista de la CEPAL*, Número 80（2003；共著）, *Cuba's Survival* (Institute of Developing Economies 1997；共著) など。
訳書：アボイテス著『メキシコ経済のレギュラシオン』（大村書店 1994 年；共訳），ハニーウェル編著『世界債務危機』（批評社 1987 年）。

「もうひとつの失われた 10 年」を超えて
── 原点としてのラテン・アメリカ　　　　　　　　（検印廃止）

2009 年 2 月 25 日　初版第 1 刷発行

著　者　佐　野　　　誠
発行者　武　市　一　幸
発行所　株式会社　新　評　論

〒 169-0051　東京都新宿区西早稲田 3-16-28
http://www.shinhyoron.co.jp

TEL 03 (3202) 7391
FAX 03 (3202) 5832
振替 00160-1-113487

定価はカバーに表示してあります
落丁・乱丁本はお取り替えします

装　幀　山　田　英　春
印　刷　神　谷　印　刷
製　本　河　上　製　本

© Makoto Sano 2009　　Printed in Japan
ISBN978-4-7948-0791-5

新評論の話題の書

社会・文明

人文ネットワーク発行のニューズレター「**本と社会**」無料配布中。当ネットワークは、歴史・文化文明ジャンルの書物を読み解き、その成果の一部をニューズレターを通して紹介しながら、これと並行して、利便性・拙速性・広範性のみに腐心する我が国の人文書出版の現実を読者・著訳者・編集者、さらにできれば書店・印刷所の方々とともに考え、変革しようという会です。（事務局、新評論）

内橋克人・佐野誠
「失われた10年」を超えて―ラテン・アメリカの教訓①
ラテン・アメリカは警告する
ISBN4-7948-0643-4
四六 356頁 2730円 〔05〕

【「構造改革」日本の未来】「新自由主義（ネオリベラリズム）の仕組を見破れる政治知性が求められている」（内橋）。日本の知性 内橋克人と第一線の中南米研究者による待望の共同作業。

佐野 誠
開発のレギュラシオン
ISBN4-7948-0403-2
A5 364頁 3780円 〔98〕

【負の奇跡・クリオージョ資本主義】南米アルゼンチンの分析を通し、従来の開発論に一石を投じた野心作。「政治経済進化」の多様性を解明する現代経済学の先端課題に挑戦！

岡本哲史
衰退のレギュラシオン
ISBN4-7948-0507-1
A5 288頁 4935円 〔00〕

【チリ経済の開発と衰退化 1830-1914年】制度・構造諸形態の及ぼす負の効果を《衰退のレギュラシオン》と呼び、繁栄のなかに存在していた一国の衰退的諸要因を論理的に解明！

安原毅
メキシコ経済の金融不安定性
ISBN4-7948-0599-3
A5 320頁 4200円 〔03〕

【金融自由化・開放化政策の批判的研究】メキシコの状況は決して対岸の火事ではない。不良債権、通貨危機など、日本も陥った経済状況を精緻に検証し、金融改革の要諦に迫る。

内橋賢悟
50-60年代の韓国金融改革と財閥形成
ISBN978-4-7948-0763-2
A5 196頁 3150円 〔08〕

【「制度移植」の思わざる結果】〈改革→挫折→思わざる結果〉―米国型「制度移植」による民主化・民営化の失敗。その"負の先駆例"を50-60年代韓米経済関係史から析出！

櫻井秀子
イスラーム金融
ISBN978-4-7948-0780-9
四六 260頁 2625円 〔08〕

【贈与と交換、その共存のシステムを解く】信頼と関係性を保ち、贈与と交換が混交するイスラーム的市場。その構造の総体を捉え、混交市場が放つ真の合理性の核心に迫る。

J.マルチネス＝アリエ／工藤秀明訳
〈増補改訂新版〉
エコロジー経済学
ISBN4-7948-0440-7
四六 480頁 4410円 〔99〕

100余年の歴史を有しながら異端として歴史の中に埋没させられてきた「もう一つの経済学」の試み。その多様な学的蓄積を発掘・修復し、問題群史として見事に整序した大著。

江澤誠
増補新版
「京都議定書」再考！
ISBN4-7948-0686-8
四六 352頁 3045円 〔05〕

【温暖化問題を上場させた"市場主義"条約】好評旧版『欲望する環境市場』に、市場中心主義の世界の現状を緊急追補！地球環境問題を商品化する市場の暴走を徹底解明。

M.B.ブラウン／青山薫・市橋秀夫訳
フェア・トレード
ISBN4-7948-0400-8
四六 384頁 3150円 〔98〕

【公正な貿易を求めて】第一世界の消費者と第三世界の生産者を結ぶ草の根貿易「フェア・トレード」の仕組みと実践成果を市民貿易団体TWINTRADEの代表である著者が平易に説く。

C.ド・シルギー／久松健一編訳
人間とごみ
ISBN4-7948-0456-3
A5 280頁 2940円 〔99〕

【ごみをめぐる歴史と文化、ヨーロッパの経験に学ぶ】人類はごみといかに関わり、共存・共生の道を開いてきたか。ごみをめぐる今日的課題を歴史と文化の視点から逆照射。

価格税込

国際協力・NGO

〈開発と文化〉を問うシリーズ

新評論の話題の書

人々の側に立った行動。これはあらゆる協力活動の原点です。小社の国際協力・NGO関係書はその原点を見詰めるために企画されたものです。
★〈NGOと社会〉の会発行の不定期ニューズレター「NGOと社会」無料配布中。（事務局、新評論）

❶ 文化・開発・NGO
T. ヴェルヘルスト／片岡幸彦監訳
A5 290頁 3465円 〔94〕
ISBN4-7948-0202-1
【ルーツなくしては人も花も生きられない】国際NGOの先進的経験の蓄積によって提起された問題点を通し、「援助大国」日本に最も欠けている情報・ノウハウ・理念を学ぶ。

❷ 市民・政府・NGO
J. フリードマン／斉藤千宏・雨森孝悦監訳
A5 318頁 3570円 〔95〕
ISBN4-7948-0247-1
【「力の剥奪」からエンパワーメントへ】貧困、自立、性の平等、永続可能な開発等の概念を包括的に検証！ 開発と文化のせめぎ合いの中でNGOの社会・政治的役割を考える。

❸ ジェンダー・開発・NGO
C. モーザ／久保田賢一・久保田真弓訳
A5 374頁 3990円 〔96〕
ISBN4-7948-0329-X
【私たち自身のエンパワーメント】男女協動社会にふさわしい女の役割、男の役割、共同の役割を考えるために。巻末付録必見：行動実践のためのジェンダー・トレーニング法！

❹ 人類・開発・NGO
片岡幸彦編
A5 280頁 3360円 〔97〕
ISBN4-7948-0376-1
【「脱開発」は私たちの未来を描けるか】開発と文化のあり方を巡り各識者が徹底討議！ 山折哲雄、T. ヴェルヘルスト、河村能夫、松本祥志、櫻井秀子、勝俣誠、小林誠、北島義信。

❺ いのち・開発・NGO
D. ワーナー＆サンダース／池住義憲・若井晋監訳
A5 462頁 3990円 〔98〕
ISBN4-7948-0422-9
【子どもの健康が地球社会を変える】「地球規模で考え、地域で行動しよう」をスローガンに、先進的国際保健NGOが健康の社会的政治的決定要因を究明！ NGO学徒のバイブル！

❻ 学び・未来・NGO
若井晋・三好亜矢子・生江明・池住義憲編
A5 336頁 3360円 〔01〕
ISBN4-7948-0515-2
【NGOに携わるとは何か】第一線のNGO関係者22名が自らの豊富な経験とNGO活動の歩みの成果を批判的に振り返り、21世紀にはばたく若い世代に発信する熱きメッセージ！

❼ マネジメント・開発・NGO
キャサリン・H・ラヴェル／久木田由貴子・久木田純訳
A5 310頁 3465円 〔01〕
ISBN4-7948-0537-3
【「学習する組織」BRACの貧困撲滅戦略】バングラデシュの世界最大のNGO・BRAC（ブラック）の活動を具体的に紹介し、開発マネジメントの課題と問題点を実証解明！

❽ 仏教・開発・NGO
西川潤・野田真里編
A5 328頁 3465円 〔01〕
ISBN4-7948-0536-5
【タイ開発僧に学ぶ共生の智慧】経済至上主義の開発を脱し、仏教に基づく内発的発展をめざすタイの開発僧とNGOの連携を通して、持続可能な社会への新たな智慧を切り拓く。

❾ 平和・人権・NGO
若井晋・三好亜矢子・池住義憲・狐崎知己編
A5 436頁 3675円 〔04〕
〔すべての人が安心して生きるために〕NGO活動にとり不即不離な「平和づくり」と「人権擁護」。その理論と実践を9.11前後の各分野・各地域のホットな取り組みを通して自己検証。

❿ 貧富・公正貿易・NGO
オックスファム・インターナショナル／渡辺龍也訳
A5 438頁 3675円 〔06〕
ISBN4-7948-0685-X
【WTOに挑む国際NGOオックスファムの戦略】世界中の「貧困者」「生活者」の声を結集した渾身レポート！ WTO改革を刷新するビジョン・政策・体制への提言。序文＝アマルティア・セン

⓫ 国家・社会変革・NGO
藤岡美恵子・越田清和・中野憲志編
A5 336頁 3360円 〔06〕
ISBN4-7948-0719-8
【政治への視線／NGO運動はどこへ向かうべきか】国家から自立し、国家に物申し、グローバルな正義・公正の実現をめざすNGO本来の活動を取り戻すために今何が必要か。待望の本格的議論！

価格税込

新評論の話題の書

白石嘉治・大野英士編 **増補　ネオリベ現代生活批判序説** ISBN978-4-7948-0770-0	四六　320頁 2520円 〔05/08〕	堅田香緒里「ベーシックインカムを語ることの喜び」，白石「学費0円へ」を増補。インタヴューв入江公康，樫村愛子，矢部史郎，岡山茂。日本で最初の新自由主義日常批判の書。
M. バナール／片岡幸彦監訳 **ブラック・アテナ** 古代ギリシア文明のアフロ・アジア的ルーツ ISBN978-4-7948-0737-3	A5　670頁 6825円 〔07〕	【Ⅰ．古代ギリシアの捏造1785-1985】白人優位説に基づく偽「正統世界史」を修正し，非西欧中心の混成文化文明が築き上げた古代ギリシアの実像に迫る。立花隆氏絶賛（週刊文春）。
B. スティグレール／G. メランベルジェ＋メランベルジェ眞紀訳 **象徴の貧困** ISBN4-7948-0691-4	四六　256頁 2730円 〔06〕	【1. ハイパーインダストリアル時代】規格化された消費活動，大量に垂れ流されるメディア情報により，個としての特異性が失われていく現代人。深刻な社会問題の根源を読み解く。
B. スティグレール／G. メランベルジェ＋メランベルジェ眞紀訳 **愛するということ** ISBN978-4-7948-0743-4	四六　184頁 2100円 〔07〕	【「自分」を，そして「われわれ」を】現代人が失いつつある生の実感＝象徴の力。その奪還のために表現される消費活動，非政治化，暴力，犯罪によって崩壊してしまうものとは。
B. スティグレール／G. メランベルジェ＋メランベルジェ眞紀訳 **現勢化** ISBN978-4-7948-0742-7	四六　140頁 1890円 〔07〕	【哲学という使命】犯罪という「行為への移行」の後，服役中に哲学の現勢化（可能態から現実態への移行）を開始した著者が20年後の今，自らの哲学の起源を振り返る。
M. クレポン／白石嘉治編訳／M. クレポン・桑田禮彰・出口雅敏 付論 **文明の衝突という欺瞞** ISBN4-7948-0621-3	四六　228頁 1995円 〔04〕	【暴力の連鎖を断ち切る永久平和論への回路】ハンチントンの「文明の衝突」論が前提とする文化本質主義の陥穽を鮮やかに剔出し，蔓延する〈恐怖と敵意の政治学〉に抗う理論を構築する。
B. ラトゥール／川村久美子訳・解題 **虚構の「近代」** ISBN978-4-7948-0759-5	A5　328頁 3360円 〔08〕	【科学人類学は警告する】解決不能な問題を増殖させた近代人の自己認識の虚構性とは。自然科学と人文・社会科学をつなぐ現代最高の座標軸。世界27ヶ国が続々と翻訳出版。
W. ザックス／川村久美子・村井章子訳 **地球文明の未来学** ISBN978-4-7948-0588-8	A5　324頁 3360円 〔03〕	【脱開発へのシナリオと私たちの実践】効率から充足へ。開発神話に基づくハイテク環境保全を鋭く批判！先進国の消費活動自体を問い直す社会的創造力へ向けた文明変革の論理。
H. ヘンダーソン／尾形敬次訳 **地球市民の条件** ISBN4-7948-0384-2	A5　312頁 3150円 〔99〕	【人類再生のためのパラダイム】誰もが勝利する世界（WIN-WIN WORLD）とはどのような世界か。「変換の時代」の中で，真の地球社会を構築するための世界初の総合理論。
K. ドウキンズ／浜田徹訳 **遺伝子戦争** ISBN4-7948-0657-4	四六　172頁 1575円 〔06〕	【世界の食糧を脅かしているのは誰か】バイオテクノロジー産業の私益追求市場主義を許す恐るべき国際食糧供給体制の現実に迫る。食と消費行動のあり方が問われる真の理由。
湯浅赳男 **文明の人口史** ISBN4-7948-0429-6	四六　432頁 3780円 〔99〕	【人類の環境との衝突，一万年史】「人の命は地球より重いと言われますが，百億人乗っかると，地球はどうなるでしょうか」。環境・人口・南北問題を統一的にとらえる歴史学の方法。
湯浅赳男 **コミュニティと文明** ISBN4-7948-0498-9	四六　300頁 3150円 〔00〕	【自発性・共同知・共同性の統合の論理】失われた地域社会の活路を東西文明の人間的諸活動から学ぶ。壮大な人類史のなかで捉えるコミュニティ形成の論理とその可能性。

価格税込